FENÔMENOS AUTÍSTICOS E ESTADOS NÃO REPRESENTADOS

Blucher

FENÔMENOS AUTÍSTICOS E ESTADOS NÃO REPRESENTADOS

Explorações na emergência do self

Organizadores

Howard B. Levine

Jani Santamaría

Fenômenos autísticos e estados não representados: explorações na emergência do self

Título original: *Autistic phenomena and unrepresented states: explorations in the emergence of self*

1ª edição – Blucher, 2024

Editora Edgard Blücher Ltda.

Publisher Edgard Blücher

Editor Eduardo Blücher

Coordenador editorial Rafael Fulanetti

Coordenação de produção Andressa Lira

Produção editorial Juliana Morais

Preparação de texto Regiane da Silva Miyashiro

Diagramação Plinio Ricca

Revisão de texto Ariana Corrêa

Capa Laércio Flenic

Imagem de capa foto de uma escultura de Giuseppe Pulverenti (Roma, Itália) da coleção de Fabrizio Martinez

Blucher

Rua Pedroso Alvarenga, 1245, 4º andar

04531-934 – São Paulo – SP – Brasil

Tel.: 55 11 3078-5366

contato@blucher.com.br

www.blucher.com.br

Segundo o Novo Acordo Ortográfico, conforme 6. ed. do *Vocabulário Ortográfico da Língua Portuguesa*, Academia Brasileira de Letras, julho de 2021.

Dados Internacionais de Catalogação na Publicação (CIP)
Angélica Ilacqua CRB-8/7057

Fenômenos autísticos e estados não representados : explorações na emergência do self / organizado por Howard B. Levine, Jani Santamaría; tradução de Patrícia Fabrício Lago. – São Paulo : Blucher, 2024.
312 p.

Bibliografia
ISBN 978-85-212-2221-7
Título original: Autistic Phenomena and Unrepresented States: Explorations in the Emergence of Self

1. Psicanálise 2. Transtorno do espectro autista 3. Self (Psicologia) I. Levine, Howard B. II. Santamaría, Jani III. Lago, Patrícia Fabrício

24-4024 CDD 150.195

Índice para catálogo sistemático:
1. Psicanálise

Este livro constitui a primeira publicação em língua inglesa originada dos seminários promovidos pela recém-criada Fundação Antonio Santamaría na Cidade do México, México. Antonio Santamaría Fernández foi um apaixonado e devoto pioneiro e líder da psicanálise e da educação psicanalítica no México e na América Latina. Dedicamos esta obra a sua memória e seu espírito.

Jani Santamaría e Howard B. Levine

Conteúdo

Sobre os organizadores e colaboradores

Anne Alvarez é psicoterapeuta de crianças e adolescentes, ex-coordenadora do Departamento de Autismo, Clínica Tavistock, Londres, e uma das principais e mais inovadoras autoras no tratamento de crianças autistas e com transtornos do desenvolvimento. É autora de *Companhia viva: psicoterapia psicanalítica com crianças autistas, borderline, desamparadas e que sofreram abuso* (Blucher) e *O coração pensante: três níveis de terapia psicanalítica com crianças e adolescentes* (Blucher), e coeditora, junto com Susan Reid, de *Autism and personality: findings from the Tavistock Autism Workshop* (Routledge). Em 2002, seu trabalho foi celebrado e ampliado no livro *Being alive: building on the work of Anne Alvarez* (Routledge), editado por Judith Edwards.

Joshua Durban é psicanalista didata e supervisor de análise de crianças e adultos na Sociedade Israelense de Psicanálise, Jerusalém e Tel Aviv (IPA), onde também leciona. Faz parte do corpo docente da *Sackler School of Medicine* da Universidade de Tel Aviv, *The Psychotherapy Program, Post-Graduate Kleinian Studies*. É membro do intercomitê da IPA para a prevenção do abuso infantil. Atende em Tel Aviv em consultório particular, sendo especialista em psicanálise de crianças, adolescentes e adultos com transtorno do espectro autista (TEA) e psicóticos.

Jeffrey L. Eaton é graduado e membro do corpo docente da Sociedade Psicanalítica do Noroeste em Seattle, WA. É autor de *A fruitful harvest: essays after Bion* e de vários capítulos em edições dedicadas à compreensão e ao tratamento do autismo e de estados mentais primitivos. Foi agraciado com o décimo prêmio *Frances Tustin Memorial Lecture*, em 2006.

Bernard Golse é pediatra, psiquiatra infantil e psicanalista (membro da Associação Psicanalítica Francesa), além de professor emérito de Psiquiatria da Infância e Adolescência da Universidade de Paris. Em 1994, com Serge Lebovici, fundou o grupo de estudos e pesquisas de língua francesa no campo da saúde mental infantil, um grupo oficialmente filiado à WAIMH (Associação Mundial de Saúde Mental Infantil). É presidente da Associação Francesa Pikler Lóczy, desde 2007, e membro fundador e presidente da Associação Europeia de Psicopatologia da Criança e do Adolescente (AEPEA), desde 2014. Em 2021, fundou e tornou-se diretor científico do Instituto Contemporâneo da Infância, dedicado ao ensino, formação e pesquisa no campo da infância. Em 2016, recebeu o Prêmio *Serge Lebovici* da WAIMH.

Didier Houzel é professor honorário de Psiquiatria da Infância e Adolescência na Universidade de Caen (França). É membro titular da Associação Psicanalítica Francesa e editor-chefe do *Journal de la psychanalyse de l'enfant*. Seu trabalho é dedicado principalmente à psicanálise infantil e, mais especificamente, à análise de crianças com autismo e psicose. Em 2002, recebeu o Prêmio *Memorial Frances Tustin*.

Howard B. Levine é membro da APSA, PINE, *Contemporary Freudian Society*, do corpo docente do Pós-doutorado da Universidade de Nova York em *Contemporary Freudian Track* e do Conselho Editorial do IJP e do *Psychoanalytic Inquiry*, editor-chefe do *Routledge Wilfred Bion Studies Book Series* e atende em consultório particular em Brookline, Massachusetts. É autor de *Transformations de l'irreprésentable* (Ithaque, 2019) e de *Affect, representation, and language: between the silence and the cry* (Routledge, 2022), e editor do *The post-Bionian field theory of Antonino Ferro* (Routledge, 2002). Seus livros coeditados incluem *Estados não representados e a construção de significado* (Karnac, 2013); *On Freud's screen memories* (Karnac, 2014); *The Wilfred Bion tradition* (Karnac, 2016); *Bion no Brasil* (Karnac, 2017); *André Green revisited: representation and the work of the negative* (Karnac, 2018); e *Covidian life* (Phoenix, 2021).

Suzanne Maiello é membro da IAAP e ACP, membro fundadora e ex-presidente da AIPPI (Associação Italiana de Psicoterapia Psicanalítica Infantil), professora e supervisora do Programa de Pós-graduação modelo AIPPI Tavistock, membro do corpo docente do Programa de Mestrado em Estudos Psicanalíticos Observacionais da Universidade de Essex, e membro do Simpósio Internacional de Pesquisa Psicanalítica sobre Autismo (INSPIRA). Palestrante e supervisora tanto na Europa quanto em outros continentes, é autora de mais de uma centena de publicações em revistas psicanalíticas, e coautora de livros sobre desenvolvimento pré-natal protomental, estados mentais primitivos, traumas precoces, colapso do desenvolvimento psíquico e estados autísticos. Escreve em italiano, inglês, francês e alemão. Foi vencedora da primeira edição do Prêmio *Memorial Frances Tustin*.

Sylvain Missonnier é professor de Psicologia Clínica da Perinatalidade na Universidade de Paris. Psicanalista da Sociedade Psicanalítica de Paris (IPA). Presidente do *Virtual Seine West Institut* (IVSO), diretor da coleção

The Life of the Child, Editora Eres e de *Living psychoanalysis*, Editora In Press. Site: http://www.rap5.org.

Bernd Nissen é psicanalista didata e supervisor do DPV/IPV e atende em consultório particular em Berlim. Publicou muitos artigos em periódicos em diferentes idiomas com um interesse particular e ênfase em distúrbios hipocondríacos e autísticos, e em estados não representados e suas implicações para a teoria e a técnica psicanalíticas. Editou e coeditou vários livros e é coeditor do *German Jahrbuch der Psychoanalyse* (Livro Anual de Psicanálise).

Marganit Ofer é psicanalista didata e supervisora de análise de crianças e adultos na Sociedade e Instituto Psicanalítico Israelense (IPA), onde também leciona. Dirigiu a Formação em Psicanálise da Infância e agora dirige (com Joshua Durban) o programa de três anos sobre patologias mentais do desenvolvimento precoce. Trabalha em consultório particular em Givatayim e é especialista em psicanálise de bebês, crianças, adolescentes e adultos autistas e psicóticos.

Jani Santamaría é psicanalista didata e supervisora de análise de crianças e adolescentes na Associação Psicanalítica Mexicana (APM). Membro do Conselho Latino-americano da Associação Psicanalítica Internacional (IPA 2019-2021, 2021-2023). Diretora da Associação Educacional A. Santamaría Psicoanálisis México A. C. Presidente da Conferência Internacional Bion, Cidade do México, 2022. Presidente do Congresso Latino-americano de Winnicott, Cidade do México, 2017. Ex-diretora de Comunidade e Cultura da FEPAL (2016-2018). Membro do Comitê Consultivo Internacional: *Routledge Bion Studies Book Series*. Membro do Comitê Internacional de Psicanalistas de Língua Espanhola. Trabalha em psicanálise de crianças e adultos em seu consultório na Cidade do México e é autora de muitos artigos, capítulos de livros e resenhas nacionais e internacionais.

Prefácio
Antonio Santamaría e a fundação em seu nome

Jani Santamaría

Seis de julho de 2013 foi a data que a história escolheu para Antonio Santamaría Fernández homenagear a Mãe Terra, retornando a ela aos 83 anos. Naquele dia, ele entregou seu sagrado coração e partiu em sua jornada para o outro mundo.[1] Sua vitalidade não foi afetada pela doença – o câncer. Ele enfrentou a agonia e o câncer com a integridade e a força que sempre o caracterizaram. A morte certamente não fazia parte de seus planos.

---

1 No livro sagrado *Popol Vuh* da cultura maia, está escrito que a vida não tem fim. A morte não era considerada um destino final. O homem teria um coração sagrado feito de componentes da alma que viajariam pelos espaços do cosmos. No momento da morte, alguns desses componentes da alma seriam destruídos junto com o corpo, alguns retornariam no Dia de Finados e outros viajariam para o submundo junto com o corpo físico, onde seriam purificados de toda transgressão e da história pessoal, sendo reinseridos em um elemento ou indivíduo diferente para começar uma nova vida. Ximénez, F. (S. XVIII). *Popol Vuh*, tradução do Quiché para o espanhol. México.

É difícil resumir em poucas páginas a rica vida de um analista notável como meu pai. Certamente não conseguirei abarcar tudo o que ele é e foi, mas farei o possível para falar sobre sua vida pessoal e profissional.

Nasceu em 17 de janeiro de 1930. Perdeu a mãe aos 6 anos e seu pai morreu seis meses depois. Essa dupla tragédia se repetiu várias décadas depois, quando, em 1996, meu irmão mais velho, o primogênito, morreu em um acidente de avião, seguido por minha mãe um mês depois – seu coração não suportara a perda e se despedaçara. A vida às vezes insiste em nos derrotar com um soco atrás do outro, mas o espírito de meu pai, temperado pelo calor do cadinho da psicanálise, foi forjado para assimilar e elaborar essas tragédias.

Nasceu em Ciudad Altamirano, no estado de Guerrero. Dizem-nos que aos 5 anos já sabia ler latim; e lia tudo o que se colocava em suas mãos nessa idade. Foi o mais velho de três filhos – e o único menino. Uma de suas irmãs era três anos mais moça, e a outra, cinco. Os três moravam com primos e a avó paterna, que se tornou sua tutora após o falecimento de seus pais. Os padres da cidade queriam adotá-lo, mas a família não permitiu. Sua família paterna possuía ali muitas terras, o que enriqueceu sua vida, além das figuras históricas mexicanas que visitavam frequentemente a casa de sua avó. Antonio os conquistou com o amplo conhecimento que estava acumulando. Essa curiosidade intelectual e intensa ânsia de aprender propiciaram com que fosse enviado para morar em outra cidade, com uma tia paterna que era professora naquela região – para cursar os ensinos fundamental e médio em um internato. A leitura (cultura) era vital para ele; como diria a freira Juana Inés de la Cruz, "não estudo para escrever, muito menos para ensinar... mas só para ver se, estudando, ignoro menos".[2]

Ele brilhou, tanto em inteligência quanto em erudição, numa idade muito precoce. Quando contava apenas 11 anos de idade, conquistou

---

2 Santamaría, A. (1981). El sueño primero de Sor Juana Inés de la Cruz. *Cuadernos de Psicoanálisis, XIV*(1-2-3-4), 230-248. Asociación Psicoanalítica Mexicana.

o prefeito da cidade ao recitar vários poemas que havia decorado. O dom da memória fotográfica e a precocidade intelectual abriram-lhe portas e janelas para bolsas escolares, prêmios, láureas. Foi o início de uma prolífica carreira acadêmica que o trouxe à Cidade do México para estudar medicina, graduando-se na Universidade Nacional Autônoma do México (UNAM). Em sua busca, demonstrou qualidades de um estudante universitário animado, percorrendo um caminho de ética que se tornou padrão de vida. Realizou residência em psiquiatria no Hospital Militar. Lá conheceu Erich Fromm, que estava prestes a se mudar para Cuernavaca, no estado de Morelos. Fromm se ofereceu para analisar meu pai, mas ele recusou e ambos se tornaram bons amigos. Analisou-se com Ramón Parres, um dos pioneiros da Associação Psicanalítica Mexicana – também analista de Frida Kahlo. Dr. Parres estudara psicanálise em Nova York e fora analisado por Sandor Rado.

Essas qualidades intelectuais foram reforçadas com outros valores, como o amor pela família. Casou-se com minha mãe, que também estudou medicina, e teve cinco filhos com os quais compartilhou projetos, viagens e congressos. Também tinha muitos amigos, gostava de praticar esportes, de arte, de música e de tequila. A filosofia de sustentar a vida com amor e trabalho estava nele profundamente enraizada.

Crescemos em uma atmosfera de *esperança de mudança* que meu pai transmitia todos os dias em casa, enquanto minha mãe criava o ambiente apropriado para que os grandes pioneiros da psicanálise latino-americana se sentassem à mesa e saboreassem os pratos mexicanos que ela preparava como uma *chef*.

Continuou sua formação como psicanalista didata e participou ativamente da vida institucional. Foi presidente e diretor do Instituto da Associação (APM). Em 2002, obteve o doutorado em psicoterapia pela *Universidad Intercontinental* (UIC). Tornou-se o primeiro presidente do Comitê Permanente de Mitos da *International Psychoanalytical Association* (IPA). Mencionarei também, seu extenso currículo, a indicação que recebeu em 2010 do *American Institute of Biographers* como uma das cem mentes mais brilhantes do século XXI.

Contribuiu ativamente como vice-presidente do Copal (Conselho Coordenador das Organizações Psicanalíticas da América Latina) em sua transição para o que hoje é conhecido como FEPAL (Federação Psicanalítica Latino-americana), em dezembro de 1980, no Rio de Janeiro, Brasil. Recebeu inúmeros prêmios e trabalhou incansavelmente na criação da bandeira psicanalítica que unificou essa federação.

Meu pai sentia profundo amor pelos povos pré-hispânicos. Esteve próximo da história do México desde muito cedo e construiu uma rede social em todos os espaços acadêmicos que encontrou. Viajou pelo mundo e orgulhosamente aclamou a infinita riqueza da terra onde nascemos. Proferia palestras, lutava por causas, apresentava trabalhos (sempre de improviso), e depois voltava para a família, para aproveitar o dia a dia. Próximo a minha mãe, orgulhoso de ser mexicano, comprometido com seu trabalho, ele reviveu antigas tradições, como a de visitar com seus alunos as Pirâmides de Teotihuacan, e muitos outros locais culturais, ensinando psicanálise dentro e fora da sala de aula.

Eu poderia continuar escrevendo sobre todos os cargos nacionais e internacionais que ocupou, mas penso ser necessário compartilhar o que Antonio Santamaría representa no mundo psicanalítico.

Como professor

Ele sempre transmitiu uma firme convicção sobre o mundo inconsciente. Da mesma forma, a habilidade poética e estilo criativo facilitaram suas tarefas de ensino, que realizou com grande entusiasmo. Era dedicado à psicanálise, apaixonado pela cultura e pelo aprendizado, e muito amado e procurado como supervisor e professor.

É autor de numerosos artigos publicados em periódicos latino-americanos. Possuidor de uma memória fotográfica extraordinária, proferia de memória milhares de palestras, tendo escrito muito poucas delas. Alguns de seus trabalhos chegaram a ser publicados graças aos alunos que gravaram suas conferências. Muitos colegas aprenderam com ele sobre a relevância de Freud, sobre a interpretação dos sonhos, sobre as canções nos mitos, além de sua descrição, diante da Pirâmide do Sol, do legado e da psicologia do povo mexicano. Sem dúvida, aqueles que o conheceram o guardam no coração, lembrando seu amor pela psicanálise e pelo México. Foi um grande lutador social e inspirou a muitos com sua garra.

Como pai

Meu pai me mostrou um mundo diferente do normal, cotidiano. Desde pequena, levou-me a muitos cantos do país para mostrar, com grande propósito, a infinita riqueza da terra mexicana em que nasci. Com ele, descobri a grandeza de Teotihuacan, o canto da cotovia, o legado de integridade e, claro, a paixão e o compromisso com a psicanálise. Ele me ensinou que todas as pessoas nascem com uma missão, e que a única maneira de ser grato pelo dom da vida é lutar por ele com integridade. Estou cada vez mais convencida de que ele me forneceu as asas que me mantêm voando. Às vezes o imagino no paraíso, tomando *cafe de olla*, comendo um delicioso *mole pan dulce* com minha mãe, sustentando os sonhos de quem luta pela liberdade e por um mundo melhor.

Como avô

Quando meu filho José Luis tinha 10 anos, escreveu um poema sobre uma árvore chamada Antonio[3] em homenagem ao seu avô:

3 Hinojosa, J. L. (2015). Poema "Los abuelitos". *Revista Psicoanalítica Ania, Sociedade Psicoanalítica de Sonora*. Sonora, México: Ed. Obregón.

Vovô, tantas ideias floresceram e uma família prosperou

Você tinha anos e anos de experiência; mais anos de experiência do que sua idade

Você é uma árvore, porque seu tronco é firme, e ninguém pode te derrubar

Suas raízes, como seu coração, estarão para sempre debaixo da terra, batendo a cada minuto

A chuva vai mantê-lo fresco

Sua sombra aliviará a dor, seus galhos abraçarão o amor

Os pássaros vão construir ninhos em suas folhas enquanto eles precisam crescer, até chegar a hora de ir

Obrigado por nos ensinar a voar

Como colega

Integridade, simpatia, rigor e reflexão são alguns dos traços que fizeram de Antonio Santamaría uma figura muito respeitada e amada ao redor do mundo. Foi um pioneiro e voz líder da psicanálise no México e na América Latina. Influenciou muitas gerações de analistas e muitos até o chamaram de "semeador de sonhos", porque plantou sementes de conhecimento em tantas instituições e cidades quanto pôde. Essas sementes floresceram e se tornaram colegas que hoje aplicam muitas de suas tradições acadêmicas. Auxiliou na fundação e no desenvolvimento de muitas sociedades e associações em meu país. Foi pioneiro no estudo e na transmissão da obra de Heinz Kohut, mas também estudou a fundo todas as escolas de pensamento psicanalítico. Tinha grande capacidade didática para combiná-las, integrá-las e aplicá-las no campo clínico e social.

Um de seus legados mais importantes é o ensino sobre os sonhos, notadamente o estudo de sonhos no México Antigo. Buscava novas ideias em diferentes fontes, e graças a seu vasto conhecimento, dialogava com especialistas de outros campos, convencido de que a troca entre saberes fertiliza e enriquece o espaço dos sonhos e do sonhar. Tornou-se uma referência importante no campo dos mitos e dos sonhos.[4,5]

Outra preocupação sempre presente era o estado mental em que os analistas trabalham. Escreveu dois artigos importantes sobre isso: no ano 2000, em "El mito personal en la contratransferencia",[6] propôs a tese de que, assim como o "mito pessoal" de Kris, que se manifesta na transferência, o "mito pessoal" do analista também opera reciprocamente em sua contratransferência e em sua cotransferência. O outro artigo, "La psique del analista, de la observación a la explicación empática",[7] foi publicado em 1993. Nele destacou a importância de trabalhar em diferentes níveis de escuta. O objetivo era contribuir para o aprimoramento do trabalho clínico psicanalítico.

Comprometido com seu país e sua política, escreveu vários artigos sobre figuras históricas. Em seu trabalho intitulado *Usos y abusos del poder en la formación psicoanalítica*,[8] apresentado em 1984, levantou questões sobre o poder na psicanálise e/ou psicanalistas no poder. Sua frase: "devemos dar mais vida à análise e não mais análise

---

4 Santamaría, A., & Duarte, M. (2002). Los sueños en el México Antiguo a la luz del psicoanálisis. *La Interpretación de los sueños. Un siglo después* (Vives y Latirgue, Comp.). México: Plaza y Valdéz.

5 Santamaría, A. (1995). Los mitos, los sueños y la realidad en el psicoanálisis. *Cuadernos de Psicoanálisis, 28*(3-4), 225. México: Asociación Psicoanalítica Mexicana.

6 Santamaría, A. (2001, jan.-jun.). El mito personal en la contratransferencia. *Cuadernos de Psicoanálisis, 34*(1-2). México: Asociación Psicoanalítica Mexicana.

7 Santamaría, A. (1993, maio). *La psique del analista: de la observación a la explicación empática*. Palestra proferida na Reunião Científica Anual da Associação Psicanalítica Mexicana.

8 Santamaría, A. (1984-1985). El uso y el abuso del poder en la formación psicoanalítica. *Cuadernos de Psicoanálisis*. México: Asociación Psicoanalítica Mexicana.

à vida" é um testemunho de um analista comprometido com Eros e com respeito ao candidato em formação. Um livro a ser publicado em breve incluirá trabalhos escritos por Cláudio Eizirik, Otto Kernberg, Charles Hanly, ex-presidentes da IPA; César Botella, entre outros. Horacio Etchegoyen,[9] o primeiro presidente sul-americano da IPA (1993-1997), descreveu meu pai da seguinte maneira:

> *Antonio Santamaría foi – e ainda é – um dos psicanalistas mais destacados e queridos da América Latina. De seu México natal, ele influenciou nossa cultura psicanalítica. Afável, generoso e sincero, foi um dos psicanalistas mais capazes da América Latina. Nós nos tornamos bons amigos em reuniões e congressos. Seu falecimento foi doloroso para todos nós e uma perda profunda para a psicanálise.*

Os organizadores deste volume acreditam que a melhor maneira de homenageá-lo é pegar sua tocha e manter aceso o fogo da curiosidade e da devoção. Seguindo esse esforço, Howard B. Levine e eu criamos, com um grupo de colegas, uma fundação em seu nome.

A *Fundação Antonio Santamaría* foi criada como uma fundação educacional psicanalítica independente e sem fins lucrativos, em sua memória, para honrar e perpetuar seu amor pela aprendizagem psicanalítica, sua dedicação à educação continuada de profissionais clínicos e seu compromisso com o futuro da psicanálise. Nosso objetivo é criar oportunidades internacionais para estudo, aprendizado e discussão da psicanálise em um ambiente aberto e de livre pensamento, fora do contexto das instituições psicanalíticas organizadas e dos centros de formação.

---

9 Etchegoyen, H. (2013). Meu amigo Antonio Santamaría. Artigo a ser publicado.

Para esse fim, começamos a oferecer seminários, conferências e outras oportunidades de aprendizado e estudo com psicanalistas de destaque internacional, que estão entre os principais colaboradores clínicos e teóricos de nosso campo. Este livro é produto de uma de nossas conferências: *Autismo*, México, 2020.

Convidamos você a visitar nosso site (www.asfpsychoanalysis.org – info@asfpsychoanalysis.org) e esperamos que você se junte a nós no que, acreditamos, será uma aventura estimulante e recompensadora!

1. Tornando o impensável pensável: vitalização, recuperação, continência e representação

Howard B. Levine

I

A genialidade inerente à formulação inicial da psicanálise por Freud foi sua descoberta de que o conteúdo manifesto do discurso e da experiência cotidiana era um indicador potencial de significados inconscientes relacionados a conflitos psíquicos significativos. Esses significados ocultos eram preexistentes (ou seja, já representados na mente por ideias mais ou menos formadas e potencialmente verbalizáveis), podiam revelar-se por meio de lapsos de língua, chistes e sonhos – estes últimos ungidos como "A Estrada Real para o Inconsciente" –, e, mais importante ainda, eles estabeleciam e explicavam o que, de outra forma, pareciam ser sintomas neuróticos "irracionais". Em essência, para aqueles que podiam começar a ouvir e discernir esses significados, os sintomas da neurose ofereciam um discurso simbólico contínuo, disfarçado, sobre desejos inaceitáveis ou problemáticos, fantasias, medos e traumas infantis, os conflitos psíquicos que eles produziam e as respostas defensivas que provocavam. O objetivo do tratamento foi resumido na expressão: "Tornar o inconsciente consciente".

A suposição de que havia, nos sintomas histéricos, pensamentos obsessivos, atos compulsivos e suspeitas paranoides, intenção, motivação e significados já formados, ocultos e inconscientes, os quais poderiam ser descobertos, intuídos ou conjecturados, justificou a categorização desses distúrbios, por Freud, como "neuropsicoses de defesa" e estava no cerne de sua primeira tópica. A chamada "Teoria Topográfica" é uma teoria sobre elementos ideativos específicos (vontades, desejos, percepções, medos e fantasias) que são saturados de significado, capazes de serem descritos quase inteiramente por palavras, têm valor simbólico potencial e podem aparecer unidos no discurso do paciente, formando cadeias de associações significativas. É uma teoria que provou ser – e continua sendo – de enorme valor para orientar a compreensão e o tratamento clássico da neurose e dos setores neuróticos da mente. (Estou usando o termo "neurose" aqui para implicar representação e um alto nível de organização estrutural psíquica em que o conflito inconsciente entre objetos internos, parciais ou totais – que são entidades representadas – é um fator significativo.)[1]

No entanto, o aprofundamento da experiência clínica de Freud – com narcisismo, trauma, culpa inconsciente, reações terapêuticas negativas e vários fenômenos que ele classificaria como estando "além do princípio do prazer" (Freud, 1920) – levaram-no a formular a hipótese do Instinto de Morte e a propor sua segunda tópica, a chamada Teoria Estrutural (Freud, 1923). Enquanto os norte-americanos da Psicologia do Ego enfatizaram as implicações dessa teoria para a adaptação e a análise das defesas no tratamento de neuroses, André Green (2005), entre outros, explorou suas implicações para a compreensão e o tratamento de condições, estados mentais e diagnósticos que se situam além da neurose, nos limites ou além do que era considerado classicamente como analisável. Em particular, Green observou que a mudança teórica de Freud marcou uma virada desde uma

1 Para uma discussão mais aprofundada, ver Levine, Reed e Scarfone (2013).

teoria centrada em conteúdos psíquicos (*representações* ideativas) para uma teoria sobre os movimentos necessários para subjugar os aspectos não estruturados, ainda não representados *da pulsão* – isto é, emoção, impulso e descarga somática – dentro do aparelho psíquico.[2] Assim, o objetivo do tratamento analítico mudou para: "Onde estava o Id, ali estará o Ego", com a importante ressalva de que a pulsão agora não era apenas um problema *para* o ego, mas um problema *dentro* do ego.

À medida que a psicanálise progrediu no século XXI, a capacidade de criar representações psíquicas tem sido cada vez mais vista não como algo dado, mas uma conquista do desenvolvimento. Sua ausência, fraqueza ou fracasso pode deixar a pessoa à mercê de "vazios psíquicos" (Green, 2005) e "estados não representados" (Levine, Reed & Scarfone, 2013). Essas formulações desafiam "a crença fundamental da psicanálise de que os estados psicológicos são cheios de significado" (Alvarez, 2019, p. 867) e implicam que, em muitas situações importantes, *o significado é algo que está ausente, potencial ou emergente – ainda a ser criado* – em vez de iluminado ou descoberto.

Os estados não representados e os vazios psíquicos não refletem apenas excitações de origem somática (por exemplo, pulsões), mas também os registros iniciais da percepção,[3] especialmente no que diz respeito a eventos do período pré-verbal e às sequelas

---

2 Para uma discussão mais aprofundada do trabalho de Green, ver Reed e Levine (2018).

3 Em sua teoria da função alfa e continente/contido, Bion (1962b; 1970) descreveu como os registros iniciais dos eventos da realidade externa produzem fatos brutos sem significado e dão origem a fenômenos emocionais (elementos beta) que são inadequados em sua manifestação inicial para formar pensamentos, serem usados para pensar ou para serem pensados. Os elementos beta, tanto os fatos brutos da percepção quanto as emoções correspondentes, devem ser transformados (Bion, 1965) pelo trabalho do sonho (função alfa) para adquirir "sentido" e significado pessoal.

de traumas psíquicos severos. Supõe-se que eles categorizam e, às vezes, fundamentam e contribuem para as manifestações psicogênicas e/ou experienciais encontradas em pacientes diagnosticados com autismo e transtornos do espectro autista (TEA), e que apresentam também núcleos autistas e organizações defensivas autistas em estruturas de caráter não autista. Estados não representados também estão implicados e encontrados em outras condições não autistas e não neuróticas, como distúrbios psicossomáticos, adições, perversões e distúrbios primitivos de caráter. Os afetos que os estados não representados produzem ou aos quais estão associados são frequentemente de terror, vazio, aniquilação e desespero. Como Alvarez (2019) observou, falar em "não representado" oferece um paradigma potencialmente novo que "envolve a inclusão da investigação e da atenção psicanalíticas à existência de estados vazios de significado e, então, à questão de seu tratamento" (p. 878).

Dada a organização da psique – com partes da mente psicóticas, isto é, não estruturadas, e com partes neuróticas; áreas não integradas e integradas; áreas não representadas com mais ou menos "força sem significado", bem como estados representados, consistindo em ideias específicas permeadas por afeto –, devemos esperar encontrar tanto um inconsciente não estruturado quanto um inconsciente dinâmico em todos os pacientes. Isso implica que, até certo ponto, estados não representados e não integrados são universais e irão existir e ser encontrados em todos nós. Consequentemente, as oportunidades e desafios propiciados pela compreensão e pelo tratamento de autismo e TEA, nos quais o não representado e o que dele resulta (por exemplo, organizações defensivas empregadas para proteger contra a ansiedade de aniquilação e o terror catastrófico) podem ser encontrados, oferecem metáforas e pistas relevantes para aspectos do tratamento de todos os pacientes, não importando quais sejam seus principais diagnósticos.

II

A ideia de que a experiência existencial bruta começa com um registro pré-psíquico ou protopsíquico, que ainda não se qualifica como representação psíquica no sentido freudiano do termo, pressupõe que, tanto os movimentos pulsionais quanto os produtos da percepção, começam como registros ou sensações somáticas que devem então ser transformados para virem a ser representações e se tornarem psíquicos. [Pense, aqui, na descrição de Bion (1962b) da função alfa transformando elementos beta em elementos alfa na construção do aparelho psíquico e da continência dos pensamentos.] Os resultados dessa transformação, que, em relação às pulsões, incluem o conhecido conceito do qual Freud chamou de "derivados da pulsão", aparecerão na mente e/ou na experiência do indivíduo como afeto, impulso à ação, descarga somática ou representação – ou como alguma combinação desses. A última, a representação, é o produto final potencialmente mais adaptativo e "bem-sucedido" da transformação, e fornece uma forma de redução a níveis toleráveis e até de contenção para o que, de outra forma, seria uma excitação excessiva potencialmente disruptiva. [Pense nas teorias de Freud (1920) do trauma (= ruptura dos processos psíquicos regulatórios) e da sublimação, na qual a força e a energia da pulsão, desordenadas e peremptórias, potencialmente disruptivas, são aproveitadas, canalizadas e transformadas em criações artística ou culturalmente valiosas.]

Os trabalhos de Bion e Winnicott estão entre os mais úteis para descrever o papel essencial dos primeiros objetos na facilitação do desenvolvimento psíquico e no fortalecimento do bebê e de sua capacidade de transformação/regulação autônomas. À medida que a psicanálise contemporânea vem absorvendo as contribuições desses dois autores seminais para ajudar a elaborar o significado clínico da segunda tópica de Freud, nós nos vemos cada vez mais considerando as implicações, os resultados e a necessidade de remediar os efeitos dos déficits psíquicos, bem como dos conflitos. Estes têm sido entendidos como uma combinação da falha de uma necessária provisão ambiental, por parte do objeto primário (materno), e/ou uma incapacidade constitucional do bebê de fazer uso do que, para outra criança, seria uma maternagem "suficientemente boa".

Dito de outra forma, nossa atenção voltou-se para tudo o que é pré ou protopsíquico; tudo o que é emergente ou ainda potencial no desenvolvimento, insaturado em relação à ideação e significado, ainda não totalmente formado e que requer contenção e transformação dialógica e intersubjetiva para ser "metabolizado" e expresso. Aqui, as implicações da famosa máxima de Winnicott de que "não existe tal coisa como um bebê"[4] e as teorias de Bion (1962a) sobre o pensamento e suas descrições da função alfa e de continente/contido (1962b), bem como sua insistência de que o desenvolvimento da mente é uma criação de duas pessoas, são as mais relevantes.

Uma consequência dessa mudança na teoria é que os analistas cada vez mais reconhecem a importância de compreender, formular e aprender a catalisar clinicamente os processos pelos quais o *self* é vitalizado, as representações são formadas e os processos psíquicos regulatórios são fortalecidos e criados. Ao fazê-lo, iniciaram uma mudança de ênfase – embora *não* um afastamento total – na análise de conteúdos, isto é, ideias e representações, no foco predominante na recuperação de memórias reprimidas da infância, na cura de cisões e na revelação e descoberta de sentimentos, pensamentos, fantasias e desejos ocultos. Agora, nós nos encontramos cada vez mais envolvidos com o problema de como ajudar a realizar e catalisar um trabalho analítico que contribua para fortalecer ou mesmo criar, pela primeira vez, capacidades e processos psíquicos que subjazem e asseguram os

---

4 Discussão em Encontro Científico da Sociedade Psicanalítica Britânica, por volta de 1940. Referenciado em Winnicott (1960, p. 39, nota de rodapé 1).

instrumentos para pensar, sonhar, regular emoções e estabelecer relações objetais.[5]

A última afirmação se aplica, até certo ponto, a todos os pacientes, mas torna-se mais relevante à medida que abordamos os aspectos menos organizados da mente e da experiência do paciente, os mais primitivos ou arcaicos, mais traumatizados, especialmente daqueles pacientes cujas dificuldades estão "além da neurose", numa ampliação do campo da psicanálise. Uma das iterações mais claras de Winnicott aparece em sua obra tardia (veja, por exemplo, seu artigo de 1974, "Medo do colapso"), na qual ele enfatiza que o analista deve inconscientemente falhar com o paciente – contribuir para a produção de um micro trauma *real* no paciente no aqui e agora –, na forma que o paciente necessita que o analista o faça. Assim, uma versão atenuada do que ocorreu no passado, antes do estabelecimento de um *self* infantil constante e organizado, poderá então ser experimentada, na transferência, sob a égide da onipotência inconsciente do paciente e, portanto, ser "sofrida" pela primeira vez como experiência personalizada, subjetiva e elaborada.

Formulações análogas são propostas por Pierre Marty (1980), um dos fundadores da Escola Psicossomática de Paris, que insistia que os sintomas somáticos não histéricos, ao contrário destes, não tinham representação psíquica e inicialmente eram desprovidos de significado pessoal. Ele os via como inerentemente opacos e assimbólicos, sugerindo que só adquiriam significação e "sentido" inconsciente *après coup*, no curso de um tratamento analítico. Michel de M'Uzan (1984), outro importante membro da Escola de Paris, falou de pacientes que chamou de "escravos da quantidade", porque seus sintomas eram fenômenos de sobrecarga econômica que ocorriam sem intenção motivacional inconsciente ou significado simbólico. E Jean Laplanche (1987) insinuou que haveria um componente não representado, não

5 Para uma discussão mais aprofundada desses pontos, ver Levine (2020; 2022a).

específico, não ideacional inerente ao resíduo intraduzível do desejo sexual inconscientemente transmitido que inicia a psicossexualidade do bebê na "situação antropológica fundamental".

O ponto que desejo enfatizar é que a psicanálise contemporânea gerou uma série de teorias do déficit (estados não representados que requerem transformação a serviço do desenvolvimento psíquico, regulação e homeostase) e assumiu que déficits e vazios podem enfraquecer e traumatizar o aparelho psíquico. Isto apresenta, para os clínicos da atualidade, o desafio de como lidar com pacientes cujos tratamentos não se adaptam às expectativas da análise clássica, e podem exigir modificações na compreensão teórica, postura de escuta e técnica analítica.

É por essas razões que um exame minucioso do funcionamento psíquico e do tratamento analítico de pacientes que apresentam problemas de autismo, TEA e/ou daqueles não autistas com enclaves, núcleos e defesas autísticos, deve ser útil para uma gama ainda mais ampla de dificuldades. Isso inevitavelmente nos conduz ao trabalho de Frances Tustin (1986; 1992; 1993) sobre autismo psicogênico, e aos muitos autores que ela influenciou e cujo trabalho está apresentado nesta obra.

III

Gostaria que começássemos por considerar não a etiologia dos estados e das patologias autísticas, que suponho são variadas e podem envolver fatores constitucionais e ambientais combinados, mas os problemas existenciais enfrentados pelos pacientes autísticos e seus analistas. Qual é a capacidade psíquica e a experiência, tanto do próprio *self* como de outro igual, que apresenta um bebê ou uma criança que iremos diagnosticar como autista ou possuidora de TEA? Qual é a sua capacidade de se engajar em atividades e relacionamentos que sejam facilitadores mais normais do desenvolvimento e fazer uso dos recursos que seu ambiente lhe proporciona?

Talvez seja axiomático começar salientando que, nos pacientes autistas e com TEA, há um senso enfraquecido da existência subjetiva de si mesmo e de outras pessoas, prejuízos na vitalidade, relacionamento objetal, capacidade simbólica, linguagem e no brincar. Alvarez (2012) nos lembra que sinais fracos ou desordenados de relacionamento ou busca por objetos podem, não obstante, estar presentes no autismo e nos distúrbios iniciais do desenvolvimento: "mesmo as crianças autistas procuram algo sem saber o que estão buscando, mas reconhecem quando o obtêm" (p. 134). Ela compreendeu ainda que, se essa busca fraca for reconhecida e respondida, pode ser amplificada:

> *Independentemente da etiologia, . . ., um distúrbio da capacidade de interação social pode exigir e se beneficiar de um tratamento que funciona por meio do próprio processo de interação social. Tal relacionamento precisará levar em conta a natureza e a gravidade da psicopatologia e o nível de desenvolvimento particular no qual a parte não autística da criança está funcionando. (Alvarez, 2012, p. 167)*

Outra questão vital nesses pacientes, que está na raiz de todo o desenvolvimento psíquico, é a questão de como eles lidam com as inevitáveis emoções de frustração e dor. Para o bebê, "lidar" requer e "envolve a capacidade de compartilhar a experiência e de fazer contato com a mente do outro por meio da interação. Por esse contato, começa a sentir as possibilidades geradas por tal experiência compartilhada com uma pessoa viva" (Eaton, 2011, p. 41). Mas para alguns bebês, essa capacidade de experiência compartilhada não pode ser tomada como certa. O objeto pode ser, ou pode ser sentido como, inacessível ou inalcançável, traumatizando em vez de conter. Pode haver uma real falha de provisão ambiental por parte do objeto ou alguma incapacidade constitucional do bebê para fazer uso do que está sendo oferecido.

Seja qual for o caso, o bebê pode começar a se afastar do contato com o objeto ou nunca emergir de um estado inerentemente encapsulado e autossensual, desencorajando seus objetos e colocando em movimento uma série de respostas e falhas no desenvolvimento que levam a uma apresentação autista. Como é possível entender isto? Até que ponto esta é uma defesa autoprotetora (uma retirada psíquica) ou uma reação biológica quase reflexa, homeostática? O que, se é que existe algo, está *por trás* do mundo autossensual da criança autista? É um objeto mau ou nada? Um vazio? Um "não objeto" está por trás de um objeto mau? E um "não objeto" é um objeto ou é um vazio? Existe uma parte isolada não representada ou não integrada por trás da parte autística? (Alvarez, 2019).[6]

Manobras e defesas autistas são frequentemente utilizadas em face a medos catastróficos de aniquilação devidos a intermináveis quedas, derramamentos, despedaçamentos ou cortes. Até que ponto essas ansiedades refletem fantasias inconscientes organizadas (isto é, saturadas, representadas)? Ou elas são as emoções cruas despertadas pela aproximação do indivíduo aos "buracos negros" e "vazios" de estados não representados e não integrados?

Power (2017), seguindo Tustin, resume o problema da seguinte forma:

> *o bebê destinado a tornar-se autista é exposto prematuramente*[7] *ao reconhecimento da mãe como um objeto fisicamente separado e, uma vez que esse reconhecimento é vivenciado como prematuro em termos de desenvolvimento (do ponto de vista da experiência do bebê), ele é sentido como uma ruptura violenta da integridade física*

6 Ver também Bion (1970) para discussões sobre o "não objeto".

7 A extensão em que esse reconhecimento é prematuro é determinada tanto pela hiper-reatividade constitucional quanto por fatores ambientais.

da criança, abrindo um buraco através do qual a existência da criança pode se derramar sem fim. A imagem de Tustin para esse processo, novamente a partir da perspectiva do bebê, é de que a remoção do mamilo arranca, com ele, a boca do bebê. Ou seja, o choque de reconhecer prematuramente a separação física (metaforicamente, a remoção do mamilo da boca e o espaço físico, entre o bebê e a mãe, criado por essa ação) é experimentado pelo bebê somatopsiquicamente (um corte físico do self nascente através do qual a existência se dissolve). Parte do impacto traumático dessa experiência decorre do que não é experimentado – o bebê não consegue se apropriar subjetivamente da posse de um orifício com o qual pode, cada vez mais sob seu próprio controle, regular movimentos para dentro e para fora de si mesmo, em conjunto com o mundo objetal.

Sem essa sensação voluntária de fechamento e abertura, mas com um senso de lesão traumática, seguem-se medidas de emergência psíquica com o objetivo de tapar esse "buraco negro". Tustin chamou de "objetos autistas" e "formas autistas" os objetos e ações a que [a criança] adere e repete como medidas de emergência e tentativas de reparação. Ambos os termos denotam uma virada em direção à experiência sensorial como forma de bloquear a ferida e fornecer um meio de proteção ao self em perigo. Com a tentativa de tapar o buraco negro, esses interesses sensoriais obliteram psiquicamente a consciência da separação e, dessa forma, substituem a relação objetal, em vez de promovê-la. Assim, ao contrário dos objetos transicionais, os objetos autísticos e as formas autísticas não facilitam o caminho para as relações objetais, mas, ao contrário, bloqueiam ou até mesmo apagam esse caminho. Dito de

> *forma mais simples, na visão de Tustin, o objeto ou forma autística substitui o objeto em vez de promover seu reconhecimento gradual e tolerável como separado, inviabilizando assim o desenvolvimento da verdadeira relação de objeto que se seguiria a esse reconhecimento em evolução. Com relação à ausência do objeto, nesses estados, a fé no objeto murcha e a esperança de seu retorno desaparece.*
>
> *O processo descrito por Tustin subverte o desenvolvimento do pensamento, das capacidades de representação e de simbolização, porque causa um curto-circuito na habilidade de reconhecer e tolerar a ausência do objeto e a frustração que acompanha essa ausência. Não há representação de um outro ausente, nem mesmo um outro alucinado; e, consequentemente, nenhuma evolução mental em direção a uma capacidade de suportar a ausência por meio do recurso à fantasia e ao pensamento. Nos termos de Winnicott, não há espaço transicional dentro do qual os objetos possam ser encontrados/criados. Como outros autores apontaram, esse curto-circuito dos processos de pensamento leva a uma espacialidade psíquica achatada, que tende para o bidimensional e se afasta do crescimento de um espaço interno no qual a fantasia e o pensamento podem ser gestados. Há uma atrofia dos processos identificatórios, de tal forma que predomina a pseudorrelação adesiva e são proeminentes o mimetismo e a adoção de vários aspectos físicos/sensoriais do outro. (Power, 2017, pp. XXI-XXII)*

Em conjunto com essa descrição, gostaria de salientar uma série de comentários feitos por Alvarez sobre o que ela considerou necessário e útil no tratamento de crianças com autismo, TEA e várias formas de estados *borderline* da primeira infância, psicoses infantis e transtornos globais do desenvolvimento. Como sugeri em outro lugar

(Levine, 2022a), considero suas descrições muito relevantes para pensar sobre certas incapacidades e déficits do ego de pacientes adultos não autistas. O terreno comum se encontra na formulação de estados não representados, capacidades regulatórias inadequadamente desenvolvidas e na necessidade de encontrar maneiras de compreender e catalisar afetos vitais previamente frustrados, promover um desenvolvimento básico do ego e modificar estados de intenso retraimento e de "não atração" (Alvarez, 2010).

IV

Em um de seus trabalhos mais citados, Alvarez (2010) fala sobre três níveis conceituais de intervenção: *explicação*, *descrição* e *recuperação*. O primeiro, que implica oferecer significados alternativos estruturados pelo paradigma do "Por quê? Porque!"[NT1] é mais adequado para trabalhar com neuroses. O segundo nível orienta o paciente e o ajuda a se atentar para e nomear "o que é" em sua experiência. Fazer comentários como "Você parece zangado" ou "Isso deve ter doído!", nomear, marcar ocorrências de causa e efeito em torno de experiências emocionais significativas, especialmente no cenário da relação analítica, e ajudar a alargar significados por meio de descrição ou amplificação. O terceiro é um nível *vitalizador de recuperação* intensificado – ("Ei!") – que sinaliza a presença viva do objeto, chama os pacientes para o contato e insiste que algo chamado "significado" pode existir e às vezes existe na vida e entre as pessoas.

É especialmente esse terceiro nível que oferece a analistas e terapeutas opções interpretativas e considerações que vão além da descoberta de significados ocultos e preexistentes. Também oferece a razão para ver e utilizar o diálogo analítico como um jogo verbal

[NT1] Em inglês, no original: "*Why? Because!*".

de rabiscos winnicottiano, no qual a coparticipação do analista pode desempenhar um papel intersubjetivo no recrutamento e regulação da disponibilidade emocional de um paciente severamente retraído ou "não integrado". Essa última dimensão do analista como um parceiro-na-continência é um dos fundamentos conceituais da Teoria de Campo, de Ferro (2002).[8]

Autistas, TEA, *borderlines*, psicóticos e outros pacientes que estão "além da neurose" têm capacidade de ego limitada e podem estar muito sobrecarregados pelo desespero ou medos persecutórios para se beneficiarem de interpretações que buscam remover as defesas contra verdades dolorosas. Eles podem ser tanto *retraídos*, de forma irremediável e autoprotetiva, quanto trágica e/ou traumaticamente *não atraídos*[NT2] Falando desses pacientes, Alvarez (2012) escreve: "Aprendi que precisava responder a, ou mesmo carregar por eles, suas esperanças e aspirações, e que tais intervenções não precisam encorajar a negação maníaca quando aplicadas com cuidado" (p. 1). Posto de outra forma,

> *muito antes de certos pacientes processarem seu ódio e encontrarem sua capacidade de amar, eles precisam desenvolver a capacidade de se interessar por um objeto com alguma substancialidade, vida ou, em caso de perversão, força e capacidade de excitar de forma não perversa. (Alvarez, 2012, pp. 5-6)*

Com pacientes que muitas vezes vivem em estados de dissociação, apatia desesperada ou excitação desviante, "surge a questão de saber se os sentimentos ou significados têm alguma importância" (Alvarez, 2012, p. 7). Os objetos podem ser vividos como "desinteressantes,

8 Para maiores descrições do trabalho de Ferro e seus fundamentos conceituais, ver Levine (2022b).

NT2 Em inglês, no original: "*undrawn*".

não valorizados (e não desvalorizados), imprestáveis e, possivelmente, desmentalizados" (p. 10). Abordar essas dificuldades exigirá um trabalho "nos alicerces da vida mental e relacional" (p. 12) para tratar "pacientes em estados desprovidos de afeto do autismo, de dissociação ou de apatia decorrentes de desespero crônico" (p. 12) e negligência; pacientes que não podem escutar nem sentir. Em seu extremo, esses pacientes podem demonstrar "uma indiferença crônica acerca das relações que ultrapassa o desespero. Nada se espera" (p. 13). Esses pacientes podem ser mais bem descritos como "não atraídos", em vez de "retraídos". Em seu tratamento, eles "primeiro ... precisam ser ajudados a ter capacidade de sentir e encontrar significado ... Depois, os sentimentos podem começar a ser identificados e investigados; finalmente, explicações que acrescentem significados alternativos adicionais, podem ser escutadas e assimiladas" (p. 11).

Em alguns pacientes não neuróticos, "as assim chamadas 'defesas' eram na verdade tentativas desesperadas de *superar* e de se *recuperar* de estados de desespero e terror. Elas carregavam elementos de necessidades básicas do desenvolvimento: proteção, preservação, senso de urgência e potência, e até vingança e justiça" (Alvarez, 2012, p. 78). Além disso, a autora constatou que não bastava "dar-lhes" boas experiências na relação analítica, mas também era preciso apontar que eles gostam, precisam e desejam essas experiências.

Até certo ponto, sentir-se compreendido requer uma expectativa de que a compreensão exista, além de um número suficiente de experiências de ter se sentido compreendido por outro para que valha a pena prestar atenção no outro, para descobrir o que esse outro está pensando, sentindo e percebendo. Essas são questões de experiência e atenção. No entanto, "algumas crianças que raramente ou nunca foram compreendidas não sabem o que é compreensão. As mais avançadas, quando percebem pela primeira vez que o terapeuta as 'compreende', muitas vezes perguntam: 'Como você sabia disso? Você é um leitor de mentes?'" (Alvarez, 2012, p. 151).

Alvarez observa ainda que "Atenção, . . . antes que possa ser mantida, algumas vezes tem que ser capturada e provocada . . . O funcionamento da função alfa requer, prioritariamente, que o objeto seja visto de forma que vale a pena relacionar-se" (p. 142). Consequentemente, ela escreve: "Temos que encontrar maneiras de ajudar essas crianças a prestarem atenção em nós e a sustentarem sua atenção; . . . o interesse emocionalmente elevado é central neste processo" (p. 173). O analista pode ter que fornecer algo vitalizante e intensificado para atrair a atenção do paciente para si como um objeto vivo, para regular o afeto na situação e para insistir no significado "chamando a criança para o contato com um objeto, e, também, lembrando-a . . . para atentar a si mesma, quando há um déficit grave tanto em seu *self* quanto no objeto interno" (p. 147).

V

Voltando ao ensaio de Power (2017), notamos que:

> *Os estados mentais não neuróticos e os processos mentais que os caracterizam são de grande interesse para a psicanálise contemporânea. Características como capacidades enfraquecidas para representar a vida mental, dificuldades com simbolização, manejar o sofrimento psíquico por meio de evacuação, apagamento e forclusão, ou outras formas diretas de descarga, ativação de níveis destrutivos de ansiedade, apresentam desafios significativos ao analista – para a criação de um processo analítico, para gerenciar e manter um setting analítico e para lidar com a contratransferência. Os pacientes que apresentam essas dificuldades exigem do analista que seja uma presença viva e engajada, que seja flexível e espontâneo, que acredite e confie na reverie, apesar dos profundos desafios às*

> *suas próprias capacidades representacionais, e que esteja disposto a empregá-las a serviço de auxiliar os pacientes a "tecerem remendos psíquicos" em resposta a buracos ou rasgos na psique. A tarefa, hoje em dia, é muitas vezes ajudar a preencher vazios psíquicos nos quais a representação da experiência está ausente ou fraca e, menos frequentemente, a de revelar conteúdo reprimido, carregado de conflitos, mas simbolicamente representado (Levine, Reed & Scarfone, 2013; Mitrani, 1995; Roussillon, 2011).*
>
> *Essas dificuldades, tanto conceituais quanto técnicas, são especialmente destacadas no trabalho psicanalítico com pacientes que demonstram uma variedade de distúrbios autísticos, sejam eles formalmente diagnosticados como autistas, no Espectro de Asperger ou descritos como manifestando estados ou barreiras autísticas (Klein, 1980; Tustin, 1986). Embora as diferenças entre esses vários tipos de apresentações clínicas possam ser vastas, importantes semelhanças surgem do fato de que, para cada uma, a autossensualidade endógena (Tustin, 1992, p. 18) domina a vida mental de tal forma que o desenvolvimento mental se vê ameaçado pelo limite que a vida sensorial impõe ao crescimento da subjetividade. Dito de forma ligeiramente diferente, em todos esses distúrbios, a vida sensorial torna-se um obstáculo, e não um trampolim, para o crescimento emocional e o desenvolvimento psicológico. (Power, 2017, pp. XV-XVI)*

É impressionante que a autossensualidade e outras formas de afastamento do contato com a realidade externa, em favor de variedades de autoestimulação, tenham sido implicadas na etiologia e no desenvolvimento de distúrbios psicossomáticos (Aulagnier, 2001; Miller, 2015) e psicoses (De Masi, 2020), e sejam proeminentes em adições a drogas e álcool e em muitas perversões sexuais. Embora não sejam "autísticas" no sentido literal ou formal do termo, todas essas condições têm em comum a possibilidade de serem distorções e organizações egoicas que buscam proteger o *self*, isolando-o do contato com emoções e da consciência de seus estados internos. Também procuram intensamente retirar-se do contato e do reconhecimento da subjetividade e individualidade dos objetos no mundo externo. Isso força os psicanalistas que tentam tratar esses pacientes a confrontarem-se com os limites da linguagem ao abordar e descrever essas condições e estados internos.

Em *Aprendendo com a experiência*, Bion (1962b) afirmou: "O problema apresentado pela experiência psicanalítica é a falta de qualquer terminologia adequada para descrevê-la" (pp. 67-68). Há uma incerteza inerente à infinita complexidade do desenvolvimento humano e das relações pessoais que torna a verdade emocional fugaz: transitória e sempre em trânsito (Bergstein, 2019, p. 4). Consequentemente, os esforços para relatar ou descrever a *experiência* do processo psicanalítico, como tentamos transmitir neste livro, e as alegações das teorias psicanalíticas em geral, inevitavelmente desafiam e podem parecer estar aquém de nossas visões cotidianas de causalidade e evidência. Estas últimas são limitadas e aparecem no contexto da perspectiva tridimensional à qual a consciência humana está restrita, enquanto o reino da realidade psíquica e do inconsciente, especialmente do inconsciente não representado, não reprimido e inacessível, é multidimensional, talvez infinitamente dimensional (Bion, 1970; Bergstein, 2019).

Além disso, a limitação fundamental da extensão em que qualquer um de nós pode vir a conhecer os domínios da psique é uma fraqueza muito humana compartilhada por todos. Tendemos a odiar quaisquer limitações naquilo que podemos conhecer e, assim, criamos "explicações" que tentam negar e desmentir o fato doloroso de nossa ignorância.

Em *Seminários na Clínica Tavistock*, Bion (2005) colocou desta forma:

> *quando estamos perdidos, inventamos algo para preencher a lacuna de nossa ignorância – essa vasta área de ignorância, de não conhecimento, na qual temos que nos mover. Quanto mais assustadora a lacuna, mais aterrorizante é perceber o quão completamente ignorantes somos, até mesmo dos requisitos mais elementares e simples para a sobrevivência, mais somos pressionados de fora e de dentro para preencher a lacuna.*
>
> *. . . em uma situação em que você se sente completamente perdido; você é grato por agarrar-se a qualquer sistema, a qualquer coisa que esteja disponível para construir algum tipo de estrutura. Então, a partir desse ponto de vista, parece-me que poderíamos argumentar que toda a psicanálise preenche uma ânsia há muito desejada de constituir um vasto sistema dionisíaco; como não sabemos o que ali existe, inventamos essas teorias e construímos essa estrutura gloriosa que não se fundamenta em fatos – ou o único fato em que ela apresenta fundamento é em nossa completa ignorância, nossa falta de capacidade.*
>
> *No entanto, esperamos que . . . as teorias psicanalíticas o lembrem da vida real em algum momento, da mesma forma que um bom romance ou uma boa peça teatral o lembrariam como se comportam os seres humanos. (p. 2)*

Tentei mostrar – e os leitores irão discernir nas muitas descrições clínicas nos capítulos que se seguem – como, acima de qualquer interpretação relacionada ao conteúdo, a responsividade interafetiva e intersubjetiva, bem como a vitalidade do analista, pareciam desempenhar um papel fundamental na reclamação (Alvarez, 2010) e reanimação de pacientes profundamente retraídos, talvez regressivamente não atraídos, desertificados. É discutível e provavelmente irrespondível a questão de saber se o tipo de intervenção descrita é análogo ou idêntico ao que foi proposto como provisão ambiental essencial na relação mãe-bebê.

Da mesma forma, isso ocorre na relação entre reclamação interafetiva e ativação das capacidades psíquicas do paciente para representação, simbolização, ligação afetiva e associativa, objetalização etc. A aquisição e a consolidação de cada uma dessas capacidades foram descritas em várias teorias analíticas como consequentes a experiências relacionais interativas, interafetivas e/ou intersubjetivas com objetos primários. Cada uma delas foi indicada como desempenhando algum papel ao longo de toda vida no processo de vincular a excitação interna (por exemplo, pulsões e seus derivados) ou externa (por exemplo, percepção e sensação) dando sentido e criando significado a partir da própria experiência cognoscível. A descrição de Bion (1962b; 1970) da função alfa e de continente/contido é apenas uma das muitas formulações teóricas disponíveis que tentam colocar esses processos em palavras.

No caso de Thomas, cujo tratamento descrevi longamente em outro lugar (Levine, 2020), propus que a estimulação interafetiva e intersubjetiva – proporcionada por *minhas* memórias carregadas de afeto que fundamentavam minha intervenção (sugeri algo que ele poderia ativamente fazer para antecipar e prevenir um isolamento e retraimento depressivo iminente) – ajudou a animar Thomas, despertando suas próprias capacidades de pensar, imaginar e sonhar em ação. Em retrospecto, essa intervenção funcionou como uma interpretação "Ei!", acionando a "bomba" do aparelho psíquico de Thomas. Ao mesmo tempo, o surgimento de minhas memórias na sessão, naquele momento, também foi, para mim, inconscientemente defensivo e autorrestaurador, diante da esterilidade e do desespero de Thomas, além de comunicar minha contratransferência parental positiva e esperançosa em relação a ele. Uma vez que sua atenção foi atraída ("Ei!"), pode-se dizer que suas próprias capacidades de representação, anteriormente limitadas, emergiram ou voltaram a funcionar a serviço de elaborar uma solução para o problema em questão. Minha intervenção ajudou a catalisar e restaurar sua capacidade de "pensar como uma ação experimental", uma capacidade fortemente dependente de processos de representação e figurabilidade, permitindo-lhe fazer alguma pesquisa, pensar nas possibilidades e colocar em ação a decisão de seguir minha sugestão.

A descrição de meu trabalho com Thomas também ilustra o papel da construção e do mito no diálogo analítico. Os leitores que se dirigirem ao relato mais extenso do caso podem ou não concordar com o valor pragmático de minhas formulações, comparando meus comentários com sua própria experiência pessoal. Minha esperança, como Bion salienta, é de que a descrição que fiz possa lembrar a alguns de vocês da "vida [analítica] real" e da forma como os humanos se comportam, como poderia ocorrer ao assistir a uma boa peça teatral ou ler um romance, e assim possa ajudar a negociarem um caminho útil num futuro encontro com seus pacientes.

Referências

Alvarez, A. (2010). Levels of analytic work and levels of pathology: the work of calibration. *IJPA*, *91*, 859-878.

Alvarez, A. (2012). *The thinking heart*. London: Routledge.

Alvarez, A. (2019). Extending the boundaries of psychopathology and of its psychoanalytic treatment: a review of engaging primitive anxieties of the emerging self: the legacy of Frances Tustin, edited by H. B. Levine and D. G. Power. *Psychoanalytic Quarterly*, *88*, 867-882.

Aulagnier, P. (2001). *The violence of interpretation*. London: Brunner Routledge.

Bergstein, A. (2019). *Bion and Meltzer's expedition into unmapped mental life*. London: Routledge.

Bion, W. R. (1962a). A theory of thinking. In: W. R. Bion (1967). *Second thoughts*. London: Heinemann.

Bion, W. R. (1962b). *Learning from experience*. London: Heinemann.

Bion, W. R. (1965). *Transformations*. London: Heinemann.

Bion, W. R. (1970). *Attention and interpretation*. New York: Basic Books.

Bion, W. R. (2005). *The Tavistock seminars*. London: Karnac.

De Masi, F. (2020). *A psychoanalytic approach to treating psychosis*. Abingdon, Oxon: Routledge.

Eaton, J. (2011). *A fruitful harvest: essays after Bion*. Seattle: The Alliance Press.

Ferro, A. (2002). *In the analyst's consulting room*. London: Routledge.

Freud, S. (1920). Beyond the pleasure principle. *S. E.* (vol. 18, pp. 7-66). London: Hogarth.

Freud, S. (1923). The Ego and the Id. *S. E.* (vol. 19, pp. 3-68). London: Hogarth.

Green, A. (2005). *Key ideas for a contemporary psychoanalysis: misrecognition and recognition of the unconscious* (A. Weller, trad.). London: Routledge.

Klein, S. (1980). Autistic phenomena in neurotic patients. *International Journal of Psychoanalysis*, *61*(3), 395-401.

Laplanche, J. (1987). *New foundations for psychoanalysis* (D. Macey, trad.). Oxford: Basil Blackwell, 1989.

Levine, H. B. (2020). Reflections on therapeutic action and the origins of psychic life. *JAPA*, *68*, 9-26.

Levine, H. B. (2022a). *Affect, representation and language: between the silence and the cry*. Abingdon, Oxon: Routledge.

Levine, H. B. (Ed.). (2022b). *The post-bionian field theory of Antonino Ferro*. Abingdon, Oxon: Routledge.

Levine, H. B., Reed, G., & Scarfone, D. (2013). *Unrepresented states and the construction of meaning*. London: Karnac/IPA.

Marty, P. (1980). *L'ordre psychosomatique*. Paris: Payot.

Miller, P. (2015). Piera Aulagnier, an introduction: some elements of her intellectual biography. *IJPA*, *96*, 1355-1369.

Mitrani, J. L. (1995). Toward an understanding of unmentalized experience. *Psychoanalytic Quarterly*, *64*, 68-112.

M'Uzan, M. (1984). Slaves of quantity (R. Simpson, trad.). *Psychoanalytic Quarterly*, *72*, 711-725, 2003.

Power, D. G. (2017). Introduction. In: H. B. Levine, & D. G. Power (Eds.). *Engaging primitive anxieties of the emerging self: the legacy of Frances Tustin* (pp. xv-xxx). London: Karnac.

Reed, G. S., & Levine, H. B. (Eds.). (2018). *Representation and the work of the negative: Andre Green revisited*. New York: IPA/Routledge.

Roussillon, R. (2011). *Primitive agony and symbolization*. London: Karnac.

Tustin, F. (1986). *Autistic barriers in neurotic patients*. New Haven, CT: Yale University Press.

Tustin, F. (1992). *Autistic states in children* (revised edition). London: Routledge.

Tustin, F. (1993). On psychogenic autism. *Psychoanalytic Inquiry*, *13*, 34-41.

Winnicott, D. W. (1960). The theory of the parent–infant relationship. In: *The maturational processes and the facilitating environment* (pp. 37-55). New York: IUP, 1965.

Winnicott, D. W. (1974). Fear of breakdown. In: C. Winnicott, R. Shepherd, & M. Davis (Eds.). *Psycho-analytic explorations* (pp. 87-95). Cambridge, MA: Harvard University Press, 1989.

2. Descobrir o comprimento de onda: instrumentos na comunicação com crianças com autismo[1]

Anne Alvarez

Escutar é uma arte complexa. Alguns anos atrás, houve uma série de cartas no *The Times* sobre o tema dos pássaros melros e seu canto. Eis uma de 14 de junho de 2000:

> *Senhor – Em maio, os melros estão alegres e cantam em Lá maior. Em julho, estão satisfeitos e cantam em Fá maior.*
>
> *Esperei 68 anos para dizer isto, a Sétima e Sexta Sinfonias de Beethoven dão sustentação à minha teoria.*

Atenciosamente, D. F. Clarke

1 Uma versão anterior deste capítulo foi publicada como Anne Alvarez (2004). Finding the wavelength: tools in communication with children with autism. *Infant Observation*, 7(2-3), 91-106. https://doi.org/10.1080/13698030408405045 Os organizadores agradecem à Routledge e à *Infant Observation* pela permissão para reimpressão.

Evidentemente, esse escritor é um bom ouvinte e parece gostar de escutar. Eis uma atitude de escuta bastante diferente, esta de Fernando Pessoa (1981):[NT1]

Cessa teu canto!

Cesse, que, enquanto, pois junto com ela

O ouvi, ouvia

Uma outra voz

Como que vindo

Nos interstícios

Do brando encanto

Com que o teu canto

Vinha até nós

A última estrofe diz:

Não cantes mais!

Quero o silêncio,

Para dormir

Qualquer memória

Da voz ouvida,

Desentendida,

Que foi perdida

Por eu a ouvir.

[NT1] Tradução recuperada de http://arquivopessoa.net/textos/4459

Observe a insistência: o que ele precisa para escutar é de *silêncio*, não da canção. As crianças com autismo são notoriamente más ouvintes: na verdade, muitas vezes são consideradas surdas. A tríade consagrada de sintomas inclui, além de déficits nas relações sociais e no uso da imaginação, déficits na comunicação e no desenvolvimento da linguagem. É vital identificar os sintomas; no entanto, uma nosologia baseada exclusivamente na psicologia unipessoal – isto é, que se atenha à descrição de atributos do *self* da criança – pode nos contar apenas parte da história. Penso que uma psicologia descritiva mais completa do autismo é fornecida por uma psicologia bipessoal (e, talvez, tripessoal). Tal abordagem implica um estudo das relações interpessoais: no modelo mental que envolve a psicologia bipessoal, a mente não contém apenas o *self* com qualidades e orientações particulares e possíveis déficits; também contém uma relação para e uma relação com o que se denomina "objetos internos" (Klein, 1959) ou "modelos representacionais" (Bowlby, 1988), que também podem conter déficits. Um ponto de vista mais pessoal, intrapessoal, do autismo implica que o *self* tem uma relação dinâmica emocional com suas representações, figuras, objetos internos – não importa quão distorcidas, deficientes ou bizarras possam ser. (Nesse caso, não há implicação etiológica: o que está em questão é o mundo interno de figuras e representações da criança. Muitos psicanalistas preferem usar o termo "objeto interno", em vez de "representação", pois, às vezes, compreende-se este último termo como cópia exata de figuras externas, enquanto o primeiro não tem essa implicação. Considera-se que objetos internos são amálgamas de fatores internos e externos.) Se a criança nos trata como peça de mobília, pode estar nos *vendo* como algo semelhante a uma peça de mobília, e ela também pode *sentir como se fôssemos* uma peça de mobília. Se ela não nos escuta, pode ser, em parte, porque não tem o hábito de escutar, mas também pode ser porque considera nossa conversa desinteressante ou intrusiva, com poucos dos silêncios de Pessoa. Então, como devemos interromper nossa canção e, ainda assim, sermos ouvidos? Além disso, se a criança não conversa conosco, em parte, pode ser por achar que não merecemos seu esforço de falar conosco ou por sentir que nossa capacidade de escutar é limitada. Ou, ainda, ela pode sentir que queremos arrancar suas palavras de dentro de si de tal forma que, de maneira terrível, as palavras passam a ser nossas, não mais dela. Sua "teoria da mente" (Leslie, 1987) pode afirmar que mentes são basicamente desatentas, o que pode causar danos importantes aos processos de introjeção, aprendizagem e internalização.

Ainda assim, sintomatologia e patologia não são tudo: geralmente, é possível descobrir que toda pessoa com autismo tem uma parte da personalidade não autística, intacta, entremeada ao seu autismo. Bion descreveu a importância de fazer contato, no trabalho psicanalítico com pacientes psicóticos, com a "parte não psicótica da personalidade" (Bion, 1967). Também existe hoje um corpo de pesquisas cada vez maior sobre a "função preservada"[NT2] no autismo (Hobson & Lee, 1999). Apesar de toda sua paralisia aparente, a condição autística é menos estática e mais mutável do que às vezes parece. Ao olhar interessado da criança, por um microssegundo, a uma pessoa ou a um brinquedo novo, pode se seguir um retorno instantâneo aos antigos rituais; contudo, a qualidade desse olhar pode dar uma pista, um débil sinal a ser ampliado e sobre o qual se pode construir com delicadeza. É importante avaliar em que nível de desenvolvimento essa parte aparentemente mais normal do *self* pode estar funcionando. A idade cronológica da criança pode ser 5 ou 10 anos, mas, em razão da interferência habitual de longa data do autismo, a parte saudável, que busca relações de objetos, pode estar funcionando no nível de dez meses ou mesmo de três semanas de idade. Podem ser ainda detectáveis traços de pré-concepções iniciais (Bion, 1962), ou nem tanto uma "teoria da mente" (Leslie, 1987) ou de pessoa (Hobson, 1993), mas uma prototeoria da mente ou

---

[NT2] No original, em inglês, "*spared function*".

um protossenso de pessoa. Sobre esses alicerces, é possível construir um tratamento – calibrado com precisão para o nível de comunicação emocional de que a criança é capaz.

Desenvolvimento infantil normal, visão e protolinguagem

William, 13 meses de idade, ouviu seu pai se levantar às cinco horas da madrugada do lado de fora de seu quarto. William chamou: "Ei!". O pai disse que soou como: "Ei! O que você está fazendo? Onde *diabos* você está indo?!". Ele abriu a porta do quarto do bebê e foi saudado com outro exigente "Ei!". Para não acordar a esposa, o pai sussurrou: "Estou indo trabalhar, William. Volte a dormir agora". William disse, "Aaahhhh", e voltou a dormir.

Desde o nascimento – como Klein afirmou e a pesquisa em psicologia do desenvolvimento demonstrou depois –, os bebês normais são extremamente precoces do ponto de vista social (Klein, 1959, p. 249; Newson, 1977, p. 49). Eles têm todo o equipamento básico necessário para começar a entabular a comunicação interpessoal, face a face – de início não verbal. Preferem olhar para padrões semelhantes ao rosto e escutar o som da voz humana, tendo uma capacidade extraordinária para intercâmbios pessoais sintonizados com fina acuidade (Stern, 1985, p. 40; Trevarthen & Aitken, 2001). Evidentemente, a comunicação emocional envolve toda uma orquestra de "instrumentos" em que olhar nos olhos (Fogel, 1977; Koulomzin *et al.*, 2002), engajamento emocional (Demos, 1986), nível de atenção e interesse, gestos corporais expressivos (Hobson, 1993) e vocalizações (Trevarthen & Aitken, 2001) desempenham seu papel. A maior parte desses instrumentos é usada de forma expressiva e, logo, também comunicativa, ou, para colocar em termos psicanalíticos, por meio de diferentes tipos de identificação projetiva. É também utilizada, no entanto, para fins de introjeção e internalização. Por exemplo, a visão: ao nascer, o bebê possui um conjunto de estruturas visuais altamente sensíveis àqueles aspectos de estimulação que emanam dos rostos de outras pessoas (Papousek & Papousek, 1975). Schore (1997, p. 10) destaca que o rosto emocionalmente expressivo do cuidador é de longe o estímulo visual mais potente no ambiente do bebê, e o intenso interesse da criança nesse rosto, especialmente em seus olhos, seu olhar brilhante ou embotado (Robson, 1967), leva-a a rastreá-lo no espaço e a engajar-se em períodos de intenso olhar mútuo. Os olhos, afinal, têm o que Robson chama de imensa "riqueza de estímulos" para o recém-nascido: seu brilho, mobilidade e as mudanças, a cada microssegundo, no tamanho da pupila chamam a atenção, a princípio de forma apenas fugaz, mas, mesmo assim, frequente (Fogel, 1977). Após o segundo mês, a fixação nos olhos da mãe aumenta (Maurer & Salapatak, 1976). Às dezessete semanas, os olhos são, mais do que a boca, a característica mais atraente do rosto da mãe (Uzgiris & Hunt, 1975).

Linguagem e competências triádicas envolvendo observação visual

Por volta do final do primeiro ano de vida, os bebês começam a ampliar o uso de uma competência anterior: a capacidade de monitorar com o olhar. Scaife e Bruner (1975) demonstraram que até os bebês muito pequenos viram suas cabeças para seguir a linha de observação do olhar da mãe. No último trimestre do primeiro ano, intensifica-se o acompanhamento da trajetória do olhar do outro, e o observar o objeto desse olhar, na medida em que o bebê está motivado a acompanhar a mãe e suas idas e vindas. A isso se segue, entre nove e catorze meses, o surgimento da atividade mais proativa do apontar protodeclarativo (Scaife & Bruner, 1975). Bruner (1983) foi um dos primeiros a ressaltar que a linguagem surge no contexto das interações entre bebê e cuidador. É quando o bebê aprende a entender que há mais de uma perspectiva, e que perspectivas diferentes podem ser ligadas.[2] Burhouse (2001) elaborou sugestões a respeito das pré-condições emocionais que podem explicar por que monitorar com o olhar parece preceder o apontar protodeclarativo. Ressalta que o bebê aprendeu a valorizar a retribuição do olhar da mãe durante os meses iniciais de olhar recíproco, diádico, face a face, e esse interesse e valorização da atenção da mãe levam o bebê a seguir o olhar dela quando se dirige para alguém, como uma irmã mais velha. Eventualmente, o bebê encontra formas ativas de recuperar essa atenção, por meio do apontar comunicativo e de sons expressivos. São eventos de intensa carga emocional, e a gramática de eventos emocionais estrutura a linguagem. Há enormes diferenças na intenção comunicativa entre: "Ei, você aí!", um "Dá um sorriso, vai...", um "Oh, olha esse lindo sol brilhando!", um provocador "Vou pegar vocêêêê!", um "Você foi um menino muito desobediente!", um "Oh, você gosta muito de purê de banana, não é? Oh, sim, hum-hum", ou o imperativo "Não toque nessa tomada – é *muito* perigoso!". A linguagem, como ensinou Bruner (1983), surge sempre *em contextos* e, como demostraram os estudiosos do desenvolvimento, é acompanhada de emoção (Demos, 1986). Burhouse descreve o momento em que o bebê parece estar pensando: "*ela (minha) está falando e olhando para outra, e não para mim*". Tanto teóricos da psicanálise quanto do desenvolvimento sugeriram que os relacionamentos bipessoais iniciais assentam os alicerces para as capacidades sociais tripessoais posteriores (Klein, 1945; Winnicott, 1958; Trevarthen & Hubley, 1978). Mais recentemente, Striano e Rochat (1999) demonstraram de forma empírica que a ligação entre a competência social triádica e a competência diádica anterior, no primeiro ano de vida, realmente faz parte do desenvolvimento. Ninguém segue a trajetória do olhar de outra pessoa *a não ser que considere, antes de mais nada, que seu olhar vale a pena.*

---

2 Ver Urwin (2002) para a discussão sobre o desenvolvimento da linguagem como processo emocional.

Decorrências terapêuticas dos déficits de comunicação: estar no comprimento adequado de onda do desenvolvimento

A questão do tratamento psicanalítico de crianças com autismo é cercada de controvérsias. Alguns psicanalistas e psicoterapeutas descreveram a necessidade de mudanças na técnica com essas crianças (Meltzer, 1975; Tustin, 1981; Alvarez, 1992; Alvarez & Reid, 1999). Os déficits de capacidade simbólica, no brincar e na linguagem tornam muito difícil, para elas, a compreensão das interpretações explicativas mais comuns. Em casos de sintomatologia autística especialmente grave, em que não apenas o senso da existência de outras pessoas, como também o senso de *self* da criança são frágeis, os conceitos de transferência e contratransferência podem *parecer* avançados demais: a transferência pode parecer não existente, e a frustração ou desespero contratransferencial pode conduzir o terapeuta à indiferença. No entanto, a observação atenta pode começar a revelar sinais fracos ou desordenados de capacidade de relacionamento que, então, podem ser ampliados.

A visão do Workshop de Autismo da Clínica Tavistock é que, independentemente da etiologia, um distúrbio da capacidade de interação social pode se beneficiar com um tratamento que funcione por meio do próprio processo de interação social. Essa interação precisa considerar tanto a natureza quanto a gravidade da psicopatologia, bem como o nível de desenvolvimento particular em que a criança está funcionando. A abordagem terapêutica tem três vertentes: a personalidade da criança, a sintomatologia autística (distúrbio e, às vezes, desvio) e a parte "não autística" intacta ou preservada da criança, ainda que possa haver atraso de desenvolvimento (Alvarez & Reid, 1999). Dessa forma, a psicoterapia tem orientação psicanalítica, da psicopatologia e do desenvolvimento.

1. A perspectiva psicanalítica proporciona a observação atenta da transferência e da contratransferência. Isso pode alertar o terapeuta para características de personalidade na criança que acompanha e pode agir para exacerbar ou reduzir seu autismo. (Algumas crianças com autismo desenvolvem personalidades bastante desviantes que, de forma alguma, são características essenciais do autismo em si.) A teoria psicanalítica a respeito da necessidade e da capacidade que toda criança comum tem de relacionar-se, primeiro de modo intenso e, aos poucos, identificar-se com ambos os genitores, contribui muito para a compreensão do desenvolvimento normal da criança. Também contribui a teoria do complexo de Édipo, a compreensão da perturbação da criança comum e seu enorme interesse e excitação naqueles aspectos do relacionamento do casal parental que existem independentemente dela (Houzel, 2001; Rhode, 2001).
2. A perspectiva psicopatológica ajuda o terapeuta a compreender o poder e a influência de comportamentos autísticos repetitivos, bem como as maneiras pelas quais (como psicanalistas também sugeriram) comportamentos aditivos e concretos não simbólicos diferem profundamente de simples defesas e mecanismos neuróticos (Kanner, 1944; Joseph, 1982; Tustin, 1981).
3. A intuição clínica pode ser confirmada e complementada por estudos de bebês muito pequenos, tanto por métodos de observação naturalista (Miller *et al.*, 1989) quanto pela pesquisa do desenvolvimento infantil. Os terapeutas tentam identificar e promover os precursores da capacidade de relacionamento social: a técnica se baseia em descobertas acerca das formas pelas quais as mães se comunicam com seus bebês e em como isso promove a capacidade do bebê para comunicação e relacionamento. A pesquisa do desenvolvimento ressalta uma série de fatores: a necessidade de que o nível de estimulação e excitação do bebê normal seja cuidadosamente

modulado (Dawson & Lewy, 1989; Brazelton, Koslowski & Main, 1974) e sua atenção canalizada; o poder do "manhês" (modulações mais suaves e mais altas com ritmos específicos de adágio durante diálogos pré-fala/pré-música) (Trevarthen, 2001) e das gramáticas específicas (mais persuasivas do que imperativas) (Murray, 1991); as diversas proximidades dos rostos em diferentes idades para suscitar contato visual (Papousek & Papousek, 1975); e, dependendo do nível de desenvolvimento, a prontidão da criança para a intersubjetividade primária (comunicação face a face e brincar em situação diádica) *versus* intersubjetividade secundária (brincar compartilhado com objetos, em que o bebê olha para o cuidador em busca de momentos de "atenção conjunta" a um brinquedo, por exemplo – uma situação triádica) (Trevarthen & Hubley, 1978).

Muitas crianças gravemente autísticas nunca brincaram, nem desenvolveram capacidade de atenção conjunta (Baron-Cohen, Allen & Gillberg, 1992). Podem absolutamente não ter linguagem e, pior, podem jamais ter balbuciado alegremente. Pode-se considerar uma verdadeira aquisição, em terapia, quando a criança que não fala começa a brincar com sons e a emitir sons mais nítidos do que o fazia antes. As questões técnicas para o psicoterapeuta são difíceis: como entrar em contato com uma criança com pouca ou nenhuma linguagem? Como devemos conversar com esse tipo de criança? Quero descrever, a seguir, o trabalho com uma criança em que os usos de "manhês" e de algo que se pode chamar de "paiês" foram combinados para facilitar a comunicação entre nós e ajudar a desenvolver suas capacidades comunicativas. Nas duas situações, muitas vezes descobri que precisava conter e dramatizar sentimentos pouco familiares ou incontroláveis para Joseph. No entanto, ele demonstrava crescente interesse em minhas reações.

Joseph

Joseph me foi encaminhado aos 8 anos de idade por seu musicoterapeuta. Ele nascera com duas semanas de pós-maturidade, o parto foi induzido. Seus irmãos mais velhos eram normais. Joseph era um bebê plácido – feliz ao ser segurado por qualquer pessoa – e manteve contato visual até os três anos de idade. Os pais somente suspeitaram que algo estava errado quando tentaram iniciar o controle esfinctérico, aos 2 anos de idade, e ele parecia não compreender. Ao começarem a pressioná-lo para se comunicar, ele se "fechou" e o contato visual diminuiu. Estava sempre contente, mas se isolava e não brincava com outras crianças. Sempre apreciara o toque, carinho e adorava que cantassem para ele. Podia cantar várias músicas, mas sua linguagem falada era muito limitada. A mãe de Joseph descreveu que inicialmente seu brincar de faz de conta era bom: aos 2 anos de idade, segurava duas bonecas uma de frente para a outra e as fazia "conversar" e dançar uma com a outra. Joseph fazia isso nas sessões comigo, mas, na maior parte do tempo, mostrava-se muito fechado e desligado, e penso que nessa época não mais havia um verdadeiro brincar de faz de conta. Era *real* demais para ele, que parecia acreditar que ele realmente era aquelas pessoas conversando e brincando juntas. A maior parte da linguagem que ouvi nas sessões iniciais era desse tipo particular – conversas entre vários personagens de vídeo, animadas, interessadas, mas muito repetitivas e, na maior parte do tempo, impossíveis de compreender. Ocasionalmente, era possível ouvir uma pergunta ou exclamação. Mas a única palavra real que dirigia aos pais ou a mim ocorria quando lhe perguntávamos se gostaria de usar o banheiro, ao que ele respondia com um "Não" excessivamente brando, quase desencarnado. Era tão brando e impessoal, sem objetivo e não localizável, que facilmente seria possível imaginar que não ouvíramos.

Atendi Joseph com seus pais em três consultas. Ocasionalmente, ele respondia às canções da mãe, no sentido de se juntar a ela na última palavra, mas muito de sua ligação positiva com ela se dava por meio de abraços. Ele era um menino de 8 anos grande, mas comecei a perceber como era fácil vê-lo como menor e querer protegê-lo: era um menino bonito, com um rosto doce, apesar de ainda não bem definido, e um corpo com membros frouxos. Ficava a maior parte do tempo deitado no divã da sala de análise, com metade do corpo no colo da mãe. Ele examinou um pouco os brinquedos, mas evitou a maioria das sugestões ou instruções, dela ou minhas, em relação a qualquer atividade lúdica. Ao caminhar, parecia arrastar braços e pernas, especialmente os pés, atrás dele, como se não lhe pertencessem. Fiquei animada com alguns sinais de prontidão e vivacidade em uma brincadeira provocadora que ele começou, em que disse, de repente, "Noite-noite", e gostou quando fiz um gesto exagerado de surpresa e expressei minha decepção por ele desaparecer sob o cobertor *novamente*. Ele fez um breve contato visual após esses momentos. Era evidente que Joseph era uma criança muito amada, mas também havia um sentimento de que ele nunca acordara realmente para o mundo. Ele parecia precisar descobrir seus ossos e músculos, sua posição vertical (seu prazer em ficar de pé e se esticar no mundo, pular, e sua capacidade de ir adiante e explorar o mundo). Havia excesso de passividade em sua vida e, no entanto, como facilmente desmoronava em uma espécie de ataque de choro e gritos quando desafiado ou forçado, era fácil supor que seu autismo o tornara sensível demais para a vida comum e suas demandas. Por outro lado, ficou claro que, tanto seus pais quanto a escola, conseguiam ser firmes acerca de determinadas coisas, pois Joseph era, em muitos aspectos, uma criança razoável e fácil de lidar.

Aproximadamente após dois meses de psicoterapia, tive a impressão de que a conversa entre seus personagens de vídeo, ou entre os animais de brinquedo, nem sempre absorvia Joseph de forma tão total quanto parecia; que ele muitas vezes tinha certa consciência da minha atenção nele, enquanto executava essas atividades repetitivas. Também comecei a pensar que ele se divertia com meus sentimentos de exclusão, portanto, comecei a dramatizar minha contratransferência: "Ah, o Joseph não vai falar comigo, não é justo, ninguém vai falar comigo, e eles estão se divertindo tanto enquanto conversam entre si". Às vezes, eu também acrescentava: "Oh, por favor, fale *comigo*, Joseph, não com eles!". Isso tudo de forma muito emocional – persuadindo/suplicando/protestando. Comecei a suspeitar que ele pensava no falar como algo que outras pessoas faziam juntas, com um terceiro sempre excluído, mas não tinha ideia do verdadeiro prazer que é conversar a dois, de forma direta e pessoal. Senti que precisava dar voz a esse terceiro e, assim, atraí-lo novamente para as relações reais. Certo dia, após minha persuasão, ele me olhou diretamente, levantou a cabeça e começou a sacudi-la como uma criança que começa a andar, dizendo "Não! Nananinanão!", saboreando de fato seu poder de me provocar e frustrar. Mas ao menos isso tinha algo de dar e receber: ele estava, afinal, me encarando, e era um "não" genuíno, com alguma excitação. Como sua expressão "Noite-noite", era cheio de malícia e me fez rir.

Nem todas as minhas contratransferências foram tão positivas, no entanto. Às vezes, eu me sentia muito irritada com sua suposição complacente de que apenas ele e sua sombra eram interessantes, ou por ele não ficar entediado com suas conversas intermináveis, ou quando ele supunha saber o que havia atrás de uma parede específica da sala de análise. Algumas vezes, senti que nosso relacionamento estava forte o suficiente para eu começar a contestar essas suposições. Comecei a dizer coisas como "Ah, não, você *não* sabe o que há atrás daquela parede. Você adoraria saber, mas não sabe!". Eu dizia isso com força, mas de forma animada, divertida e rítmica, de modo a acompanhar ou responder ao seu estilo cantado. Apesar de sua voz ser mais alta e expressiva, eu, com minha voz, trazia-o para um nível mais terreno, mas que, eu esperava, lhe fosse mais interessante. Minha voz era menos nuançada e mais baixa do que a dele, mas, ainda assim, bem-humorada. Também persisti na ideia de que a fala dele *não* era real, e que eu sabia do seu anseio para conversar de forma verdadeira! As pessoas, em suas conversas de faz de conta, pareciam estar sempre se divertindo – ou pelo menos vivendo um momento dramático e interessante. Mas, para se tornar *parecido* com alguém, ele precisava compreender que não poderia *ser* aquela pessoa.

No entanto, é preciso sentir que os outros lhe dão permissão para ser como eles. Assim, nas ocasiões em que ele vinha muito feroz e excitado, eu ecoava o elemento excitado/agressivo em suas manifestações. Se surgiam rosnados repentinos e batidas de pés, eu imitava e ampliava ambos, o que o deliciava. Senti que ele precisava descobrir sua musculatura, bem como sua própria voz de menino. Também encorajei os animais de brinquedo a fazerem percursos mais longos. Eles costumavam ficar sentados se beijando com ternura, mas nunca saíam nem para uma simples caminhada! Tenho certeza de que até mesmo Antônio e Cleópatra saíam para respirar ar fresco às vezes! Eu frequentemente acompanhava os passos mais largos e assertivos dos animais (eles sempre permaneciam no mesmo lugar, ou se moviam nos menores círculos) com passadas ainda mais assertivas de meus próprios pés, e então comecei a ficar mais dura com a falta de vontade deles de se aventurar. Comecei a insistir que eles não tinham medo, *queriam ir mais longe*, mas *Joseph* os estava impedindo. Ele começou a fazê-los escalar pelo encosto do sofá e, ao contrário dos dias em que tudo que eu conseguia ver eram as costas deles, colocou-os de frente para mim no topo.

À medida que o primeiro ano avançava, Joseph sentia cada vez mais prazer em descobrir sua voz mais profunda e um *self* um pouco mais potente e muscular. Seus pais relataram que ele estava fazendo mais contato visual e, ocasionalmente, usava linguagem espontânea em casa. Pouco depois do final do segundo ano, ele começou a se envolver no que considero ser um verdadeiro brincar de faz de conta. Ele deitava no sofá e gritava "Opa! Socorro, me salve!", ao mesmo tempo que "caía" no tapete. Embora essa cena possa ter vindo de um de seus vídeos, não foi realizada em isolamento, como no caso das conversas entre os bonecos, em que geralmente ficava de costas para mim. Nesse caso, caía do sofá bem na minha frente, muitas vezes olhando para mim. E, se eu demorasse muito para gritar: "Socorro, este pobre menino está caindo do penhasco. Precisamos resgatá-lo. Depressa, depressa!", ele puxava meu braço para alcançar o dele. A sequência se repetia, mas de alguma forma nunca se tornava tediosa, talvez devido ao prazer de Joseph naquele drama. Certamente, meu envolvimento na brincadeira também era bastante intenso: a falta de capacidade para brincar de faz de conta e para atenção conjunta são indícios precoces de autismo, e é comovente e animador quando esses aspectos começam a se desenvolver, por mais imaturas que essas manifestações pareçam em relação à idade cronológica da criança. A brincadeira parecia carregada de significado: às vezes, eu lhe dizia que concordava – ele realmente precisava ser resgatado de seu isolamento autístico autoimposto e ser trazido para um terreno mais firme em que havia outras pessoas de verdade.

Discussão

As questões técnicas a respeito de conversar com uma criança como Joseph são difíceis. É desnecessário dizer que apenas citei trechos de sessões em que consegui encontrar um jeito de ser ouvida e de incentivar a protolinguagem entre nós. Trabalhar com essas crianças nunca é fácil, e a força de seu autismo é impressionante. No entanto, é interessante pensar em como conversar com elas e em por que determinados métodos podem ser mais úteis do que outros. Penso que havia muitos motivos diferentes para a conversa repetitiva de Joseph. Às vezes, ele parecia totalmente absorto nela, mas, como disse anteriormente, comecei a pensar que por vezes ele definitivamente monitorava minha resposta, e tornava-se menos autístico quando eu imprimia um tom de voz de urgência a esse terceiro excluído. Isso sugere que, nesses momentos, havia um elemento comunicativo na projeção. Ou deveríamos chamar de protocomunicação? É possível que ele não esperasse uma resposta, mas a reconhecia e parecia encantado quando a recebia. Em outros momentos, quando eu sentia que sua "conversa" era mais arrogantemente autocomplacente, eu a contestava. Penso que ele necessitava de mim, tanto o "manhês" mais receptivo e persuasivo quanto o "paiês" mais desafiador. Aparentemente, havia dois aspectos da voz paterna na sala de análise: primeiro, um pai que se recusa a ceder à onipotência, faz exigências de que seu filho aprenda e cresça, e deixa claro que a criança não é igual aos adultos; segundo, o pai que convida e permite a identificação (com voz forte e a potência das batidas de pés). Ambos só funcionavam quando eu conseguia o tom certo. Suspeito que, quando o desafiava de forma estrita demais, isso não permitia o tipo de identificação necessária com um pai potente. O que parecia funcionar melhor era um tom firme, um pouco entediado ou de provocação bem-humorada. Alguns processos de identificação pareciam estar começando com seus rosnados mais profundos, batidas fortes e se colocar de pé. Uma identificação com o pai certamente ajuda a tolerar as rivalidades edípicas e permite que os métodos onipotentes sejam substituídos por um senso mais realista de capacidade de ação e de potência.

Descrevi em outro texto a necessidade de abordar a criança com autismo na faixa correta de intensidade (Alvarez & Reid, 1999), mas é interessante que Barrows (2002) foi ainda mais específico ao introduzir o brincar agressivo para a criança com autismo.

Voltando à função mais receptiva ou maternal: Bion falou sobre a "função alfa", a função da mente que torna os pensamentos pensáveis e dá sentido à experiência. Ele sugeriu que a *reverie* da mãe provê a necessária continência emocional da experiência que torna possível que os bebês pensem. Ele descreveu isso em termos da continência materna da angústia do bebê, que havia sido projetada para dentro dela e, então, transformada por sua capacidade de pensar a respeito e processar sentimentos (Bion, 1962). Mas, como nos lembram os estudiosos do desenvolvimento, como Stern (1985) e Trevarthen e Aitkin (2001), esses processos não dizem respeito apenas a momentos de sofrimento. Os bebês precisam impressionar, encantar, fazer brilhar os olhos dos pais, surpreendê-los e deixá-los fascinados, fazê-los rir. E é necessário também dar-lhes espaço e tempo para fazer tudo isso. Precisamos todos aprender a manter distância, saber nosso lugar, esperar nossa vez e aguardar o momento propício – e, especialmente importante, respeitar o espaço e o tempo da criança. Penso que foi importante para essa criança que eu sentisse intensamente, mas contivesse a experiência de ser excluída, indesejada, desamparada e, especialmente, impotente, e lhe desse espaço e tempo para ela sentir que tinha o poder de me manter esperando. Com certeza, esse tipo de técnica corre o risco de ser vivenciada pela criança como conluio masoquista com sua onipotência: necessitava de meu monitoramento vigilante, para que, quando o percebesse autocomplacente demais, eu pudesse ser mais firme.

Gostaria de mencionar outro ponto a respeito da energia da minha voz ao persuadir Joseph a conversar comigo, e não com seus amigos imaginários (ou delirantes?). Nesses momentos, havia uma espécie de processo de "reclamação", possivelmente por Joseph não acreditar realmente que seus objetos se importassem quando desaparecia (Alvarez, 1992). Nessas condições, até mesmo os mais amorosos e dedicados pais, professores e terapeutas podem ficar muito desanimados e acabar desistindo, em alguma medida. Joseph parecia gostar de verdade da minha energia, mas apenas quando eu a manifestava como uma zombaria de mentirinha, fingindo desespero, brincando de estar necessitada: ao menor indício de frustração não processada ou incitação diretiva de minha parte, ele se retirava. (Seus professores desenvolveram de forma própria métodos não controladores semelhantes para lidar com ele.) Penso também que a dramaticidade na minha voz penetrou até seu nível protofalante com atraso de desenvolvimento. (Esses elementos intensificados da técnica se baseavam nas ideias sobre desenvolvimento e na consciência do poder de domínio das preocupações repetitivas. A técnica não era, de modo algum, estritamente psicanalítica.) Precisamos encontrar formas de ajudar essas crianças a nos acompanhar e precisamos manter sua atenção; o interesse emocional elevado é essencial nesse processo.

Em conclusão, é importante dizer que Joseph tinha pais, professores, fonoaudiólogos e musicoterapeutas dedicados com quem eu conversava regularmente, de modo que o esforço era cooperativo. Tentei simplesmente delinear algumas técnicas e conceitos que me foram úteis na parte que me cabia do trabalho. Nossa tarefa continua a ser enormemente difícil.

Referências

Alvarez, A. (1992). *Live company: psychoanalytic psychotherapy with autistic, borderline, deprived and abused children*. London: Tavistock/Routledge.

Alvarez, A., & Reid, S. (Eds.). (1999). *Autism and personality: findings from the Tavistock autism workshop*. London: Routledge.

Baron-Cohen, S., Allen, J., & Gillberg, C. (1992). Can autism be detected at 18 months? The needle, the haystack, and the CHAT. *British Journal of Psychiatry*, *161*, 839-843.

Barrows, P. (2002). Becoming verbal: autism, trauma and playfulness. *Journal of Child Psychotherapy*, *28*(1), 53-72.

Bion, W. R. (1962). *Learning from experience*. London: Heinemann.

Bion, W. R. (1967). Differentiation of the psychotic from the non-psychotic personalities. In: *Second thoughts*. London: Karnac.

Bowlby, J. (1988). *A secure base: clinical applications of attachment theory*. London: Routledge.

Brazelton, T. B., Koslowski B., & Main, M. (1974). The origins of reciprocity: the early mother-infant interaction. In: M. Lewis, & L. A. Rosenblum (Eds.). *The effect of the infant on its caregiver.* London: Wiley Interscience.

Bruner, J. (1983). From communicating to talking. In: J. Bruner. *Child's talk: learning to use language* (pp. 23-42). Oxford: OUP.

Burhouse, A. (2001). Now we are two, going on three: triadic thinking and its link with development in the context of young child observations. *Infant Observation: The International Journal of Infant Observation and its Applications, 4*(2), 51-67.

Dawson, G., & Lewy, A. (1989). Reciprocal subcortical-cortical influences in autism: the role of attentional mechanisms. In: G. Dawson (Ed.). *Autism, nature, diagnosis, and treatment.* New York: Guilford Press.

Demos, V. (1986). Crying in early infancy: an illustration of the motivational function of affect. In: T. B. Brazelton, & M. W. Yogman (Eds.). *Affective development in infancy.* New Jersey: Ablex.

Fogel, A. (1977). Temporal organization in mother-infant face-to face interaction. In: H. R. Schaffer (Ed.). *Studies in mother-infant interaction*. London: Academic Press.

Hobson, P. (1993). *Autism and the development of mind.* Hove, Sussex: Lawrence Erlbaum.

Hobson, R. P., & Lee, A. (1999). Imitation and identification in autism. *Journal of Child Psychology and Psychiatry, 40*, 649-659.

Houzel, D. (2001). Bisexual qualities of the psychic envelope. In: J. Edwards (Ed.). *Being alive: building on the work of Anne Alvarez.* Hove, Sussex: Brunner-Routledge.

Joseph, B. (1982). Addiction to near death. In: M. Feldman, & E. Spillius (Eds.). *Psychic equilibrium and psychic change.* London: Tavistock/Routledge, 1989.

Kanner, L. (1944). Early infantile autism. *Journal of Paediatrics, 25*, 211-217.

Klein, M. (1945). The Oedipus complex in the light of early anxieties. In: *The writings of Melanie Klein. Volume 1: Love, guilt and reparation and other works.* London: Hogarth, 1975.

Klein, M. (1959). Our adult world and its roots in infancy. In: *The writings of Melanie Klein. Volume III: Envy and gratitude and other works*. London: Hogarth, 1975.

Koulomzin, M., Beebe, B., Anderson, S., Jaffe, J., Feldstein, S., & Crown, C. (2002). Infant gaze, head, face and self-touch differentiate secure vs. avoidant attachment at 1 year: a microanalytic approach. *Attachment and Human Development*, *4*(1), 3-24.

Leslie, A. M. (1987). Pretense and representation: the origins of "theory of mind". *Psychological Review*, *94*, 412-416.

Maurer, D., & Salapatak, P. (1976). Developmental changes in the scanning of faces by young infants. *Child Development*, *47*, 523-527.

Meltzer, D. (1975). *Explorations in autism: a psycho-analytic study*. Perthshire: Clunie Press.

Miller, L., Rustin, M., Rustin, M., & Shuttleworth, J. (1989). *Closely observed infants*. London: Duckworth.

Murray, L. (1991). Intersubjectivity, object relations theory and empirical evidence from mother-infant interactions. *Infant Mental Health Journal*, *12*, 219-232.

Newson, J. (1977). An intersubjective approach to the systematic description of mother-infant interaction. In: H. R. Schaffer (Ed.). *Studies in mother-infant interaction*. London: Academic Press.

Papousek, H., & Papousek M. (1975). Cognitive aspects of preverbal social interaction between human infants and adults. In: *CIBA Foundation Symposium*. New York: Association of Scientific Publishers.

Pessoa, F. (1981). Cease your song. In: *Selected Poems* (2nd ed.). London: Penguin.

Rhode, M. (2001). The sense of abundance in relation to technique. In: J. Edwards (Ed.). *Being alive: building on the work of Anne Alvarez*. Hove, Sussex: Brunner-Routledge.

Robson, K. (1967). The role of eye-to eye contact in maternal-infant attachment. *Journal of Child Psychology and Psychiatry*, *8*, 13-25.

Scaife, M., & Bruner, J. (1975). The capacity for joint visual attention in the infant. *Nature*, *253*, 265-266.

Schore, A. (1997). Interdisciplinary developmental research as a source of clinical models. In: M. M. Moskowitz, C. Monk, C. Kaye, & S. Ellman (Eds.). *The neurobiological and developmental basis for psychotherapeutic intervention.* London: Aaronson.

Stern, D. N. (1985). *The interpersonal world of the infant: a view from psychoanalysis and developmental psychology.* New York: Basic Books.

Striano, T., & Rochat, P. (1999). Developmental links between dyadic and triadic social competence in infancy. *British Journal of Developmental Psychology, 17,* 551-562.

Trevarthen, C. (2001). Intrinsic motives for companionship in understanding: their origin, development, and significance for infant mental health. *Infant Mental Health Journal, 22*(1-2), 95-131.

Trevarthen, C., & Aitkin, K. J. (2001). Intersubjectivity: research, theory and clinical applications. *Journal of Child Psychology and Psychiatry, 42,* 3-48.

Trevarthen, C., & Hubley, P. (1978). Secondary intersubjectivity: confidence, confiding and acts of meaning in the first year. In: A. Lock (Ed.). *Action, gesture and symbol: the emergence of language.* London: Academic Press.

Tustin, F. (1981). *Autistic states in children.* London: Routledge and Kegan Paul (revised edition, 1992).

Urwin, C. (2002). A psychoanalytic approach to language delay: when autistic isn't necessarily autism. *Journal of Child Psychotherapy, 28*(1), 73-93.

Uzgiris, I. C., & Hunt, J. M. V. (1975). *Infancy: ordinal scales of psychological development in infancy.* Illinois: University of Illinois Press.

Winnicott, D. W. (1958). Transitional objects and transitional phenomena (pp. 249-242). In: *Through paediatrics to psychoanalysis: collected papers.* London: Tavistock.

3. "Construir uma pessoa": considerações clínicas sobre a interpretação de ansiedades nas análises de crianças no espectro autístico-psicótico[1]

Joshua Durban

Ao longo dos últimos 88 anos, a psicanálise foi afortunada ao reunir uma quantidade significativa de compreensão sobre os pacientes psicóticos e autísticos a partir do trabalho de seus pioneiros – a começar por Melanie Klein (1930). O papel central da ansiedade inconsciente na formação e na sintomatologia dos estados autísticos é um tema recorrente nesses achados. Os psicanalistas descobriram que, ao lado de ansiedades mais organizadas e seus concomitantes mecanismos de defesa, que poderiam ser classificados como limítrofes ou psicóticos, existem conjuntos mais primitivos de ansiedades e defesas pertencentes aos estados autísticos (Winnicott, 1962; Tustin, 1968; 1972; 1981; 1990; Meltzer, 1974; 1975; Levine & Power, 2017). Assim, parafraseando a diferenciação de Bion (1957) entre as partes psicóticas e não psicóticas da personalidade, podemos expandir nosso trabalho

---

1 Uma versão anterior foi publicada como Joshua Durban (2019). "Making a person": clinical considerations regarding the interpretation of anxieties in the analyses of children on the autistic-psychotic spectrum. *The International Journal of Psychoanalysis, 100*(5), 921-939, https://doi.org/10.1080/00207578.2019.1636254 Os organizadores agradecem à Routledge e ao IJP a permissão para reimprimir.

para incluir a interação entre os aspectos autísticos, psicóticos e não psicóticos, muitas vezes sobrepostos nesses pacientes. Se formos aplicar o vasto conhecimento adquirido, tanto pela psicanálise kleiniana sobre a centralidade das relações objetais, da angústia e da fantasia inconsciente no autismo (Rhode, 2018), como pelo trabalho pioneiro realizado simultaneamente pelos psicanalistas franceses sobre o papel das estruturas psicóticas, pré-psicóticas, estruturas de déficit, o papel da corporalidade, da linguagem e do desejo do outro na criação e destruição do desenvolvimento infantil (Lacan, 1966; Haag, 1993; 1997; Bursztejn *et al.*, 2003; Lechevalier, 2003; Houzel, 2004; 2018; Laznik, 2007; 2013), então devemos considerar que esses achados trazem implicações clínicas importantes e de longo alcance.

Qualquer expansão de nossa abordagem psicanalítica, no entanto, confronta-nos com numerosos desafios diagnósticos, teóricos e técnicos. Este é especialmente o caso quando trabalhamos com crianças e adultos que exibem uma mistura de ansiedades autísticas e psicóticas, no que pode ser chamado de espectro autístico-psicótico. Os analistas, portanto, enfrentam a complicada tarefa de tentar integrar, em seu trabalho clínico diário, os *insights* adquiridos nas escolas kleiniana e francesa. Meu objetivo, neste capítulo, é demonstrar como essa integração pode ser alcançada ao tentar seguir os vários níveis de ansiedades, muitas vezes confusos e entrelaçados, dentro da sessão, tentando falar suas linguagens.

O espectro autístico-psicótico e o refúgio psíquico autista

Um número considerável de crianças que hoje são diagnosticadas como portadoras de transtorno do espectro autista (TEA) muitas vezes revela-se, durante o tratamento psicanalítico, como sofrendo de uma combinação de ansiedades autísticas e psicóticas, defendidas e mascaradas por uma organização patológica autística. A organização patológica descrita por Steiner (2011; 1993) como um conjunto rígido e quase impenetrável de defesas narcísicas serve como uma dupla proteção tanto contra angústias esquizoparanoides em relação ao objeto, bem como às inevitáveis angústias e dores psíquicas envolvidas no reconhecimento depressivo da realidade e da perda. O refúgio psíquico autístico, no entanto, devido à perturbação na formação de símbolos e à regressão à equação simbólica (Segal, 1957), é não simbólico e corporalmente muito concreto e observável. Caracteriza-se por sensações hipercatexizadas, cisão inadequada ou falha e fragmentação tanto do *self* como do objeto. A organização patológica autística serve como o continente concreto de uma constituição frágil, que é assolada por vários déficits e, portanto, orientada muitas vezes simbioticamente (Bleger, 2013). Além disso, os múltiplos déficits de desenvolvimento dessas crianças criam, entre pais-filhos, círculos viciosos de projeções e contraprojeções de desespero, depressão e conteúdo psíquico não mentalizado (Alvarez, 1992; Durban, 2014). Esse círculo vicioso é muitas vezes colocado em cena[NT1] na análise e projetado nos objetos internos do analista (Brenman Pick, 1985) e para dentro de seu corpo. Isso cria uma gangorra emocional desconcertante e muitas vezes avassaladora, entre desespero e esperança, tanto no paciente quanto no analista (Durban, 2014).

O refúgio psíquico autístico é criado por meio de uma fantasia inconsciente de ficar ativamente coberto pelo "manto"[NT2] do objeto (Durban, 2014; 2017a) e de fazer uma anexação forçada de suas camadas externas (Rhode, 2012a) como defesa contra o "desmantelamento" – isto é, o desmoronamento dos tecidos conjuntivos da psique (Meltzer, 1974; 1992). Ficar coberto pelo manto, que é a busca frenética por envoltórios concretos corporais e sensoriais, protege a criança do pavor de se desfazer em pedaços, dissolver, perder a forma, congelar, queimar, sufocar, cair, perder sua membrana, seu senso de

---

[NT1] No original em inglês, "*enacted*".

[NT2] No original em inglês, "*mantling*".

coesão e orientação. A criança então atua concretamente essa fantasia inconsciente, cobrindo-se com objetos autísticos e formas sensoriais, e, assim, na fantasia, evita relações, comunicação e uma realidade intolerável (Tustin, 1981; 1990). A retirada psíquica autística tem duas fases: aparece inicialmente como encapsulamento autístico dentro de partes do corpo ou de objetos inanimados. À medida que a análise avança, aparece como um manto mais desenvolvido, quando a criança, como um caracol, começa a emergir de seu encapsulamento primário apenas para se refugiar novamente em seu abrigo. No entanto, nesse manto secundário, o abrigo é construído com a ajuda de partes vitais, anexadas, pertencentes a um objeto vivo.

No decorrer da psicanálise de crianças com TEA, é importante tentar distinguir e interpretar as diferentes formas de refúgios psíquicos autísticos. O refúgio autístico primário do encapsulamento é corporalmente sensorial, concreto, usa objetos autísticos e formas-sensoriais. Caracteriza-se por uma confusão massiva entre *self* e objeto como defesa contra a separação do objeto e sua devida internalização. O refúgio psíquico secundário do manto implica o início da percepção do objeto e da relação objetal. O encapsulamento primário protege a criança do terror sem nome e da aniquilação catastrófica após uma falha na sensação suficiente do "corpo-como-uma-mãe-segura" (Durban, 2017b). O manto secundário protege contra a mudança catastrófica e a dor psíquica em uma realidade nascente de dependência, transitoriedade e alteridade. O objeto – em vez do corpo, no caso de encapsulamento primário – torna-se então o agente traumatizante. O refúgio encapsulado primário afasta as "ansiedades-de-ser"[NT3] e paralisa o movimento em direção às ansiedades paranoides. O refúgio do manto secundário impede o movimento em direção às angústias depressivas e ao luto. Assim, essas duas linhas de organizações defensivas autísticas tragicamente interrompem não

[NT3] No original em inglês, "*anxieties-of-being*"; representadas por "B" (*being*).

apenas as flutuações entre ansiedades paranoides e depressivas (PS-D) e a possibilidade de equilíbrio psíquico (Joseph, 1978; 1989), mas principalmente as oscilações entre "ansiedades-de-ser" e ansiedades paranoides (B-PS).

Klein (1952) descreveu a constante interação e flutuações entre diferentes constelações de ansiedades em face aos objetos internos e externos, acompanhadas por fantasias inconscientes e mecanismos de defesa típicos. Para destacar a natureza não linear dessas interações, ela as conceituou como posições em vez de fases ou estágios. A compreensão de Klein sobre o constante movimento de vai-e-vem entre diferentes situações de ansiedade foi investigada, descrita e desenvolvida por seus seguidores. Eles passaram a entender o processo de desenvolvimento mental como consistindo na capacidade de conter, tolerar e modificar essas várias situações de ansiedade interativas, de modo que o pensamento, a criatividade e a integração (Bion, 1963), o sentimento, o equilíbrio emocional e o teste da realidade (Joseph, 1978; 1989) possam evoluir. Além disso, movimentos necessários em direção a estados temporários de desintegração foram vistos não apenas como defesa contra a integração, mas como uma parte inevitável do desenvolvimento (Bion, 1963). Simultaneamente, os estados depressivos aparentemente mais estruturados foram considerados como organizações defensivas contra a mudança, com todas as dores psíquicas e ansiedades que essa provoca (Steiner, 1987; Britton, 1998). Do ponto de vista clínico, Brenman Pick (2018) descreve as muitas dificuldades que o analista encontra ao tentar "unir as coisas" diante dessas oscilações entre as diferentes posições. Ela aponta a importância do *timing* da interpretação e a natureza dolorosa do processo, tanto para o analista quanto para o paciente, enquanto ambos lutam contra assassinato, inveja, ciúme e culpa. No caso da criança autista-psicótica, esse movimento oscilante é constantemente atacado devido a um influxo de ansiedades-de-ser corporais arcaicas e tentativas fracassadas de cisão binária. Isso interfere tragicamente no surgimento do pensamento, do sentimento e da transformação.

Como Brenman Pick descreve, a maneira de abordar e "unir essas coisas" é interpretar as ansiedades inconscientes para o paciente, fornecendo-lhe assim uma rede de significado, pensamento, relações objetais e facilitando as funções de *holding* e continência. No caso da criança autista-psicótica, o próprio ato de interpretação também a resgata de seu isolamento extremo e debilitante ou de sua solidão devastadora. No entanto, a principal dificuldade com essas crianças não é apenas decidir o *timing* correto para interpretar, mas selecionar o nível apropriado de interpretação, que se adeque a tais estados caracterizados por confusão maciça ou falta de diferenciação *self*-objeto (Alvarez, 2012) e processos de identificação prejudicados (Rhode, 2005). A interpretação é muitas vezes dificultada, ou mesmo impossibilitada, devido à intensa identificação adesiva e ao congelamento das associações livres do analista. Estas se equiparam à experiência da criança de ser congelada, às ameaças de que as relações sexuais dos pais produzam um bebê, e ao horror autístico da desintegração corporal. Assim, os movimentos mentais do analista refletem o medo da criança de que qualquer movimento, físico ou mental, signifique a perda de partes do corpo e por isso deve ser evitado a todo custo (Rhode, 2015).

A patologia manifesta na criança no espectro autista-psicótico é primariamente autística. Consiste na retirada e no "fechamento" da mente contra a separação, a fragmentação e o caos, iniciados pela pulsão de morte. No curso da psicanálise dessas crianças, muitas vezes testemunhamos uma abertura da organização defensiva obsessiva autística impenetrável e uma vívida emergência de material psicótico. Isso indica uma diferenciação *self*-objeto anteriormente subjacente e enterrada, agora mais desenvolvida, bem como uma maior capacidade para usar mecanismos de cisão e até mesmo para o pensamento simbólico. A criança então ergue uma segunda linha de defesa na forma de um manto secundário. Ela flutua entre as duas formas de manto, e o desenvolvimento é seriamente comprometido. Nas análises de crianças que são primariamente autísticas, no entanto, tal movimento é raro e, se aparece, o faz muito mais tarde na análise.

Haag (1993) nos fornece mais informações sobre essas condições. Ela escreve:

> *Em minha experiência, aquelas crianças autísticas encapsuladas que emergem de suas armaduras parecem fazê-lo em estágios transitórios bastante longos e seguindo uma de duas trilhas principais . . . seja em uma obsessividade pós-autística ou de uma maneira mais turbulenta, assim chamada psicótica ou esquizofrênica, mas de qualquer maneira, numa simbiose hiperpenetrante bastante destrutiva. (pp. 71-72)*

Ela procura diferenciar entre os elementos esquizofrenogênicos, caracterizados por uma explosão que resulta em cisão em partes mínimas, e aqueles derivados de questões maníaco-depressivas, caracterizados por identificação projetiva não explosiva, que usa os diferentes compartimentos corporais para fins de repenetração e coexcitação sexualizada.

Essa tentativa de diferenciação entre esquizofrenia infantil, autismo e psicose tem raízes históricas. Melanie Klein (1930) enfrentou esse problema enquanto analisava seu paciente Dick, a quem, sem entusiasmo, diagnosticou como sofrendo de esquizofrenia infantil. Hoje, Dick teria sido diagnosticado como uma criança com TEA, mas pode muito bem ser que Klein estivesse certa de alguma maneira. Embora, clinicamente falando, não existisse o diagnóstico de autismo na época da análise de Dick, ele exibia um conjunto confuso de ansiedades e defesas autísticas e psicóticas, relacionadas a uma trágica história de déficits e perdas no desenvolvimento.

Ao longo dos anos que se seguiram, foram realizadas muitas tentativas de esclarecer as diferenças entre esquizofrenia, psicose e autismo nos campos psiquiátrico, do desenvolvimento e psicanalítico (Houzel, 2018; Rhode, 2018). Clinicamente, porém, ao analisar uma criança com sintomas autísticos manifestos, ainda nos deparamos diariamente com a necessidade de compreender a natureza de suas ansiedades, defesas, fantasias inconscientes e relações objetais.

Pode-se argumentar que o problema atual é principalmente relativo a um diagnóstico inicial da criança impreciso ou muito abrangente, inspirado nos critérios psiquiátricos dos TEA. Além disso, tal diagnóstico é influenciado por muitos fatores políticos, financeiros, sociais e fármaco-médicos. Em Israel, por exemplo, o número de bebês diagnosticados com TEA está aumentando constantemente, e essas crianças têm direito a um apoio governamental considerável, com acesso a excelentes recursos de tratamento de orientação psicanalítica desde tenra idade. Esse não é o caso da psicose infantil. Curiosamente, também há menos estigmatização do autismo do que da psicose, já que esta última de alguma forma desperta mais ansiedades conscientes e inconscientes.

Nossa experiência em Israel mostra que, muitas vezes, a estrutura subjacente da criança que é inicialmente diagnosticada como autística só é revelada no decorrer da análise. Essa é uma característica única e distintiva da análise infantil: a criança não apenas se desenvolve, mas de certa forma está sendo "criada" à medida que a análise prossegue. Assim, conforme a análise avança, muitas vezes ocorrem oscilações entre cobrir-se com um manto – ou seja, aquisição de algum tipo de continência, ainda que muitas vezes concreta, falsa, anexada ou precária (Rhode, 2012a; Durban, 2014; 2017a) – e psicose. Essas oscilações constantes diferenciam as crianças no espectro autista-psicótico daquelas situações mais estáveis descritas por Haag (1993; 1997), nas quais as crianças, emergindo de estados autísticos, podem se mover na direção da esquizofrenia, de estados maníaco-depressivos ou obsessividade. Conforme afirma Tustin (1990) em seu último livro, há um subgrupo de crianças que usa "uma camisa de força autística" para controlar as ansiedades psicóticas (mas não o contrário). Há um movimento de vai-e-vem constante, rápido e muitas vezes confuso entre emergir e retrair-se, seguido pela formação de organizações patológicas autísticas primárias e secundárias. Essas crianças não são pós-autísticas, mas sim, seguindo o método francês de classificação, autísticas *borderlines*: um "conjunto misto" de "ansiedades-de-ser" autísticas e esquizoparanoides. Elas oscilam entre a fragmentação e o afastamento autísticos, caracterizados pela identificação adesiva e hipercatexia sensorial, e mecanismos psicóticos mais elaborados, como a cisão e a identificação projetiva. Essas organizações autísticas *borderlines* desafiam explicações etiológicas lineares. Houzel (2018) escreve:

> *Não é fácil aceitar que não se sabe qual será a próxima etapa ou quando ocorrerá. E, no entanto, é a condição para dar espaço aos processos de desenvolvimento psíquico. Não se trata de um desenvolvimento linear, mas de uma evolução em forma de espiral, passando por progressões e regressões. A equipe de cuidadores deve se engajar em intenso trabalho elaborativo para avaliar corretamente essa evolução, evitando considerar uma necessária regressão como sinal de deterioração, ou o surgimento de inevitável sofrimento psíquico como um surto cujos sintomas devem ser suprimidos. (pp. 737-738)*

Um artigo publicado recentemente por Larson *et al.* (2017), da Universidade de Cambridge, no *British Journal of Psychiatry*, fornece um importante suporte, baseado em pesquisa, para a existência de tal subgrupo. Os autores afirmam que pode haver um subtipo específico de TEA ligado a uma comorbidade psicótica. Seus resultados indicam que o espectro de doença psicótica vivenciada por adultos com TEA pode ser diferente daquele experimentado pelos pacientes sem diagnóstico de TEA. Eles propõem, ainda, que suas observações apoiam a existência de uma vulnerabilidade neurodesenvolvimental subjacente ao surgimento de psicose em algumas pessoas com TEA, impulsionada talvez por um mecanismo genético ainda não compreendido, composto por taxas elevadas de depressão e ansiedade.

O artigo de Larson *et al.* confirmou as impressões que adquiri ao longo de muitos anos analisando bebês, crianças e adolescentes com TEA, e supervisionando inúmeros outros casos semelhantes. Acredito que existam, de fato, dois espectros: um é puramente autístico e o outro é autista-psicótico. A principal diferença entre esses dois espectros está na natureza das ansiedades e defesas envolvidas. A criança no espectro autista-psicótico manifesta uma mistura de ansiedades esquizoparanoides e ansiedades-de-ser menos diferenciadas, como a de se liquefazer, dissolver, não ter pele ou ter a pele cheia de buracos, congelar, queimar, perder a sensação de tempo e espaço, e existir em um mundo bidimensional. A criança autística mostra principalmente a última característica. A aparente sobreposição desses dois espectros, ou o ofuscamento da estrutura psicótica pelas defesas autísticas e vice-versa, muitas vezes leva a uma confusão teórica e clínica e a um uso excessivo da linguagem diagnóstica fenomenológica-psiquiátrica em vez da psicanalítica.

Algumas considerações técnicas

Ao analisar uma criança no espectro autista-psicótico, experienciamos flutuações constantes entre diferentes níveis de ansiedades, defesas e de diferenciação e integração *self*-objeto. Assim, podemos encontrar na mesma criança, e muitas vezes na mesma sessão, estados de ansiedade que variam de ansiedades-de-ser arcaicas a ansiedades mais claramente definidas, relativas a relações objetais do tipo esquizoparanoide e depressivo, e até mesmo algumas formas rudimentares de ansiedades autístico-edipianas (Rhode, 2012b). As ansiedades psicóticas podem encobrir e ligar as ansiedades-de-ser primitivas, enquanto estas últimas podem servir como uma retirada das ansiedades psicóticas. Essas dinâmicas são incorporadas em fantasias inconscientes características dos estados mentais primevos malformados.

Anne Alvarez (2012), em seu influente trabalho, propõe pensar esses estados primitivos ao longo de linhas de diferentes níveis de significado, correspondentes a diferentes níveis de integração do *self* e do objeto. Tal compreensão, afirma, necessita de diferentes níveis de interpretações que vão do modelo explanatório superior, passando pelo modelo descritivo, e descendo até o que ela denomina modelo vitalizante. Além disso, aponta a importante necessidade de diferenciar dois tipos de ansiedades: uma baseada em mecanismos projetivos (como a identificação projetiva e a contraidentificação projetiva) e outra mais primitiva, na qual nenhuma identificação projetiva é possível. Esse segundo tipo de ansiedade aciona a resposta do analista ao estado mental devastado do bebê, sem que o bebê sequer tenha consciência de seu estado de devastação. Seguindo seu trabalho, dei-me conta, ao longo de muitos anos de trabalho com tais estados, que a chave para entender a criança e para a criação de um significado compartilhado encontra-se principalmente na adesão ao princípio kleiniano (Klein, 1932; 1948; 2017) de detectar as ansiedades mais urgentes, mais profundas e em interpretá-las no que se poderia descrever como sua própria "linguagem" ou sintaxe (Amir, 2014). No entanto, isso exige uma ampliação de nossa compreensão sobre a natureza dessas ansiedades mais profundas – que vão desde sinais autísticos de ansiedades-de-ser até as ansiedades esquizoparanoides e depressivas mais diferenciadas –, bem como do que definimos como interpretações.

Desejo compartilhar algumas observações oriundas de minha experiência na análise de uma dessas crianças em que, muitas vezes de forma intuitiva e inconsciente, senti necessidade de alternar entre essas diferentes formas de ansiedade e modos de interpretação. Isso envolveu breves recursos a interpretações muito primitivas, concretas e fragmentadas, a fim de estabelecer algum contato imediato com essas ansiedades inconscientes profundas da criança retirada, fragmentada, pré-corporal, não verbal e pré-simbólica (Durban, 2014). Essas interpretações em ação (Ogden, 1994; Durban, 2014; 2018; Pollak, 2017) ou realizações pré-simbólicas (Sechehaye, 1951) refletem uma contratransferência especial no analista e assumem diferentes formas: verbal, não verbal e, às vezes, um ato concreto. Elas não se qualificam como brincar simbólico, mas podem ser consideradas como *acting in* e *acting out*, e como um desvio da técnica tradicional. No entanto, acredito que elas formam uma parte inevitável e necessária da técnica psicanalítica para tratar tais estados mentais inalcançáveis. Esses momentos são familiares aos psicanalistas infantis e tradicionalmente incorporados à sua técnica lúdica. Há outros momentos, porém, que não podem ser considerados como brincar simbólico, pois o nível de diferenciação *self*-objeto da criança e sua capacidade de representação ainda são pouco desenvolvidos, foram atacados ou destruídos. Dessa forma, certos aspectos da mente estilhaçada da criança podem ser remontados, reparados e, às vezes, até criados por um "implante de objeto analítico" – ou seja, apresentando o analista como um objeto novo e concreto que pode ser colocado no lugar dos déficits de desenvolvimento. Penso que um dos nossos principais desafios atuais, como psicanalistas, é o de modificar e aplicar essas alternâncias entre os vários tipos de interpretações em nosso trabalho com pacientes adultos que exibem, momentaneamente ou por longos períodos, estados de ser iguais ou semelhantes a esses.

Rafael

Rafael é um menino de 14 anos que esteve em análise comigo desde os 9 anos, com cinco sessões por semana. Encaminhado por um colega de outro país, Rafael é filho de mãe israelense e pai europeu. Aos 3 anos, foi diagnosticado com TEA de baixo funcionamento. Ele apresentava todos os principais sintomas de tal diagnóstico: uso mínimo e bizarro da fala; ausência de contato visual; evitação de pessoas, incluindo seus pais; falta de coordenação e integração corporal; alternância entre estados de frouxidão e rigidez; agitação psicomotora; autoestimulação pelo uso de objetos autísticos, formas sensoriais autísticas e masturbação; rigidez e comportamentos obsessivo-compulsivos repetitivos; ausência do brincar; falta de empatia e de imaginação.

Rafael iniciara sua primeira psicoterapia em paralelo à terapia comportamental e lhe fora prescrita medicação antipsicótica por explosões de violência. Quando completou 5 anos, apresentava pouca melhora; na verdade, sua condição parecia estar piorando. Rafael tinha frequentes e violentos acessos de birra, resultando ocasionalmente em automutilação. A agressão também se dava por meio de ataques físicos contra sua mãe e seu irmãozinho (que nascera quando Rafael tinha 4 anos). A fala se desenvolveu lenta e bizarramente. Ele gritava principalmente por comida, banheiro e televisão. Após o aparecimento da fala, os pais perceberam que ele tinha alucinações. Relatava ver várias formas e cores, via o ar girando ao seu redor e buracos no chão e nas paredes, que pareciam rachar e desmoronar quando ele os tocava. Também reclamava de barulhos altos e vozes em sua cabeça, as quais diziam para ele se matar e matar seu irmão. Embora, nessa fase, tenha sido vigiado de perto constantemente por seus pais e por vários cuidadores, tentou várias vezes se jogar pela janela e machucar seu irmão, uma vez sufocando-o com um travesseiro e outra tentando afogá-lo no banho.

Testes neurológicos nada indicavam. Nesse ponto, os pais, desesperados, concordaram em interná-lo em um hospital psiquiátrico para crianças, no qual foi diagnosticado com esquizofrenia infantil. Esse diagnóstico resultou na prescrição de uma dose máxima de medicação antipsicótica, após o que ele se retirou para um estado catatônico e autista. Os pais procuraram ajuda por estarem gravemente deprimidos e ansiosos. Receberam o diagnóstico de Rafael como uma espécie de "sentença de morte" para a criança. Na entrevista inicial com eles, fiquei impressionado com o uso dessa expressão, em vez de, por exemplo, "sentença de prisão perpétua". Essa escolha de palavras, como se viu depois, não foi acidental.

Os avós de ambos os lados exerceram grande pressão sobre os pais para que Rafael fosse internado em uma instituição especial para crianças doentes mentais, alegando que ele, incontrolável em casa, arruinaria a vida de toda a família. Havia vários casos de doenças mentais em ambos os lados da família. O irmão gêmeo da mãe cometera suicídio, após sua liberação do exército israelense, onde havia servido como oficial de alta patente nas unidades de combate. Ele foi descrito como "envenenado pelo exército", expressão israelense utilizada para descrever extrema devoção e admiração pelas ações militares. O pai da mãe morrera de câncer enquanto ela estava grávida de Rafael. A criança, portanto, nascera de e em um ventre familiar saturado de morte, com todas as suas manifestações psicogenéticas hereditárias internas e externas (Durban, 2011).

O pesar complicado e o luto atrofiado foram sombras constantes na vida de Rafael e de sua família. Os pais, que naquela ocasião haviam iniciado psicoterapia psicanalítica, insistiram em manter Rafael em casa. Revezavam-se nos cuidados com ele e iniciaram educação em casa. Ambos descreveram Rafael como adorável, apesar de suas enormes dificuldades. Das várias afirmações que fizeram em nossas entrevistas iniciais, ficou claro que Rafael tinha uma tríplice função inconsciente para os pais: ele era um filho-tampão, que deveria preencher o vazio criado pela perda; um filho-tubo no qual a mãe projetava seus materiais tóxicos não mentalizados (elementos beta), transformando-o assim em um tubo furado, vazando sem parar. Rafael frequentemente sofria de vômitos e diarreia. Além disso, os pais estavam tentando reparar algo por meio dele e, assim, lidar com suas inúmeras perdas e sofrimentos.

A mãe decidiu voltar para Israel para ficar mais perto de sua mãe e dos demais familiares. Também desejava providenciar uma psicanálise para Rafael. Não que ela acreditasse especialmente em psicanálise ou soubesse muito a respeito, mas uma amiga de infância tinha uma filha autista que havia feito análise comigo e se beneficiara dela. Ela também descobriu a possibilidade de obter apoio financeiro considerável do governo israelense para o tratamento de Rafael (por meio do Serviço Nacional de Saúde e do Ministério da Defesa). A família então entrou em contato comigo e, seguindo minha indicação de que Rafael iniciasse a análise, toda a família se mudou para Israel. Assim, além da óbvia pressão exercida sobre mim pela patologia de Rafael e suas poucas chances de cura, havia também as intensas idealizações e expectativas da família em relação ao tratamento.

No início da análise, fiquei agradavelmente surpreso com a cooperação de Rafael. Também me vi encorajado pela presença de ansiedades edípicas ligadas à rivalidade e à competição com seu irmão e possessividade invejosa em relação à mãe. Embora incompreensível e bastante incontrolável e retraído a maior parte do tempo, Rafael ocasionalmente me contava coisas.[2] Ele parecia não saber brincar. Durante as sessões, apenas se movimentava pela sala de forma agitada, fazendo barulhos ininteligíveis, agitando os braços, arranhando-se violentamente, batendo a cabeça na parede e, às vezes, correndo em minha direção e tentando me morder ou me arranhar. Suas mãos eram muitas vezes enfaixadas para evitar que ele se arranhasse e se mordesse, chegando a arrancar pedaços de pele. Outras vezes, ele desabava em uma pilha de objetos no chão e esfregava saliva e muco por todo o corpo.

---

2 A análise de Rafael foi conduzida inicialmente em inglês, depois em uma mistura de inglês e hebraico, e finalmente em hebraico.

Rafael carregava consigo um Super-Homem de plástico rígido, boneco que ele basicamente agitava. Naquele momento, eu o considerei como seu objeto autístico, que fornecia proteção, mas bloqueava a comunicação. No entanto, durante uma sessão, Rafael mordeu e acabou arrancando os braços do Super-Homem. Ele então entrou em pânico e murmurou: "Conserte, conserte", passando a empurrar diferentes tecidos e partes rasgadas de outros brinquedos nos buracos criados pelos braços mutilados do boneco. Quando isso falhou, apontou para o símbolo no peito do Super-Homem e disse "botão", insistindo que eu apertasse o botão e tornasse o Super-Homem inteiro novamente. A ansiedade de Rafael ressoou em mim principalmente na forma de uma profunda confusão. Eventualmente, consegui interpretar essa confusão e disse: "Tudo confuso. Rafael, Super-Homem, braços, peito, mamãe, papai, morto, vivo". Rafael continuou apertando o botão e agarrava meu braço para que eu também pressionasse, e então, eu disse: "Rafael quer que Joshua conserte o Super-Homem, conserte Rafael, conserte papai e mamãe. Rafael mordeu o botão do seio da mamãe e o xixi do papai. Papai e mamãe estão bravos e quebram Rafael. Agora Rafael quer ser colado de volta e quer que Joshua o ajude. Rafael quer ficar inteiro novamente". Nesse ponto, estavam misturados dois estados de ansiedade principais. Em um nível autístico profundo, havia a ansiedade de desmantelar-se e vazar através dos múltiplos buracos que Rafael sentia haver em seu corpo. Ao mesmo tempo, havia em Rafael uma ansiedade mais claramente definida e objetal, por sentir-se causando danos ao seio e ao pênis com sua agressividade e ganância, resultando em retaliação e mutilação do próprio corpo. Para complicar ainda mais, percebi Rafael também como uma "criança-tubo" aberta e vazando (Durban, 2018), através da qual mantinham-se vivas as projeções e traumas das gerações anteriores. A partir dessa perspectiva, o brinquedo destruído do Super-Homem também representava seu tio materno, o herói-soldado que cometera suicídio. Devido à natureza mesclada de suas ansiedades e das defesas autísticas primárias e secundárias empregadas contra elas (sua retirada para dentro dos seus fluidos corporais, as bandagens, o boneco duro do Super-Homem), era difícil para mim, e muitas vezes quase impossível, alcançar a ansiedade apropriada e interpretá-la.

O sadismo e a agressividade de Rafael, exacerbados por seus objetos internos atacados e persecutórios, eram defletidos para fora, ainda que de forma passiva. Ele entrava e saía placidamente do consultório, pisando como se não percebesse os canteiros de flores, arrancando folhas sem mesmo olhar para as mãos, parecendo totalmente alheio e distraído. Os brinquedos quebravam com frequência e, sempre que ele se aproximava, suas mãos balançavam e batiam em mim.

Rafael estava aterrorizado e apavorado com sua destrutividade e se sentia equivalente a um superego onipotente e mortal que reinava supremo. Ele logo me apresentou a "coisas" secretas que eram muito más, persecutórias e perigosas. Essas "coisas" eram compostas de números pares e ímpares. Números pares, especialmente dois, quatro e vinte e dois, eram considerados bons e protetores, embora equiparados a um superego sádico primitivo. Alegava que muitas vezes eles tiravam sua fala e o proibiam de olhar para outras pessoas. Ele então ficava mudo e revirava os olhos para cima, para não ver ou ser visto por ninguém. Os números ímpares três, cinco e sete eram particularmente cruéis e prejudiciais. Os números um e zero eram considerados muito bons, pois um era semelhante a dois ("quase gêmeos", disse ele), e zero era um sinal para ele relaxar e ficar quieto. Quando estava sob a influência do número zero, Rafael parecia catatônico e impenetrável.

Naquele momento, eu interpretava principalmente o desejo simbiótico de Rafael de ser um com sua mãe e comigo, sem qualquer diferenciação ou competição. Isso era representado pelos números "gêmeos" pares, que se replicavam mutuamente. Qualquer ameaça de separação ou diferenças eram percebidas como um ataque. Rafael então revidava, tentando aniquilar tanto os agentes ameaçadores da separação quanto sua percepção e sua mente. O número zero representava seu desejo de alcançar a unidade simbiótica e assim se livrar da realidade, na qual as coisas eram separadas de si e separadas umas das outras, incontroláveis. O zero também expressava seu desejo de morte: deixar de existir para não sentir tanto medo e ódio. Rafael respondeu bem a essas interpretações e passou a me chamar de "Sr. Sem-número" e outras vezes de "Sr. Zero". Tornei-me uma figura que estava fora do alcance dos números do mal, mas ao mesmo tempo representava um estado de morte e congelamento. Ele dizia que eu era estúpido, um zero, assim me equiparando não apenas com ajuda e alívio, mas com aniquilação e irracionalidade. Outras vezes, dizia que eu era três pessoas ao mesmo tempo. Assim, tornei-me também o ameaçador número três, representando a temida triangulação edípica.

À medida que a análise avançava, o comportamento de Rafael em casa melhorou, suas explosões violentas se reduziram e ele eventualmente conseguiu frequentar uma escola especial. Descobriu-se que ele era uma criança inteligente e, portanto, destacou-se em seus estudos. Dentro do consultório, porém, ele parecia estar ficando ainda mais fragmentado. Ficava em silêncio por longos períodos, mal reconhecendo minha existência, resmungando para si mesmo, brincando com os dedos erguidos no ar, cuspindo e lambendo-se e escondendo-se debaixo das poltronas. Parecia-me que a melhora de Rafael fora do consultório era precária; que só fora possível porque ele se dividira ainda mais e havia encapsulado sua loucura, que fora então depositada na análise. Ele se retirara para dentro de seu abrigo autístico primário e ocasionalmente usava a mim e à análise como um segundo manto. Assim, quando momentaneamente emergiu de sua retirada e do uso de formas sensoriais autoengendradas, começou a me imitar, repetir minhas interpretações e insistiu em cobrir-se com uma coberta que ficava no meu divã. Depois de ficar coberto por alguns minutos, começou a estragar a coberta, jogando-a no chão e tentando enfiá-la embaixo do divã. Dizia que a coberta era má e fedorenta. Falava em hebraico e a maneira como ele pronunciava a palavra "coberta" (*Smicha*) soava como a palavra "conversa" (*Sicha*). Foi muito difícil suportar essa situação. Assim como Rafael, sentia-me dividido entre o que estava acontecendo na análise e o retorno externo favorável de seus pais, que estavam muito gratos. Às vezes, eu duvidava do que era real ou não, e desconfiava dessa "coberta" externa de forma paranoide. Após uma reflexão mais aprofundada, compreendi que eu estava saturado e invadido pelas experiências de paranoia e de desrealização de Rafael, resultantes de cisão e identificações projetivas e adesivas massivas. Como ele, eu me encontrava à deriva em um entorpecimento e paralisia mentais, associados com agitação psicomotora e hipersensibilidade.

Até esse ponto da análise de Rafael, a maioria de suas ansiedades eram relativas à posição esquizoparanoide, com bastante material ligado à situação edípica inicial, e por isso tentei estabelecer contato com seu inconsciente, interpretando as ansiedades diretamente na transferência. Ao trabalhar nessas áreas, nas quais há um certo grau de diferenciação entre *self* e objeto, e uma capacidade de usar mecanismos de cisão e projeção, é proveitoso interpretar dentro da situação de transferência total. Essas "interpretações explanatórias", como as chama Alvarez (2012), são usualmente pensadas como: qual é o conteúdo das ansiedades e fantasias inconscientes do paciente; quem faz o que a quem e por quê; e qual é o papel e a posição do analista nesse drama de relações objetais? Rafael, de fato, respondeu bem a tais interpretações. No entanto, a persistência de seus sintomas na análise, ao lado da existência de uma quantidade considerável de ansiedades-de-ser, indicava que havia muito material inconsciente contra o qual ele se defendia por meio da fragmentação, e com o qual eu ainda não conseguira estabelecer um contato melhor.

"O que é uma pessoa?" – O surgimento posterior de ansiedades-de-ser primitivas

Durante o segundo ano de análise, Rafael costumava me perguntar: "Você é uma pessoa? O que é uma pessoa? Eu sou uma pessoa?". Ele começava a gritar, morder a si mesmo e dizer: "Tem sangue por toda parte, onde está o sangue? Está dentro ou fora? Você está sangrando? Isso é AIDS". Os pais me contaram que muitas vezes ele se mordia para ver que "havia sangue dentro" e ao vê-lo dizia: "Eu tenho AIDS". Interpretei seu medo de que ele fosse fino como papel, sem que houvesse nada entre dentro e fora. Só quando via o sangue podia acreditar que tinha um interior e era, portanto, humano. No entanto, ao infligir tanto dano e dor a si mesmo, ele também percebia o quanto estava doente e temia que sua doença pudesse ser, como a AIDS, incurável. Esse era um sentimento que eu, naquela época, compartilhava secretamente com ele. Eu tinha em mente também a história do "envenenamento" do tio por exército e morte, que o havia levado ao suicídio. Eu me perguntava se Rafael fora inconscientemente atacado por um excesso de morte psicogenética em seu sistema psíquico.

À medida que as ansiedades de Rafael de não ter interior e vazar diminuíam, ele chegava para as sessões e dizia que, agora, ele era Joshua e eu era Rafael. Isso não parecia um jogo, mas sim uma convicção. Foi então que percebi que ele estava tentando nos fusionar e reverter nossos papéis para afastar sentimentos de separação e dependência que começavam a aparecer dentro de si. Essa fusão violenta pela aniquilação de nossa existência separada assumiu a forma de fantasias homossexuais perversas, nas quais um penetrava no outro, criando assim um perigoso e bizarro objeto combinado, resultando em nossa morte. Ele tentava mirar mísseis imaginários em mim, principalmente em meus olhos, boca e ânus. Ele então corria para o banheiro e defecava, chorando que suas entranhas estavam explodindo. Interpretei seu medo de que eu o penetrara para puni-lo e explodir suas entranhas. Também pensei que ele estava descrevendo um problema com os sistemas imunológicos psíquicos seu e de sua mãe, no qual havia uma falha na transformação (digestão) da morte que fora infundida no ambiente maternal externo e interno durante sua gravidez. Penso que ele provavelmente havia experimentado a placenta e o sistema imunológico da mãe como ataque de células-mísseis. A mãe relatara "algumas sensações estranhas" durante o primeiro período de sua gravidez. Rafael frequentemente afirmava que não a conhecia e que ela não era sua mãe. Assim, o familiar e o não familiar estavam todos confusos, como acontece em algumas doenças autoimunes (AIDS). Além disso, após seu nascimento, a mãe, que geralmente era uma pessoa bastante verbal e fluente, apresentou extrema dificuldade em conversar com seu bebê não responsivo, exacerbando, portanto, a falha nas transformações mútuas.

Percebi que Rafael estava se deteriorando para garantir que não seríamos separados ao final do tratamento. Ao confundir a si e a mim, por dentro e por fora, criando uma bagunça sangrenta, ele também estava dizendo que a análise e eu havíamos nos tornado parte de si, como sangue, e que essa perda o mataria. No entanto, isso só poderia ser vivenciado de forma psicótica concreta, não como afetos acompanhados de pensamentos. Eu interpretei isso em muitas sessões, o que lhe trouxe um certo alívio. As alucinações visuais diminuíram. Durante uma sessão em que ele estava mordendo as mãos, notei que ele olhava atentamente para as mordidas, como se estivesse procurando algo dentro de seu corpo. Ele também retirou os pedaços de pele mordida e os segurou com muito cuidado com as duas mãos. Como ele não falava naquela época, e já tendo sido interpretada sua angústia arcaica de vazar e se liquefazer, eu afirmei nesse momento que ele estava procurando o que se passava dentro de si. Senti-me encorajado por essa distinção que brotava entre o dentro e o fora e decidi interpretar em termos de relações objetais internas. Sugeri que, como resultado de seus ataques implacáveis à mãe e ao corpo dela, que ele equiparava ao seu, ele estava vazando, sem recipiente ou pele para mantê-lo inteiro. Ele também sentia que sua mãe e seu pai estavam sangrando até a morte dentro dele, e que ele estava tentando tirá-los para fora e talvez até salvá-los. Eu disse: "Não ter mãe com corpo e não ter pai para protegê-la é o mesmo para você que não ter corpo, não ser ninguém."

Após essa fase do tratamento, ele passou a apresentar o que parecia ser um jogo rudimentar. Rafael tocava meu nariz e depois o seu, minha boca e depois a sua, minhas orelhas, mãos e pernas e depois tocava as suas. Fiquei inicialmente surpreso com esse contato físico e tentei impedi-lo, como faria com a tentativa de qualquer paciente de me tocar. Rafael continuou tentando insistentemente iniciar esse ritual, que ele chamava de "fazer uma pessoa". Ele fazia isso, como não era seu costume, de uma maneira muito gentil e não erotizada, mantendo um contato visual incomumente longo. Fui muito ajudado naquela época pelas contribuições de dois proeminentes clínicos franceses que trabalhavam com bebês e crianças com autismo. O primeiro foi o trabalho de Marie Christine Laznik sobre o papel da pulsão invocatória (2013) e o papel crucial da prosódia materna dentro dessa. Laznik, seguindo Lacan (1966), afirma que a criança é chamada para o reino das relações e identificações pelo desejo do outro. A ausência desse chamado em crianças autistas é, segundo ela, a base do autismo. A criança autista falha na busca de atrair a atenção e a aprovação de seus cuidadores. A segunda inspiração foram os extensos trabalhos de Genevieve Haag sobre identificações intracorporais (1985), e o fracasso da criança autista em estabelecer um objeto de identificação de base (1993). Seguindo Grotstein (1986), ela descreve a importância da possibilidade de se comunicar com o outro pelo olhar, com o sentimento de que o que é projetado é refletido de volta ao tocar uma base sólida. Na análise de crianças retraídas,[NT4] isso é muitas vezes experimentado quando o psicanalista consegue se

[NT4] No original em inglês, "*withdrawn*".

comunicar com a criança e seus olhos se encontram. Como consequência, uma pele psíquica pode ser gradualmente constituída, permitindo que o bebê tenha acesso à tridimensionalidade e à simbolização, e se sinta contido.

Gradualmente passei a entender que se tratava de mais uma tentativa de criar a si mesmo como uma entidade separada e diferenciada, através de mim. Dessa vez, ele usava a comparação com o meu próprio corpo. É importante acrescentar que a diferenciação, por parte de Rafael, entre partes e funções do corpo fora prejudicada desde o início. Ele muitas vezes fechava os olhos quando havia um ruído alto, ou colocava as mãos nos ouvidos quando via algo assustador. Direita e esquerda eram sempre confundidas e, muitas vezes, ele ficava desorientado, esbarrando nas coisas. No entanto, esse surgimento de uma confusão muito básica entre as partes de seu corpo ocorreu depois que ansiedades mais desenvolvidas sobre seus objetos internos foram interpretadas. Houve um movimento mais claro entre ansiedades esquizoparanoides e ansiedades-de-ser mais arcaicas, lidando com seu próprio senso de existência como um ser delimitado e separado no tempo e no espaço.

À medida que nos aproximávamos das férias de verão, o crescente reconhecimento de Rafael sobre a sua e a minha existência como entidades separadas, embora conectadas, se desenvolveu. Voltou então a ficar aterrorizado com as pessoas, talvez por consciência do perigo de perdê-las. Embora tivesse feito alguns amigos na escola, cortou todo contato com eles, recusou-se a ir à escola e se afastou novamente do contato humano. Um dia me disse que matara sua mãe, porque ela não era sua mãe e era muito má. Ameaçou matar-me também. Retomou sua automutilação, dessa vez como resultado de uma culpa psicótica insuportável por sua agressão e desejo assassino para com seus objetos. Interpretei que ele preferia matar a ser morto pela perda e culpa. Era tentador interpretar essas ansiedades-de-ser no nível esquizoparanoide, mas logo descobri que isso não ajudava e, na melhor das hipóteses, servia apenas para aprofundar a distância entre mim e Rafael.

Algumas melhoras foram gradualmente alcançadas por meio de um tipo especial de interpretação baseada no analista, utilizando a imersão em meu estado mental: suas memórias, experiências, sensações corporais e minha capacidade de pensar, sentir, relacionar e integrar. Em outras palavras, é tarefa do analista fornecer para a criança funções de manto e ligação que a levarão a sentir sua mente como uma morada segura. Ligar significa reconectar ativa e concretamente os protoelementos desintegrados da fantasia inconsciente. Essa é uma das tarefas mais difíceis, no sentido de que o analista precisa ligar constante e ativamente, em uma única sequência ou ordenamento, sentidos, sentimentos, ações, intenções e pensamentos fragmentados.

Para que o analista cumpra a função de objeto de manto e ligação a ser internalizado pela criança que apresenta uma representação corporal desintegrada ou confusa, ele pode precisar construir ativamente um continente corporal (Pollak, 2009). As interpretações precisam ajudar o paciente a diferenciar entre partes do corpo, dentro e fora, *self* e objeto, antes que interpretações de aspectos mais integrados façam sentido. A criação de Rafael do jogo de "construir uma pessoa" e minha participação ativa nele por muitas sessões, antes que uma interpretação pudesse ser totalmente formulada em termos de "você" e "eu", seria um exemplo.

Além disso, o analista precisa usar momentos de reparação ou interpretação-em-ação. Ou seja, iniciar uma ação, um gesto, que significa de maneira quase concreta a possibilidade de compreender a experiência pré-verbal e pré-simbólica, promovendo a integração e a reparação. À medida que a análise de Rafael prosseguiu, mais ansiedades vieram à tona como resultado de meu trabalho interpretativo anterior. Isso provocou outra mudança na técnica.

A travessia de Rafael

Durante o terceiro ano da análise, retornei após uma semana de ausência. Enquanto esperava por ele, ouvi Rafael gritando e chorando lá fora. Abri a porta e o vi parado, como que paralisado, incapaz de entrar. "O que há de errado?", perguntei a ele. Ele estremeceu e apontou para o chão. "Você está com medo de alguma coisa aqui?", segui perguntando, sem conseguir pensar ou compreender seu choro. Rafael assentiu e continuou apontando para o chão. Quando segui seu dedo, vi uma fresta entre minha porta de entrada e o caminho pavimentado que conduzia a ela. Eu nunca a havia notado. "Uma rachadura?", perguntei. Rafael gritou: "O Grand Canyon, o Grand Canyon!". Mais tarde, seu pai me contou sobre um filme que Rafael havia assistido no fim de semana, no qual o protagonista fica preso em um grande desfiladeiro, porque uma pedra bloqueia seu caminho e prende seu braço. Para se salvar, o herói precisa amputar o próprio braço com a ajuda de um canivete. Somente mais tarde o pai percebera que Rafael estava parado trêmulo na porta e "assistia" àquela cena aterrorizante. Eu disse a Rafael: "Você está me dizendo que a fresta embaixo da minha porta lhe parece o Grand Canyon, intransponível, perigoso". Rafael chorava, e pensei que ele estava alucinando novamente. Ele seguia gritando que era o Grand Canyon. Fiquei muito ansioso, até porque os gritos de Rafael eram altos o suficiente para toda a vizinhança ouvir. Eu disse: "Não nos encontramos por tanto tempo, e parece que há um abismo intransponível entre nós. Mas agora ambos estamos aqui. Eu estou esperando por você; por favor entre". Rafael não se mexia e continuava chorando e gritando. "Como vamos atravessar?", perguntei, bastante devastado naquele momento. Rafael estendeu os braços em minha direção. Virei-me e ofereci-lhe para subir nas minhas costas. Rapidamente ele pulou, e entramos na sala.

Ficou intuitivamente claro para mim, naquele momento, que Rafael precisava do meu apoio físico para entrar na sala. Precisava sentir que eu ficara ileso durante nossa separação e que podia contar comigo. Além disso, eu desejava fazer o que um pai intuitivamente teria feito – tomá-lo em meus braços. Isso, no entanto, era impossível, porque ele era um menino grande e pesado, e também porque eu não queria criar uma superexcitação, ficando cara a cara com ele. Somente mais tarde, depois que o pai me colocou a par [do que se passara no fim de semana], pude vincular esse ato de "passar por cima", de preencher a lacuna e reafirmar minha presença, com as fantasias inconscientes violentas de Rafael sobre nossa separação como uma mutilação vingativa mútua: uma amputação de membros. Além disso, colhi material suficiente nas sessões seguintes para sustentar o entendimento de que, enquanto eu estivera fora, Rafael se sentira engolido por um vazio dentro de sua mãe, que acabou sendo o mortífero número zero. Na sessão seguinte, ele iniciou uma brincadeira em que nós dois tínhamos que andar com muito cuidado para não cairmos em um poço sem fundo e perigoso na sala. Ele afirmava que o poço estava dentro de uma enorme nave espacial, da qual minúsculos alienígenas saíam para destruir o mundo. Ele então a desenhou, e percebi que se parecia com um grande zero. Somente então pude formular uma interpretação verbal completa, ligando todo o processo pelo qual tínhamos passado desde o momento em que saí de férias.

Esse movimento cruzado, nas sessões, entre as diferentes ansiedades e sua interpretação levaram a uma grande melhora na condição de Rafael. Atualmente, ele frequenta uma escola regular, utiliza uma dose mínima de antipsicótico, não tem crises violentas e está cada vez mais conectado à realidade turbulenta de um adolescente de sua idade, ou, como ele mesmo diz, está "se tornando uma pessoa". No entanto, essa melhora é sempre precária, à medida que as oscilações rápidas entre ansiedades-de-ser, ansiedades psicóticas e depressivas e entre retiradas defensivas autísticas e psicóticas continuam, ainda que de formas mais contidas e mais bem comunicadas.

Algumas considerações finais

Neste capítulo, tentei demonstrar que:

1. No curso da análise, algumas crianças inicialmente diagnosticadas como portadoras de TEA acabam se movendo ao longo de um espectro autista-psicótico. Esse espectro é caracterizado por uma mistura de ansiedades esquizoparanoides e ansiedades-de-ser autísticas menos diferenciadas. Assim, essas crianças podem ser descritas como autísticas *borderline*.
2. A interpretação da angústia inconsciente e das defesas que a acompanham é central para o processo de cura psicanalítica em crianças no espectro autista-psicótico.
3. É preciso levar em conta a constante interação entre ansiedades depressivas, esquizoparanoides e "ansiedades-de-ser". A criança no espectro autista-psicótico é caracterizada por um influxo avassalador de ansiedades mescladas. Assim, constitui tarefa complexa do analista rastrear a angústia dominante e o ponto de urgência para interpretá-la em sua própria "linguagem". Além disso, é útil interpretar e mostrar à criança como a retirada autística a defende contra uma maior fragmentação e como essa fragmentação evita um influxo de ansiedades-de-ser paralisantes.
4. Diferentes estados de ansiedade exigem diferentes meios e considerações técnicas. Isso é especialmente verdadeiro quando o tipo de ansiedade está relacionado a estados desintegrados ou não integrados do corpo.

A principal dificuldade diz respeito à ausência ou à repetida destruição do espaço e do tempo no autismo e na psicose grave. Dentro e fora, *self* e objeto estão borrados, confusos ou atacados. Como consequência, a localização da experiência (Freud, 1900), o que acontece com quem, por que e onde é difuso, indescritível e muitas vezes impossível de rastrear.

Ao trabalhar no domínio dessas transferências autísticas ou psicóticas, tem-se a sensação de viver em uma realidade virtual de pesadelo, na qual tudo o que é humano não é realmente humano, prevalecendo uma sensação do estranho (Freud, 1919). Além disso, como a fala e o simbolismo são quase inexistentes ou estão baseados em equações autísticas, e as fantasias inconscientes lentamente se desintegram em seus componentes, o analista por vezes se perde completamente na esfera do inefável (Bion, 1979).

Complexidade, vínculos e multiplicidade, característicos do espaço mental, desmoronam em "coisas" e ações concretas. Isso exerce uma enorme pressão sobre o analista, que é equiparado e às vezes identificado com essa qualidade de "coisa", com excitações e ações. O que ocorre na sessão se encontra muitas vezes no domínio das sensações, percepções e ações. Na análise, as interpretações verbais, em vez de estabelecerem contato, podem ser vivenciadas, tanto pelo analista quanto pela criança, como uma atuação[NT5] irreal, incompreensível, intrusiva ou psicótica, dentro e fora da sessão.

A experiência acumulada, adquirida na análise de adultos e de crianças psicóticas e com TEA, como Rafael, indica que devemos criar e usar diferentes níveis de interpretações em ação, promotoras de representações e construtoras de objetos. Isso implica o movimento entre diferentes níveis de interpretações não simbólicas e simbólicas, de acordo com o tipo de ansiedade e o nível de desenvolvimento presentes. Essas interpretações começam nos níveis mais básicos e primitivos de experiência e integração corporal. Exigem um movimento muito concreto entre o que Klein chamou, em seus seminários clínicos (2017), de "absorção" no material inconsciente do paciente e do desembaraçar-se dele para poder construir uma interpretação. Ao mesmo tempo, é a construção gradual de um objeto interno bom, por

[NT5] No original em inglês, "*acting in and out of the session*".

meio do uso da presença corpo-mente total do analista, que promove a representação e a consolidação interna do objeto bom.

Quando o conteúdo edípico parece ser dominante, mostram-se especialmente úteis as interpretações transferenciais, combinadas com as reconstruções históricas. Quando as ansiedades depressivas ou esquizoparanoides são mais intensas, a interpretação da situação de transferência total estabelece o contato direto com o paciente. Porém, quando a sessão está saturada de ansiedades-de-ser, é necessário confiar principalmente na estabilidade, continuidade e limites do enquadre. Pacientes que sofrem de uma preponderância de ansiedades--de-ser devem ser encorajados a se analisarem na maior frequência possível de sessões semanais. Em minha experiência, análises de cinco a seis sessões por semana produzem uma melhora significativamente mais rápida e profunda do que aquelas com menor frequência semanal. É com esses pacientes que devemos procurar utilizar algumas formas adicionais de interpretação das ansiedades.

Referências

Alvarez, A. (1992). *Live company: psychoanalytic psychotherapy with autistic, borderline, deprived and abused children*. London: Routledge.

Alvarez, A. (2012). *The thinking heart*. London: Routledge.

Amir, D. (2014). *Cleft tongue: the language of psychic structures*. London: Routledge.

Bion, W. R. (1957). Differentiation of the psychotic from the non-psychotic personalities. *The International Journal of Psychoanalysis*, *38*, 266-257.

Bion, W. R. (1963). *Elements of psycho-analysis*. London: Heinemann.

Bion, W. R. (1979). *A memoir of the future. Book Three: the dawn of oblivion*. London: Karnac, 1990.

Bleger, J. (2013). *Symbiosis and ambiguity: a psychoanalytic study*. London: Routledge.

Brenman Pick, I. (1985). Working through in the countertransference. *The International Journal of Psychoanalysis*, *66*, 157-166.

Brenman Pick, I. (2018). Bringing things together. In: F. M. Davids, & N. Shavit (Eds.). *Authenticity in the psychoanalytic encounter: the work of Irma Brenman Pick* (pp. 192-209). London: Routledge.

Britton, R. (1998). Before and after the depressive position: PS(n) → D(n) → Ps(n+1). In: *Belief and imagination: explorations in psychoanalysis* (pp. 69-81). London: Routledge.

Bursztejn, C., Golse, B., & Misès, R. (2003). Classifications en psychiatrie de l'enfant. In: *Encycl Méd Chir, Psychiatrie/Pédopsychiatrie*, 37-200-B-10, 1-9. Paris: Éditions Scientifiques et Médicales Elsevier SAS.

Durban, J. (2011). Shadows, ghosts, and chimaeras: on some early modes of handling psycho-genetic heritage. *The International Journal of Psychoanalysis*, *92*, 903-924.

Durban, J. (2014). Despair and hope: on some varieties of countertransference and enactment in the psychoanalysis of ASD (autistic spectrum disorder) children. *Journal of Child Psychotherapy*, *40*, 187-200.

Durban, J. (2017a). "The very same is lost": in pursuit of mental coverage when emerging from autistic states. In: H. B. Levine, & D. G. Power (Eds.). *Engaging primitive anxieties of the emerging self: the legacy of Frances Tustin* (pp. 129-150). London: Karnac.

Durban, J. (2017b). Home, homelessness and "nowhere-ness" in early infancy. *Journal of Child Psychotherapy*, *43*, 175-191.

Durban, J. (2018, September 28). *The pipe child*. Paper read at the Psychoanalytic Institute Berlin.

Freud, S. (1900). The interpretation of dreams. *S. E.* (vol. 4, pp. 1-310). London: Hogarth.

Freud, S. (1919). The uncanny. *S. E.* (vol. XVII, pp. 217-25). London: Hogarth.

Grotstein, J. (1986). *Splitting and projective identification*. Northvale, NJ: Jason Aronson.

Haag, G. (1985). La mère et le bébé dans les deux moitiés du corps. *Neuropsychiatrie de l'enfance*, *33*(2-3), 107-114.

Haag, G. (1993). Fear of fusion and projective identification in autistic children. *Psychoanalytic Inquiry*, *13*, 63-84.

Haag, G. (1997). Psychosis and autism: schizophrenic, perverse and manic-depressive states during psychotherapy. In: A. Dubinsky, & H. Dubinsky (Eds.). *Psychotic states in children* (pp. 189-211). London: Karnac.

Houzel, D. (2004). The psychoanalysis of infantile autism. *Journal of Child Psychotherapy*, *30*, 225-237.

Houzel, D. (2018). Autism and psychoanalysis in the French context. *The International Journal of Psychoanalysis*, *99*(3), 725-745.

Joseph, B. (1978). Different types of anxiety and their handling in the analytic situation. *The International Journal of Psychoanalysis*, *59*, 223-228.

Joseph, B. (1989). *Psychic equilibrium and psychic change*. London: Routledge.

Klein, M. (1930). The importance of symbol formation in the development of the ego. In: *Love, guilt and reparation and other works* (pp. 219-233). London: Hogarth.

Klein, M. (1932). *The psychoanalysis of children: the writings of Melanie Klein* (vol. 2.). London: Hogarth.

Klein, M. (1948). On the theory of anxiety and guilt. In: *Envy and gratitude and other works 1946-1963* (pp. 25-42). London: Hogarth, 1975.

Klein, M. (1952). Some theoretical conclusions regarding the emotional life of the infant. In: *Envy and gratitude and other works 1946-1963* (pp. 61-93). London: Hogarth, 1975.

Klein, M. (2017). *Lectures on technique* (J. Steiner, Ed.). London: Routledge.

Lacan, J. (1966). *Ecrits* (B. Fink, trad.). New York: Norton, 2006.

Larson, F. V., Wagner, A. P., Jones, P. B., Tantam, D., Lai, M.-C., Baron-Cohen, S., & Holland, A. J. (2017). Psychosis in autism: comparison of the features of both conditions in a dually affected cohort. *The British Journal of Psychiatry*, *210*(4), 269-275.

Laznik, M. C. (2007). Joint mother-baby treatment with a baby of 3 months who shows early warning signs of autism. In: S. Acquarone (Ed.). *Signs of autism in infants: recognition and early intervention* (pp. 139-170). London: Karnac.

Laznik, M. C. (2013). Lacan et l'autisme. *La revue lacanienne*, *14*, 81-90.

Lechevalier, B. (2003). *Autistic enclaves in the dynamics of adult psychoanalysis*. Unpublished paper.

Levine, H. B., & Power, D. G. (Eds.). (2017). *Engaging primitive anxieties of the emerging self: the legacy of Frances Tustin*. London: Karnac.

Meltzer, D. (1974). Adhesive identification. In: A. Hahn (Ed.). *Sincerity and other works: collected papers of Donald Meltzer* (pp. 335-350). London: Karnac, 1994.

Meltzer, D. (1975). The psychology of autistic states and of post-autistic mentality. In: D. Meltzer, J. Bremner, S. Hoxter, D. Weddell, & I. Wittenberg (Eds.). *Explorations in autism* (pp. 6-32). Strath Tay, Perthshire: Clunie Press.

Meltzer, D. (1992). *The claustrum: an investigation of claustrophobic phenomena*. Strath Tay, Perthshire: Clunie Press.

Ogden, T. H. (1994). The concept of interpretive action. *The Psychoanalytic Quarterly*, *63*, 219-245.

Pollak, T. (2009). The "body-container": a new perspective on the "body-ego". *The International Journal of Psychoanalysis*, *90*, 487-506.

Pollak, T. (2017). *Interpretation-in-action*. Unpublished paper.

Rhode, M. (2005). Mirroring, imitation, identification: the sense of self in relation to the mother's internal world. *Journal of Child Psychotherapy*, *31*(1), 52-71.

Rhode, M. (2012a). Whose memories are they and where do they go? Problems surrounding internalization in children on the autistic spectrum. *The International Journal of Psychoanalysis*, *93*, 355-376.

Rhode, M. (2012b, mar.). The "autistic" level of the Oedipus complex: some implications for problems surrounding sense perception. *Bulletin of the British Psychoanalytical Society*.

Rhode, M. (2015). "Paralyzed associations": countertransference difficulties in recognising meaning in the treatment of children on the autistic spectrum. *Journal of Child Psychotherapy*, *41*(3), 218-230.

Rhode, M. (2018). Object relations approaches to autism. *The International Journal of Psychoanalysis*, *99*(3), 702-724.

Sechehaye, M. A. (1951). *Symbolic realization: a new method of psychotherapy applied to a case of schizophrenia* (B. Würsten & H. Würsten, trad.). New York: International Universities Press.

Segal, H. (1957). Notes on symbol formation. *The International Journal of Psychoanalysis*, *38*, 391-397.

Steiner, J. (1987). The interplay between pathological organizations and the paranoid-schizoid and depressive positions. *The International Journal of Psychoanalysis*, *68*, 69-80.

Steiner, J. (1993). *Psychic retreats: pathological organizations in psychotic, neurotic and borderline patients*. London: Routledge.

Steiner, J. (2011). *Seeing and being seen: emerging from a psychic retreat*. Hove, East Sussex: Routledge.

Tustin, F. (1968). *Autistic barriers in neurotic patients*. London: Karnac.

Tustin, F. (1972). *Autism and childhood psychosis*. London: Hogarth.

Tustin, F. (1981). *Autistic states in children*. London: Routledge & Kegan Paul.

Tustin, F. (1990). *The protective shell in children and adults*. London: Karnac.

Winnicott, D. W. (1962). Ego integration in child development. In: *The maturational processes and the facilitating environment* (pp. 56-64). London: Hogarth, 1965.

4. O nascimento da experiência emocional sob o mar: um caso clínico[1]

Jani Santamaría

Em algum lugar da situação analítica, enterrada
sob massas de neurose, psicose e assim por diante,
há uma pessoa lutando para nascer.[2]

W. R. Bion (1992)

Neste capítulo, desejo escrever sobre a psicanálise de uma criança que está lutando para sair de um estado autista. Eric[3] tinha 3 anos de idade quando veio pela primeira vez ao meu consultório. Ele havia desenvolvido um fascínio por sereias, bonecas e roupas femininas. Isso desencadeou receios na família, principalmente em seus pais e avós maternos, que exigiram e me imploraram para "ajudar Eric a não ser homossexual". Comecei sua psicanálise com quatro sessões por semana e, também, durante algum tempo, encontrava ocasionalmente com os

1 Uma versão abreviada deste caso apareceu na *Revista da Associação Psicanalítica Colombiana* (Santamaría, 2013). Sou grata pela permissão para reimprimi-lo e expandi-lo. https://dialnet.unirioja.es/servlet/articulo?codigo=4726622.

2 No original em inglês, traduzido do espanhol.

3 Como os leitores verão, nesta apresentação escolhi o nome "Eric" para o paciente, porque é o nome do príncipe do filme da Disney (Clements & Musker, 1989) que resgata a sereia, Ariel.

pais de Eric. O que vim a reconhecer e espero poder descrever é que, aquilo que sua família temia ser uma questão de orientação sexual ou que inicialmente parecia ser um distúrbio de identidade de gênero, passou a ser compreendido como um estado ou defesa autística.

Os avanços na teoria psicanalítica que ocorreram a partir das ricas observações no caso Dick (Klein, 1930) abriram portas para o trabalho com crianças ao lançar luz sobre os estados primitivos da mente e a constituição da psique. Trabalhos extraordinários de autores como Tustin (1972; 1981; 1986), Meltzer (1975), Alvarez (2012) e Durban (2020), entre outros, deram origem a uma série de teorias relevantes para o tratamento de pacientes cujos problemas não se ajustam às expectativas de uma análise clássica. Houzel (2020) descreveu como algumas crianças autistas tendem a fazer uma divisão muito precoce entre os componentes masculino e feminino da bissexualidade psíquica. Elas apresentam uma mistura de diferentes ansiedades, desde as neuróticas até as menos diferenciadas ansiedades-de-ser autistas (Durban, 2020). Nesses casos, é preciso considerar a constante interação entre os três níveis conceituais de intervenção sugeridos por Alvarez (2010)[4] para explorar as razões pelas quais um tipo de compreensão terapêutica pode funcionar em vez de outro. Além disso, é necessário interpretar e mostrar à criança como o retraimento autista defende contra uma maior fragmentação e como esta evita um influxo de ansiedades-de-ser paralisantes. Nas palavras de Levine (2020), esses pacientes estão "além da neurose" (p. 11).

Como Anne Alvarez (2012) apontou, "a teoria psicanalítica está atualmente mais bem equipada do que antes para explicar a mudança, o desenvolvimento, a novidade e o crescimento da mente" (p. 31). Uma importante coleção editada por Levine e Power (2017) apresenta uma variedade de esforços teóricos e técnicos necessários para abordar, com o método psicanalítico, níveis extremamente graves de

4 Veja também os Capítulos 1 e 3 deste livro.

detenção do desenvolvimento. Essas e outras contribuições semelhantes fazem parte das potentes teorias desenvolvidas pela psicanálise contemporânea que nos guiam no trabalho psicanalítico com estados mentais não neuróticos e com os processos mentais que os caracterizam. Em 2020, Levine observou:

> *Uma das mudanças na teoria é que os analistas passaram a reconhecer cada vez mais a importância de compreender, formular e aprender a catalisar clinicamente os processos pelos quais o self é vitalizado, as representações são formadas e os processos regulatórios psíquicos são fortalecidos e criados. (Levine, 2020, p. 17)*

Nesse sentido, a tarefa do analista hoje é frequentemente a de ajudar a preencher vazios psíquicos nos quais a representação da experiência está ausente ou é fraca (Levine, Reed & Scarfone, 2013; Mitrani, 1995; Roussillon, 2011).

Em nosso primeiro encontro, os pais de Eric me contaram que ele só brincava com sereias, tinha preferência por princesas e não brincava com mais nada. Seus pais culpavam as empregadas domésticas por esse comportamento e referiram que suas duas irmãs mais velhas (7 e 9 anos) não brincavam com bonecas. Mencionaram também que seu mundo externo era "empobrecido", que era hipersensível, não tinha amigos e não convivia com ninguém na escola; ele apenas desenhava sereias. Se as sereias fossem escondidas, ele ficava irritado e exasperado, "como se tivéssemos escondido uma parte dele, como um braço ou uma perna".

Alguns meses antes dessas entrevistas, um membro da família dos pais havia "declarado" publicamente sua escolha por um parceiro homossexual. Esse evento desencadeou uma série de projeções, que "levaram" ao divórcio (legal) dos pais de Eric e "causaram" o divórcio dos avós maternos de Eric. E todos esses fatores levaram a família a trazer Eric para o tratamento, com um sentimento de urgência de que Eric "não se tornasse homossexual".

Minha resposta às insistentes perguntas dos pais sobre a possibilidade de Eric também se tornar homossexual foi dizer a eles que a psicanálise revelaria configurações e ansiedades importantes, e que a dor psíquica de Eric seria o ponto de partida. Sugeri vê-lo quatro vezes por semana, com o que concordaram. E foi assim que Eric começou sua análise.

Em nosso primeiro encontro, fiquei surpresa por encontrar um menino magro, branco, com cabelos cacheados e olhos grandes e tristes que evitavam contato visual. Entrou na ponta dos pés como se estivesse sendo forçado por alguém, e senti que, de alguma forma, ele não existia. Não olhou para sua mãe, desceu as escadas até meu consultório. Sem fazer perguntas, sentou-se, olhou com desgosto os brinquedos para meninos na mesa e, irritado, perguntou: "Você tem sereias ou brinquedos para meninas? Eu não gosto desses". Permaneceu quieto, sem olhar para mim; não iniciou nenhuma interação. Senti como se ele fosse uma parede intransponível e decidi ficar em silêncio e observar. A sessão terminou e Eric saiu sem se despedir.

Na sessão seguinte, chorou até encontrar um caderninho com princesas na capa. Ele o pegou nas mãos, mas não escreveu nada nele. Acariciou as páginas como se estivesse "tocando" as princesas.

Antes de sua terceira sessão, ouvi gritos ao longe. Abri a porta e encontrei Eric agarrado à mãe. Gritava: "Eu não quero, eu não quero!". Chorava e não queria entrar no consultório. Seus gritos eram como a expressão dos últimos vislumbres de esperança. Quando finalmente entrou, jogou-se no chão e começou a chutar em volta. Ainda chorando, disse-me várias vezes: "Quero ir com minha mãe. Está frio aqui, está congelando! Eu não gosto! O carro da minha mãe está quente. Está frio aqui. Eu não quero você, vá embora! Vá embora!". Enquanto estava no chão, abraçou suas pernas e depois começou a chutar novamente. Eric se encontrava em um grave estado de desorganização, um estado traumático. Tive a impressão de que ele ainda fazia parte do corpo de sua mãe e não havia nascido totalmente. Eu lhe disse: "Eu entendo, Eric. A barriga da mamãe é quente, mas você está fora da barriga dela e sente frio". Ele gritou comigo: "Está frio aqui. Odeio você. Odeio você. Eu quero ir com minha mãe!". Ao que respondi: "Entendo, Eric. É assim que você se sente quando não está com a mamãe, você se sente com frio e sozinho. Mas você não está nela, você saiu. Você quer um cobertor?". Eric não ouvia e seguia gritando a mesma coisa repetidamente até que, aos poucos, ele se acalmou. Ofereci o cobertor novamente. Ele assentiu, eu o cobri e assim ele permaneceu durante toda a sessão. Eric chorava na escuridão, procurando luz. Sua única comunicação era o choro.

O terror de Eric pareceu ser contido apenas parcialmente pelo cobertor. Embora estivesse severamente retraído em si mesmo, senti que, ao mesmo tempo, ele também ansiava por entrar em contato comigo. Preso na intensidade dessa posição de transferência, Eric entrava nessas primeiras sessões em silêncio. Caminhava ao meu lado como se eu não existisse, evitando contato visual. Descia até o consultório, olhava para o meu cabelo, abraçava as pernas e se enrolava como uma bola no sofá (como se estivesse no útero?). Não falava, apenas tocava suavemente a capa do caderno de princesas e não mostrava nenhum outro sinal de interação. Eu sentia seu silêncio como uma armadura que ele criara para se proteger de qualquer tipo de estímulo na sessão. Qualquer tentativa de aproximação podia desencadear uma ameaça de aniquilação e terror. Assim, permaneci uma testemunha silenciosa por meses. Como Bick (1962) escreveu:

> *Pode-se ter que ficar sentado com as crianças por muito tempo completamente no escuro . . . até que, de repente, algo surge das profundezas . . . Isso impõe ao analista de crianças uma maior dependência de seu inconsciente para lhe fornecer pistas do significado.* (Bick, 1962, p. 329)

Com quase quatro meses de sessões, Eric finalmente entrou na área do consultório em que havia mais brinquedos. Começou a mostrar pequenos sinais de curiosidade sobre aquele lugar e foi assim que encontrou sereias em uma caixa. Rapidamente as pegou e pediu uma escova. Ele disse: "Devemos escovar o cabelo delas?". Concordei e observei como ele era atraído principalmente pelos longos cabelos, que escovava constantemente.

Sua brincadeira nessa época era muito mecânica: escovava os cabelos das sereias, colocava-as para dormir, cobria-as com um tecido (que era o seu cobertor), colocava-as na água, tirava-as da água, vestia pijamas nelas e as colocava de volta para dormir. Não havia palavras nem diálogos. Os objetos pareciam ricos em qualidades de superfície, mas careciam de significado. Eric se expressava por meio de ações e transmitia a sensação de um ambiente muito triste. Sua mãe dissera que, quando Eric nasceu, ele ficava constantemente doente e ela estava deprimida, porque não sabia como cuidar dele. Eu me perguntava se ele estava tentando me transformar em uma parte de si mesmo, um objeto sem vida própria, para "evitar tomar consciência da separação e negar a vida com todas as suas incertezas" (Bergstein, 2019, p. 80).

Em meio a esses primeiros movimentos, aos poucos uma sereia se fez presente, tanto como sinal de agonia primitiva quanto ligada a uma entidade mítica, com um estranho poder de sedução com seus cabelos e seu canto; uma sereia tímida de *A Odisseia*, que agora aparecia na interação da dupla analítica.

Outra atividade que Eric passou a realizar repetidamente era colorir, copiar e desenhar histórias. Tinha um talento especial para desenhar e gostava muito de fazê-lo. Copiava desenhos de princesas em folhas de papel por sessões a fio, concentrando-se realmente em torná-los o mais exatos possível. Coloria imagens de princesas e, se adicionasse um príncipe à figura, me dizia: "Você faz ele e eu faço ela". Não permitia que eu tocasse ou me aproximasse da princesa com meu giz de cera.[5] Quando eu tentava intervir ou fazer um comentário, ele me dizia: "Não falar, só desenhar".

Mesmo que ele me convidasse para participar (é questionável se nossas atividades nesse momento poderiam ser chamadas de "brincar"), tive a impressão de que ele mergulhava em um mundo do qual eu não poderia fazer parte, um mundo onde predominavam as sensações – tocar cabelo, tocar água, tocar tecido –, como se ele fosse "um embrião de psique". As sereias pareciam ser uma armadura que ele criara para se proteger do contato humano. Ele não respondia a elas como *objetos* personificados, mas sim às sensações que provocavam em sua pele. Para Eric, a sensação era o objeto.

As sereias pareciam essenciais em sua vida, mas não eram usadas para se identificar ou "brincar". Elas tinham uma qualidade estereotipada cujo papel era estático e não levava a novas cenas ou ações lúdicas. Era como se ele e elas não tivessem espaço interno. Apenas a superfície do objeto e do *self* eram experienciados.

Alguns meses se passaram; respeitei o tempo, os ritmos e o espaço onde Eric só se sentava em silêncio e verifiquei que ele gostava das sensações que tinha ao tocar a textura do cabelo das bonecas sereias. Eu sentia cada vez mais que o problema não estava tão centrado na identidade de gênero ou sexualidade, como a escola e sua família insistiam.[6] Tudo levava a crer que a "obsessão" de Eric pelas sereias tinha mais relação com sua necessidade de usá-las como objetos autísticos (Tustin, 1986) do que com um "desejo de ser mulher".

---

5 Tustin (1978) observou que "crianças autistas desenvolvem cortes rígidos entre 'limpo' e 'sujo', cheio/vazio, molhado/seco. Se experimentam um estado juntamente com o estado oposto, temem que um deles destrua o outro" (p. 293).

6 Houzel (2020) chama o autismo de patologia da alteridade "e traça uma ligação entre essa patologia e defeitos primários na integração da bissexualidade psíquica: por um lado, o objeto combinado é dividido em seus componentes masculino e feminino e, por outro, há separação absoluta entre o eu, experimentado como suave e vulnerável, e o não eu, sentido como duro e ameaçador".

Na transferência, nessa época, Eric estava fascinado com a textura e a cor vermelha do meu cabelo, mas não se interessava por mim como um objeto humano vivo. Como Meltzer (1975) destacou, nas relações objetais bidimensionais, o objeto é percebido somente como as características sensuais de sua superfície (semelhante à maneira como, no início do desenvolvimento, os objetos são experimentados como uma sensação de suavidade e calor que emana do contato tátil da face do bebê com o seio da mãe). Na contratransferência, parecia não haver senso de dualidade; eu sentia minha função analítica como estéril.

Em dado momento, Eric encontrou, em um livro, uma história que nos ajudou muito, sobre comida gostosa (saborosa) e comida desagradável. Ele usou a palavra "nojento" para esta última e riu muito ao dizê-lo. Pedia-me para ler essa história em todas as sessões e, quando eu o fazia, observava o quanto ele parecia gostar não tanto da história, mas da *qualidade sensorial* das palavras "gostoso" e "nojento". Apesar disso, eu lhe disse que, com a comida "saborosa e nojenta", ele estava me contando que sentia estar alimentando a experiência de conhecermos um ao outro, mas que tínhamos que entender quais alimentos (experiências) o nutriam e quais não; assim como o corpo precisa de comida, ele precisava ser compreendido. Eric apenas assentiu e continuou apontando para a comida "gostosa e nojenta".

O que desejo ressaltar é que, nesses movimentos iniciais, houve uma gradativa criação e aceitação de espaços de interação não verbal. Considerei que Eric ainda precisava estar no reino sensorial, usar sua onipotência e criar objetos, como um preâmbulo para se relacionar com os objetos e demonstrar uma capacidade de brincar mais desenvolvida.

Gradualmente, Eric parou de limitar seu toque às sereias e começou a tocar tecidos. Ele os colocava no rosto e dizia: "Legal". Seu tecido favorito era o veludo, rejeitando objetos duros como lixa.

Tustin (1978) escreveu sobre a importância e o uso de objetos duros e macios em estados autísticos:

> *Gradualmente, as sensações suaves tornam-se associadas ao "absorver", à receptividade, as sensações "duras" tornam-se associadas à bissexualidade do bebê. A confiança "dura" torna-se "masculina" e a receptividade "suave" torna-se "feminina". Quando, com base em uma experiência de sucção cooperativa, o mamilo e a língua "duros" são experienciados trabalhando em conjunto com a boca e o seio "macios", receptivos, então ocorre um "casamento" entre elementos "masculinos" e "femininos". (Tustin, 1978, p. 8)*

Em um novo desenvolvimento, Eric começou a notar e tocar meu cabelo, que era vermelho como o da sereia do filme da Disney. Ele disse: "Seu cabelo é como o de Ariel, minha sereia favorita". Colocava a boneca ao lado do meu cabelo e dizia: "Vocês são iguais". Graças a esses momentos de contato mais objetal[7] – *você* é como *ela* –, comecei a ver um vislumbre de esperança.

Em sessões posteriores, ele me convidou para *brincar*[NT1] de a *Pequena Sereia* da Disney; ele era Ariel (a sereia) e eu era Sebastian (o caranguejo), e conversávamos com Linguado, um peixe que estava sempre com Ariel. Ele me ouvia atentamente falar sobre o medo de Ariel de perder a voz. Eu dizia: "A voz de Ariel é preciosa. Vamos protegê-la de Úrsula [a bruxa do mar], que quer roubá-la". Eric ouvia e colocava as mãos na garganta, assim como Ariel faz no filme. Enquanto isso, nós (Sebastian e Linguado) cantávamos *Under the Sea*.

---

7 Além do significado mais óbvio de "contato comigo como um objeto", essa identidade na mente de Eric não indicava também que *ele* estava fazendo contato com Ariel e comigo *como objetos, em sua própria mente*?

NT1 No original em inglês, "*to play*", que significa tanto interpretar um papel, numa peça teatral, quanto brincar.

Eric olhou para mim intrigado e lentamente começou a cantar e dançar comigo. Surpreendeu-se de que eu soubesse o filme inteiro e me fez perguntas, como em um exame, para confirmar que eu tinha, de fato, assistido ao filme. Ele ficava entusiasmado toda vez que eu respondia corretamente. Esses elementos chamaram sua atenção para mim como um objeto vivo e nos aproximaram.

Em casa, seus pais travavam uma guerra em relação ao gênero. Não o deixavam mais brincar com sereias e não lhe davam permissão para usar nada que se pudesse associar a "ser uma menina". Encheram seu quarto com carros, espadas, bonecos de ação etc. Quando veio para as sessões, disse: "Minha mãe falou que eu só posso brincar com sereias com você. Eu sou um menino, mas gosto de coisas de meninas". Ele parecia estar sendo "bombardeado" com mensagens externas sobre gênero, às quais respondia tentando mostrar que "não gostava mais da cor rosa".

Eric manteve uma pequena sereia dentro de uma caixa do filme *Carros* (Lasseter, Ranft & Klubien, 2006), que empurrou para baixo de uma cadeira em forma de escorregador. Ao fazer isso, olhou para mim e disse: "Eu não estou brincando de ser garota, ok? É um carro". Pude sentir a falsidade e conformidade por trás de sua declaração e lhe disse que não precisava fingir, e que o mais importante era "ser". Eu não tinha certeza se ele entendia o que "ser" significava e me arrependi de ser tão "técnica" com ele. No entanto, ele respondeu ao meu comentário espontâneo retirando a sereia da caixa de *Carros*, jogando esta fora e começando a brincar com a sereia no divã. Usando uma cadeira improvisada como escorregador, empurrava a sereia na parte de cima e corria para pegá-la embaixo. Senti que Eric estava genuinamente feliz ao vê-lo correndo pelo consultório com todas as sereias. Era agradável vê-lo sorrir. Eu lhe disse que ele talvez pensasse que, se não fizesse o que sua família demandava – brincar com carros –, perderia o amor deles, e que, ao mesmo tempo, tentava me mostrar o que realmente desejava fazer – brincar com as sereias. Ele ficou em silêncio depois de minha fala, mas segundos depois jogou a caixa de *Carros* para o outro lado do divã e começou a rir. Um ano depois, as brincadeiras de sereias, desenhar e recortar princesas começaram a se transformar em brincadeiras nas quais separávamos coisas "rosa" e "azuis", separávamos e ordenávamos objetos, conversávamos sobre diferenças sexuais e ele, às vezes, brincava com uma casa do Homem--Aranha. Depois de um tempo ainda maior em nosso trabalho conjunto, mais de dois anos de análise, o brinquedo evoluiu para o que relato agora.

Eric apagava a luz e nós brincávamos de "descer a montanha" (meu divã). Ele então abriu um cofre na casa do Homem-Aranha e disse: "É aqui que guardo meus medos". Não parava de abrir caixinhas e portas nas casas. Fez cordas interligando pequenos macacos, as quais usava para subir ou descer a montanha. A parte mais excitante era a escuridão, com as luzes apagadas; ele apagava a luz e usávamos uma lanterna. Esse jogo de "explorar por baixo" me levou a formular interpretações que apontavam para o cerne da transferência, para o "estar dentro de mim". No final das sessões, perguntei a ele: "Qual é a sensação de estar dentro?". Eric respondeu: "Dentro de você? É uma sensação boa".

A intimidade que se desenrolava em cada sessão envolvia o entrelaçamento de vários níveis de relacionamento. Pode-se inferir que a excitação e a brincadeira no escuro, à medida que nos aproximávamos *como objetos*, podem também ser inferidas como tendo significado relativo a um nível objetal sexual. Mais imediatamente, porém, a corda que ele criou, sobre a qual os personagens podiam subir ou descer, foi compreendida em um nível mais primitivo como uma tábua de salvação (Alvarez, 2002, p. 107), um cordão umbilical ou um laço que conferia apoio e continuidade.[8]

8 Veja o artigo de Winnicott sobre cordas (1960).

No terceiro ano, Eric gostava de tocar a campainha e, quando eu abria a porta, ele se escondia atrás da mãe ou do motorista. Eu tinha que notar sua ausência, perguntar onde ele estava e, depois de alguns minutos, ele pulava fora e dizia: "Estou aqui!". Nas sessões, havia uma mudança palpável no nível de seu funcionamento mental. Enquanto ainda experimentava o que Durban (2020) chamou de *ansiedades-de--ser* – ou seja, medos de fragmentação, aniquilação e terror sem nome (Bion, 1957) – também apareceram ansiedades de separação e medos de perda objetal.

Antes de nossas terceiras férias de verão, a mãe de Eric disse "por engano" que ele ficaria sem me ver, e ele reagiu com terrores noturnos. Na primeira sessão após as férias, ele agiu como se não tivéssemos interrompido o contato e mencionou ter assistido ao filme *La Llorona*[9] e, depois, contou sobre dois sonhos que tivera.

"Sonhei que havia duas dimensões. A mãe de Coralina[10] estava em uma delas e queria costurar um botão no meu olho, mas ela não o fez. Consegui fugir e escapar pelo túnel." Continuou: "Eu chorava e acordei chorando. Corri para minha mãe. Esse sonho não teve um

---

9 *La Llorona* é uma lenda mexicana sobre uma mulher indígena que se apaixona por um cavalheiro espanhol. Eles têm três filhos e então ele a deixa por uma mulher de alto nível social. Ao descobrir isso, ela enlouquece, leva seus filhos para o rio e os afoga. Não suportando a culpa, tira a própria vida. Diz a lenda que, desde então, ela aparece sempre, na margem do lago Texcoco, vestida de branco, chorando e dizendo: "Oh, meus filhos", e depois desaparece. NT: *A Maldição da Chorona*, filme, 2019.

10 *Coralina* (Selick, 2009) é um filme sobre uma menina de 11 anos. Ela se muda de casa com os pais, que estão sempre ocupados trabalhando e não prestam atenção na filha. Ela se sente muito sozinha, então explora a casa e encontra uma porta fechada na sala de estar. A mãe lhe dissera que não podia entrar naquela porta, mas, no dia seguinte, Coralina pega as chaves da porta, abre-a e encontra "outra mãe" e "outro pai". Eles são parecidos com seus pais verdadeiros, mas têm botões no lugar de olhos, o que os faz parecer bonecos, e não pessoas. Mais tarde, ela retorna para tentar salvá-los e tem que passar por um túnel que a leva para uma outra dimensão.

final feliz. A outra dimensão era *La Llorona*. Ela não me pegava porque *San Juanito* apareceu e matou *La Llorona*. *Juanito* está no filme. Você já viu?".

Anotei esses sonhos em um pedaço de papel e os colocamos em um recipiente de plástico. Colocamos na prateleira mais alta e ele disse: "Vou levá-los comigo quando terminar a terapia. Mas agora, vamos mantê-los lá, porque eles me assustam".

Esses sonhos me levaram a pensar sobre as diferentes dimensões em que Eric funcionava. O intervalo entre as sessões claramente havia quebrado seu precário sentimento de continuidade, e o medo de desaparecer era um sinal claro de que essa experiência de separação havia ido além do que Eric podia tolerar, despertando seus medos mais primitivos. Mas a existência dos sonhos também mostrou que Eric tinha um "aparelho para simbolizar" sonhos. Eles não apenas refletiam sua agonia e terror de se tornar uma coisa – botões em vez de olhos –, mas expressavam outros elementos importantes na vida de sua família: a mãe deprimida (*La Llorona*), que chorava dia e noite quando ela e o pai de Eric se separaram.

Os sonhos pareciam ser amálgamas complexos. Por um lado, eram claros indicadores da repetição de um trauma. É muito provável que Eric tenha sentido que a única maneira de sobreviver seria por um estágio simbiótico (o túnel), e os sonhos expressavam seu desejo por seu pai – o paterno *San Juanito* – para salvá-lo de *La Llorona* (sua mãe deprimida). Mas, no que tange à sua apresentação anteriormente autística, os sonhos mostraram que Eric começava a viver "em sua própria mente". Ele agora tinha dentro de si diferentes níveis de realidade (diferentes "portas", como no sonho de Coralina), e era capaz de transformar experiências sensoriais em imagens visuais com significado.

Inicialmente, optei por não interpretar esses sonhos para não correr o risco de forçar meus significados para dentro dele. Eric passara por um momento de terror quando me contou os sonhos, e pensei que era mais importante respeitar e apenas acolher seu nível de ansiedade. Vi em seu rosto um grande sinal de alívio quando coloquei o recipiente com seus sonhos na prateleira mais alta. Nesses momentos de vulnerabilidade, como apontou Durban (2020, p. 23), o reconhecimento e a aceitação silenciosa dos afetos constituem em si uma interpretação íntima. Senti que essa troca ativa com Eric representou um momento de profunda intimidade à medida que ele se aproximava da capacidade de experimentar a dor psíquica (Joseph, 1983).

No final do terceiro ano, Eric entrou na sessão chorando. Ele parecia muito triste.

> E: Jani, não estou feliz.
>
> J: Eu entendo. [Silêncio.]
>
> E: Eu sou um menino, mas gosto de coisas de meninas. [Silêncio.] Eu não posso ser os dois. Eu tenho que escolher; não posso ser menino e menina.
>
> J: Acho que você está certo. [Eric ainda estava chorando. Dei a ele uma caixa de lenços e coloquei sua cadeira na minha frente.]
>
> E: Eu não sei o que escolher.
>
> J: Leve o tempo que precisar. Isso dói muito.
>
> E: Sim... E se eu morrer? Assim eu não seria nada... Ou poderia ser um unicórnio, nem um nem outro. [Silêncio.]

Essas sessões me tocaram profundamente. Eu queria cessar a dor por meio de uma ação – segurando-o, acalmando-o –, mas sabia que aquele momento era crítico para Eric, tratava-se de um momento que ele teria que resolver por si mesmo.

A lenda de Ulisses e as sereias me veio à mente. Minha sensação de desesperança parecia como as canções das sereias, seduzindo-me à simbiose, ao meu desejo de abraçá-lo e acalmá-lo. Aquele canto me empurrava para agir, mas eu sabia que tinha que me manter firme no mastro de meu papel analítico, confiando que Eric toleraria e atravessaria o mar de dor psíquica. Senti que, se não corresse o risco de esperar e conter a dor, não chegaríamos a um porto seguro. Tínhamos que permanecer no navio (a experiência emocional) e navegar (tolerar) em direção ao mar das transformações (Bion, 1965), caso contrário Eric não seria livre, não poderia *ser*.

As sessões durante esse período foram muito dolorosas e ele saía delas sentindo-se triste. Vinha para as sessões, sentava-se na minha frente, chorava e me dizia: "Preferiria morrer...". Como se pode tolerar a turbulência, a escuridão luminosa do silêncio? Não se tratava de resignações e descartes, mas de mudanças dolorosas e lentas.

Percebi que Eric guardava seus lenços "usados" nos bolsos das calças e saía com eles. Um dia, disse a ele: "Eric, os lenços são como aqueles cobertores que você usava para cobrir as Barbies. Os lenços embrulham suas lágrimas e você pode deixá-las aqui, assim como deixa seus medos naquele lugar [apontei para a prateleira de cima]. Sua dor também pode ficar aqui."

Ele respondeu envergonhado: "Mas são muitos e estão sujos". Eu disse: "Sujos, limpos, poucos, muitos, tudo o que você é faz parte de você e é bem-vindo aqui. Este é você". Eric abriu os olhos, impressionado, e no final da sessão colocou todos os lenços na lixeira. Senti que era importante abrir espaço para a experiência de "sujeira" que residia em Eric, porque eu queria que ele soubesse que isso também fazia parte dele e poderia ser aceito. Estávamos tentando ajudá-lo a criar e/ou encontrar um espaço interno no qual ele pudesse integrar, em sua psique, essas experiências dolorosas.

Em meio a isso, a mãe de Eric ligou em um fim de semana e disse que ele estava sempre chorando ou dormindo, e não queria sair do quarto. Respondi que era importante estar perto dele, e ela acrescentou: "Isso é o que você nos disse quando ele começou a terapia, certo? É a tristeza que você nos disse que ele guardava lá dentro?". Confirmei, e ela ficou aliviada por compreender que o estado emocional de Eric correspondia ao processo.

Algumas semanas se passaram e, em uma segunda-feira, abri a porta e encontrei Eric pulando em minha direção e me dizendo de um jeito muito animado: "Oi, Jani. Eu escolhi! Eu sou um menino, eu sou um menino! Me cheire…". O consultório rescendia a "cheiro de homem" e ele acrescentou: "Estou usando uma loção pós-barba que meu avô me deu! Nós, homens, usamos loção pós-barba!". Eu sorri e disse: "Você escolheu estar vivo. Parabéns".

Momentos diferentes se entrelaçaram. Eric tinha experimentado a continuidade rítmica de sua existência. Estar vivo foi o ponto de chegada de uma série de operações psíquicas. Pareceu ser o primeiro passo para múltiplas transformações. Essa abordagem de celebrar a importância de estar vivo foi crucial para mim, já que Eric havia trabalhado muito e seu universo se ampliara. A poderosa energia explosiva liberada foi transformada e agora estava sendo usada a serviço de representação e simbolização. Nas sessões seguintes, ele pediu papel para desenhar e mostrou o quanto agora gostava de desenhar animais e sua família. Também me pediu que lesse histórias para ele.

Depois vieram mais férias. Na penúltima sessão, antes da interrupção, Eric e eu fizemos bonecos de massinha de modelar. Ele fez uma boneca chamada Jani e eu fiz um chamado Eric. Ele estava feliz ao final da sessão e levou Jani com ele.

Na sessão seguinte, entrou no consultório, disse-me "oi", atravessou a área dos brinquedos, procurou alguns desenhos que havia "copiado" alguns anos antes e começou a atirá-los para todos os lados. Gritava: "Faltam alguns desenhos, Jani. Eu fiz muitos deles e não estão aqui. Onde você os colocou? Você os jogou fora ou o quê? Trabalhei muito duro neles e você não os valoriza. Onde eles estão? Você os deu para outra criança? Onde está tudo o que eu fiz?". Com os pés firmemente plantados no chão, Eric atirava livros e procurava nas gavetas os desenhos que guardávamos em uma pasta.

A raiva, expressa na transferência, oportunizou analisar o sentimento de não ser valorizado, de ser um fantasma (andando na ponta dos pés). Assinalei a importância de expressar sua raiva. Eric, a "criança fantasma", sentia-se no direito de existir, de exigir, e procurava por pontes de cooperação fundadas em dor e lágrimas; exigia relacionar-se com alguém. Tentei mostrar-lhe que ele conseguia exigir, porque se sentia livre e seguro de que tínhamos um relacionamento baseado na confiança. Acrescentei que ele parecia estar me mostrando que havíamos construído algo mais importante do que desenhos, que havíamos construído uma relação e que talvez ele tivesse sentido medo de perdê-la. Era claro que essa busca "ativa" a partir de curiosidade sádica e intrusiva (abrir violentamente todas as gavetas) à procura da verdade dava acesso a uma posição mais integrada (depressiva). Como Ogden (1989) salientou, o início do verdadeiro "contato pode acarretar também as ansiedades associadas a perigosos erros humanos e mal-entendidos".

Fiquei impressionada com a vivacidade da voz de Eric e o fato de que, em vez de se retrair como fizera no início do tratamento, ele conseguiu exigir. Claramente, sua resposta à ausência (férias) também mostrou o horror da diferenciação, separação e perda. Sua raiva pareceu servir também para recuperar sua vitalidade e sair de seu estado congelado. Senti que sua raiva revelou um momento de profunda vitalidade e autenticidade, e considerei que qualquer tentativa de vincular a experiência de raiva a outros pensamentos – por exemplo, às suas conexões simbólicas – seria, na melhor das hipóteses, redundante; na pior, uma interferência com um novo desenvolvimento.

Eric parou de chorar. Ele chegou perto de mim e disse: "Eu também perdi a Jani" (a boneca de massinha). Ele perguntou: "Você ainda me tem?". Eu respondi: "Sim, eu tenho você". Ele se virou para a parede, viu o boneco Eric no mesmo lugar da semana anterior, sorriu e me disse: "Sim, você não me perdeu". Ele se acalmou e brincamos com skates e massinha. "Podemos reconstruir o que está perdido", eu lhe disse. Então, "fizemos outra Jani" e, no final da sessão, apontei para minha cabeça e disse: "Talvez eu já esteja dentro de você. E, se você perder essa [a boneca de massinha], eu ainda estarei dentro de você". Ele olhou para seu corpo como se estivesse tentando entender o que eu estava dizendo. Tocou a cabeça ao sair como se estivesse tentando "me manter lá". Pegou sua boneca de massinha e saiu.

Como vimos, o processo de emergir do isolamento autístico e adquirir alguma consciência da separação pode ser bastante traumático. As mudanças alcançadas, por si só, também se tornam fonte de novas dores. À medida que "*dream-work-alpha*" (Bion, 1991) se estabeleceu no processo analítico, Eric foi capaz de dar sentido a essas experiências. As expressões edípicas passaram a ocupar um lugar importante na transferência. Ele perguntou se eu tinha filhos, quem dormia na cama (no divã), quem morava em cima do consultório; questões que demonstravam curiosidade e preocupação com o outro.

O nascimento psíquico da experiência emocional de Eric foi visto na sessão seguinte. Seu sexto aniversário estava chegando, ele trouxe um pequeno bolo para a sessão e eu cantei "Parabéns a você". Ele então perguntou: "Você nasceu aqui?".

J: Sim. E você?

E: Eu também. Também nasci aqui, Jani.

J: Sim. Como você está se sentindo?

E: Bem, muito bem. Podemos brincar que eu me deitei e nasci?

Ele se deitou no divã e recriamos tudo o que ele sabia sobre o nascimento. Ele me pediu para lhe contar uma história sobre nascimento.

Trocamos papéis: primeiro, ele era "a mãe" que tinha uma filha (eu); depois, eu dei à luz a ele; e, mais, tarde, ele era "o terceiro", meu marido, e gostava de ver o nascimento de seu filho (de um bebê no consultório). Ao final, me pediu para ler *Os três porquinhos*. Abraçou-me e disse: "Você está quentinha".

Penso que a "companhia viva" (Alvarez, 2012) foi importante nessa sessão nos diferentes níveis de identificação da experiência, e considerei que anunciava um processo de desmame. Alguns meses depois, as sessões estavam diferentes: Eric pegou todos os desenhos e histórias de princesas e sereias, e tudo relacionado à "cor de rosa". Referiu, "Eu não preciso mais disso, coloque-os lá em cima".

Compreendi que, com esse pedido, Eric estava mostrando seu interesse por "tudo que era humano" (a interação), e que as relações autistoides desvitalizadas, repetitivas e controladas às quais ele havia aderido poderiam ser "carregadas" para outro portal de sua mente.

Ele "resolveu" com seu Nintendo a ansiedade de separação relativa às próximas férias. Ele primeiramente me desenhava, colocava o desenho no bolso da calça, depois tirava uma foto minha e dizia: "Eu tenho você agora". Respondi: "Ah, parece que você quer me manter em sua caixinha [cabecinha] agora que as férias estão chegando". Ele ria e dizia: "Sim, dessa maneira você não vai ser perdida". Parecia evidente que Eric queria "levar um pedaço de mim" com ele por meio dessas fotos. Ele parecia ter desenvolvido ou se reconectado com um espaço interno que contém memórias de objetos e relações, e que ajudava a tornar as separações toleráveis para ele (Meltzer, 1979).

Interação e comunicação também pareciam servir como um fenômeno transicional, um caminho intermediário de experiência entre a ilusão puramente narcísica de que tudo pertence a si mesmo e a consciência madura da separação, na qual um pensamento simbólico pode ser construído. Poderíamos "brincar" com essa "câmera" em um nível simbólico. Os jogos deixaram de ser bidimensionais e estáticos e levavam a novas cadeias associativas. Alguns meses depois, Eric tirou algumas fotos de princesas e disse: "Eu sei, vamos dá-las [as imagens de princesas] para o gato lá fora [o gato do meu vizinho, que estava sempre na minha porta]". Perguntei atônita: "Para o gato?". Havia uma faísca de alegria em seus olhos e ele disse em um tom malicioso: "Sim. Vamos colocá-las no leite dele. O gato vai cheirar e beber, ficará confuso e se tornará uma gata." (ele riu muito).

> J: Poderíamos pensar que você sentiu que isso aconteceu com você? Que uma vez você bebeu o leite da mamãe e achou que tinha que ser uma menina?
>
> E: [Ele riu.] Sim, mas não é mais assim. Agora eu bebo o leite do papai.
>
> J: Os pais têm leite?
>
> E: Não, claro que não! [Ele riu muito.] Meu pai me dá Gatorade quando vou com ele para a academia.
>
> J: E se eu beber? O que aconteceria comigo?
>
> E: Não adianta, você já é uma garota. E se [com um olhar travesso] você beber e virar um gato?! Ha, ha, ha.

Eric estava descobrindo a magia do leite como alimento para a mente e reconhecimento de identidade. Surgiram experiências com seu pai[11] que prometia identidade e jogos de contato para além do sensual; um interessante presente estava ganhando vida. Ele transformara seus pensamentos em busca de si mesmo; podia ser espontâneo e gostar de brincar.

---

11 A mãe havia iniciado uma batalha legal contra o pai de Eric. Dizia que queria "expulsá-lo" do país para que nunca mais visse o filho. Mas, depois de várias sessões com ela, retirou o pedido legal, iniciou um processo terapêutico e permitiu que Eric se encontrasse frequentemente com seu pai.

Grotstein (1990) descreveu como "os bebês devem desenvolver um sentimento de segurança a partir de seu objeto de identificação primária de base". O discurso brincalhão de Eric sobre gatos, leite e Gatorade refletia identificações maternas e paternas e indicava como esses poderiam se unir em um relacionamento harmonioso. A renúncia à bissexualidade permitiu que Eric fosse "alimentado" pelo casal parental e ele era agora capaz de incorporar elementos masculinos e femininos (loção pós-barba do avô e o sabor do leite). Esse foi um belo exemplo da importância de integrar a bissexualidade psíquica (Houzel, 2020) na relação terapêutica, na qual os elementos masculinos reforçam os femininos.

Algumas reflexões sobre meu trabalho com Eric

Pacientes como Eric "ameaçam partir o coração dos terapeutas, porque eles próprios estão com o coração partido... e o sentimento de estar quebrado entra no tecido de seu ser" (Tustin, 1978; 1986). Seu retraimento, desespero e encapsulamento "colocam grandes demandas ao analista para ser uma presença viva e envolvente, . . . [que precisa] confiar e se basear na *reverie*". Na discussão que segue, gostaria de considerar meu trabalho com Erik à luz dos três níveis conceituais de intervenção de Alvarez (2010): os níveis explanatório, descritivo e vitalizador.

Durante as fases iniciais do tratamento de Eric, fui forçada a suportar períodos quase avassaladores de desvitalização, sentimentos de desesperança e a sensação de que era impossível causar qualquer impacto nele. Sentia que estávamos enredados em uma relação de apatia crônica que ia além do desespero; nada era esperado. Assumindo que ele era mais não integrado do que retraído (Alvarez, 1992; 2010), considerei muito útil trabalhar no nível de recuperação, no qual "Atenção, . . . antes que possa ser mantida, às vezes tem que ser capturada e provocada. . . . Para que a função alfa funcione, o objeto deve ser visto como digno de atenção em primeiro lugar" (Alvarez, 2010, p. 142). Uma vez que a atenção da criança é "capturada", então "temos que encontrar maneiras de ajudar essas crianças a prestar atenção em nós, e temos que sustentar sua atenção; . . . o interesse emocionalmente elevado é central para este processo" (p. 173).

Esse nível de trabalho envolve os próprios fundamentos da vida mental e de relação. Como Alvarez insiste:

> *Não é uma questão de uma ou duas faixas, é uma questão, primeiro, de ajudar o paciente a entrar na faixa, ou voltar à faixa em situações em que ele tenha se perdido profundamente (e não se escondido). (Alvarez, 2010, p. 8)*

Assim, o ato de recuperação ou reivindicação por um terapeuta, em resposta a um poderoso senso de urgência contratransferencial, pode ser uma forma extrema da atividade normal da mãe para despertar e alertar o bebê normal, levemente deprimido ou distraído.

Na mesma linha, Durban (2020) sugere que o analista pode servir como um *objeto reparador do desenvolvimento* pelo qual um "implante de objeto é alcançado em um buraco negro no qual objetos maus mascaram uma experiência neuromental de ausência de objeto".

No que diz respeito às defesas autísticas de Eric, tentei mostrar a importância de respeitar essas defesas – ou "proteções", para citar Tustin (1981) –, não as desafiando ou tentando rompê-las, mas esperando pacientemente por um pequeno relaxamento ou abertura para então fazer alguns pequenos movimentos. Então, por exemplo, no início, ofereci um cobertor e, posteriormente, tecidos, para auxiliar a iniciar os processos de reconfortar, conter e discriminar. Eu estava trabalhando predominantemente no nível descritivo: atribuir ou ampliar significado via sensações.

Bion (1962) indicou que algumas identificações projetivas ocorriam não apenas por razões defensivas ou destrutivas, mas para fins de uma necessária comunicação. Consequentemente, tentei explorar a natureza das partes ausentes do paciente enquanto elas residiam em mim, até que ele fosse capaz de possuí-las ou readquiri-las. Continuei tentando encontrar Eric onde ele estava, em seu nível, em vez de tentar convencê-lo a sair do encapsulamento ou do encantamento com as sereias (como a escola e a família tentaram fazer). Esperei sem me intrometer e não interpretei seus sonhos, mas respondi à terrível ansiedade contida neles.

Somente nas sessões posteriores pudemos trabalhar no primeiro nível explanatório: oferecer significados alternativos. Essas interpretações tendiam a substituir um significado por outro, o consciente pelo inconsciente, ou o repudiado pelo reapropriado. Por exemplo: "Será que você sentiu que beber leite materno te transformaria em uma menina? Você acha que essa foi a razão pela qual você sentiu que precisava ser uma garota?".

Em retrospecto, eu diria que o interesse de Eric por sereias era *pré-gênero*, e talvez seus corpos sem pernas e com capacidade de deslizar suavemente para baixo ou para frente, em vez de ter que andar ou engatinhar, significava que elas não eram apenas "femininas" ou defensivas, mas representavam uma existência fetal, intrauterina ou algum estado ideal que ele nunca tivera.

Resumindo minha posição, talvez possamos dizer que foi "uma técnica submarina" (Alvarez, 2020), no sentido de que com crianças como Eric, é necessário trabalhar em níveis primordiais para construir uma mente. Nosso processo parecia envolver uma espécie de despertar do autismo ou de uma dissociação continuada[NT2] – ou ambos. Como nota de advertência, Molinari (2007) apontou que ninguém defenderia uma técnica com a criança autista do tipo concha, com a qual não devemos ser intrusivos.

[NT2] No original em inglês, "*life-long dissociation*".

Como ilustração final e testemunho do crescimento de Eric, gostaria de concluir com material do quarto ano de sua análise.

> (Eric puxou dois bonecos Troll que estavam grudados; um tinha cabelos cor de rosa, e o outro, cabelos azuis).
>
> E: Jani, você pode me emprestar uma tesoura? Eu vou separá-los; eles não podem mais ficar grudados.
>
> J: Eles podem ficar juntos, mas não mais grudados um ao outro.
>
> E: Sim, Jani, vou começar a primeira série.
>
> J: Parece que você está dizendo que podemos ficar juntos, mas não devemos mais ficar grudados um ao outro.
>
> E: Sim, eu não faço mais birras. Você se lembra quando eu gostava de coisas de meninas?... Eu cresci, Jani.
>
> J: Concordo, você cresceu... Você se lembra por que começou a vir aqui?
>
> E: Sim, vim porque estava sozinho, porque precisava de você... E bem, por causa das outras coisas que acabei de dizer. Apaguei todo o mundo do meu Nintendo; só deixei os importantes: você, minha mãe, meu pai, minhas irmãs e meus avós.

Eric passara a ver seu pai regularmente. Ele me mostrava os presentes que ganhava dele e gostava de me contar sobre os novos amigos com quem jogava *Vingadores*. Eric estava com 7 anos nessa época. Logo depois, ele notou fotos de Sigmund Freud nas estantes e perguntou: "É o seu pai?". Sorri e antes que pudesse dizer qualquer coisa, ele interrompeu: "Não, não pode ser seu pai, ele é velho demais para ser seu pai; deve ser seu avô".

Seu comentário ao descobrir a foto de Freud me permitiu inferir a tentativa de Eric de se colocar na ordem das gerações e na distribuição dos conflitos. Estava, assim, começando a escrever sua própria versão de sua história; uma história que não precisava ser a mesma que lhe fora dada, na qual ele sentia que tinha que desaparecer (como no sonho de *La Llorona*) ou funcionar como uma "coisa" com botões pretos (buracos negros?) em vez de olhos (como no sonho sobre Coralina). Penso que essa sessão também pode inadvertidamente nos lembrar como é importante para o continente/analista possuir o suporte interno de uma identificação paterna (exemplificada de forma simbólica na fotografia de Freud que tenho em meu consultório).

Mais tarde ainda, Eric vasculhou todo o material que havíamos produzido e eu lhe disse: "Parece que você está percorrendo (revisitando) o caminho que construímos". Ele disse: "Sim, fizemos muito, mas algumas coisas ainda precisam ser finalizadas... Estou tirando brinquedos desta gaveta para abrir espaço para coisas novas". Eric parecia estar em sintonia com o que Alvarez (2012) enfatizou: "Precisamos de símbolos não apenas para tolerar perdas e crepúsculos, mas também para configurar o início de novos amanhãs" (p. 168).

A experiência emocional de Eric compreende muitos tópicos sobre os quais poderíamos pensar. Ele me mostrou que o caminho no processo de "ser" (Durban, 2020) é infinito. Gosto de seu sorriso e de sua espontaneidade, mas acho que o que mais gosto é ver que Eric agora é o dono de sua própria verdade mental.

Referências

Alvarez, A. (1992). *Live company: psychoanalytic psychotherapy with autistic, borderline, deprived and abused children*. London: Routledge.

Alvarez, A. (2002). *Una presencia que da vida.* Madrid: APM Biblioteca Nueva Vision.

Alvarez, A. (2010). Levels of analytical work and levels of pathology: the work of calibration. *IJPA*, *91*, 859-878.

Alvarez, A. (2012). *The thinking heart: three levels of psychoanalytic therapy with disturbed children*. London: Routledge.

Alvarez, A. (2020, fev.). Mexico Autism Conference. *Autismo y estados no representados*. CDMX, México: Personal communication.

Bergstein A. (2019). *Bion and Meltzers' expedition into unmapped mental life*. London: Routledge.

Bick, E. (1962). Symposium on child analysis. *International Journal of Psychoanalysis*, *43*, 328-332.

Bion, W. R. (1957). Differentiation of the psychotic from the non-psychotic personalities. *International Journal of Psycho Analysis*, *38*, 266-275.

Bion, W. R. (1962). *Learning from experience*. London: Heinemann.

Bion, W. R. (1965). *Transformations: change from learning to growth*. London: William Heinemann.

Bion, W. R. (1991). *Cogitations*. London: Routledge.

Bion, W. R. (1992). *Seminarios clinicos y cuatro textos*. Buenos Aires: Lugar Editorial.

Clements, R., & Musker, J. (1989). *The little mermaid*. Buena Vista Pictures.

Durban, J. (2020, fev. 21-22). From chaos to Caravaggio: technical considerations in the psychoanalysis of autisto-psychotic states in relation to sensory-perceptual fragmentation (Conference). *Autismo y estados no representados*. CDMX, México.

Grotstein, J. (1990). Nothingless, meaningless, chaos and the "black hole". II. *Contemporary Psychoanalysis*, *26*, 377-407.

Grotstein, J. (2007). *A beam of intense darkness*. London: Karnac.

Houzel, D. (2020, fev.). Splitting of psychic bisexuality in autistic children. In: *Lecture given for the Frances Tustin Memorial Trust series of lectures*.

Joseph, B. (1983). Towards the experience of psychic pain. In: J. S. Grotstein (Ed.). *Do I dare disturb the universe? A memorial to W. R. Bion* (pp. 93-102). London: Routledge.

Klein, M. (1930). Caso Dick. *Obras completas*. Buenos Aires: Paidós.

Lasseter, J., Ranft, J., & Klubien, J. (2006). *Cars*. Disney Pictures.

Levine, H. B. (2020, fev.). *Making the unthinkable thinkable: vitalization, reclamation, containment and representation*. Paper presented at the II International A. Santamaría Foundation Conference. CDMX, México.

Levine, H. B., & Power, D. G. (Eds.). (2017). *Engaging primitive anxieties of the emerging self: the legacy of Frances Tustin*. London: Karnac.

Levine, H. B., Reed, G. S., & Scarfone, D. (Eds.). (2013). *Unrepresented states and the construction of meaning*. London: Karnac/IPA.

Meltzer, D. (1975). La dimensionalidad como un parametro del funcionamento mental: su relacion con la organización narcisita. In: *Exploración del autismo* (pp. 197-209). Buenos Aires: Paidós.

Meltzer, D. (1979). La psicología de los estados autistas y dela mentalidad pos autista. In: *Exploraciones del autismo*. Buenos Aires: Paidós.

Mitrani, J. L. (1995). Toward an understanding of unmentalized experience. *Psychoanalytic Quarterly*, *64*, 68-112.

Molinari, E. (2007). Aprender a danzar en el desierto del "no-pensamiento". In: *Soñar el análisis. Desarrollos clínicos del pensamiento de W. R. Bion*. Buenos Aires: Ed Lumen.

Ogden, T. H. (1989). The autistic-contiguous position. In: *The Primitive Edge of Experience*. New York: Jason Aaronson.

Roussillon, R. (2011). *Primitive agony and symbolisation*. London: Karnac.

Santamaría, J. (2013). Transformaciones y dolor psíquico. *Colombian Psychoanalytic Association Review*, *XXV* (1-2), 113-118. https://dialnet.unirioja.es/servlet/articulo?codigo=4726622

Selick, H. (2009). *Coraline*. Focus Features.

Tustin, F. (1972). *Autismo y psicosis infantiles*. Barcelona: Paidós Ibérica.

Tustin, F. (1978). Psychotic elements in the neurotic disorders of childhood. *Journal of Child Psychotherapy*, *4*, 5-18.

Tustin, F. (1981). *Autistic states in children*. London: Routledge.

Tustin, F. (1986). *Autistic barriers in neurotic patients*. New Haven: Yale University Press.

Winnicott, D. W. (1960). String: a technique of communication. *Journal of Child Psychology and Psychiatry*, 1, 49-52.

5. A terceira topografia: uma tópica do vínculo, uma topografia perinatal

Sylvain Missonnier e Bernard Golse

Pode uma biografia que começa com o dia do nascimento constituir um empreendimento sério? Não, não pode, não mais do que uma anamnese que exclui a história do sujeito antes do nascimento.

Depois de várias décadas dedicadas à elucidação da relação pais-bebê, é finalmente chegado o momento de que uma psico(pato)logia psicanalítica seja genuinamente *perinatal.*

Os gritos e sussurros dos vivos e dos mortos se encontram e se mesclam aqui, numa sutil coreografia de corpos, afetos e fantasias. Mas o que podemos dizer sobre os mortos-vivos?

Auguste: o fantasma da íntima Atlântida

Vi Auguste aos seis anos em consulta por terror noturno.[1] Acompanhado pelos pais, ele me contou de maneira espontânea, animada, mas ansiosa, que uma doninha mordia seus pés durante a noite, acordando-o aterrorizado. Os pais o trouxeram para consultar a conselho do pediatra comunitário. Relataram "completa incapacidade de entender" esses frequentes terrores noturnos em que Auguste, com seu choro incontrolável,

1 Consulta realizada por Sylvain Missonnier.

acordava toda a casa há quase dois anos. Logo compreendi que Auguste era um dos trigêmeos resultantes de fertilização *in vitro*. Os pais também comentaram sobre a recorrência de episódios frequentes de febre, o que os levou a buscar muitas vezes atendimentos em emergências pediátricas ou a solicitar serviços médicos de emergência.

Auguste, muito atento, ouviu o que os pais tinham a dizer, mas pela qualidade de sua presença, apareceu desde logo como o protagonista. Como percebi imediatamente seu envolvimento, senti que deveria sugerir vê-lo sozinho por um tempo.

Uma vez sozinho comigo, ele imediatamente retornou ao ataque da doninha. Chitta, um macaco peludo que Auguste escolheu entre os brinquedos oferecidos, fez o papel do agressor. Durante essa sequência de brincadeira, lembrei-me de algo: quando criança, presenciei um episódio de caça bastante incomum, no qual um velho, amigo de meu avô, trouxe, em uma caixa de madeira, uma doninha treinada e a colocava nas tocas de coelho para fazê-los sair, de forma a capturá-los em uma rede na entrada da toca. Essa lembrança foi acompanhada, de maneira transferencial, por uma ansiedade entorpecida e um certo grau de sentimento depressivo. Isso me levou a perguntar a Auguste o que ele sabia sobre doninhas. Sua resposta foi: "doninhas matam galinhas". Explicou então que na casa da avó, no campo, tinha visto uma doninha empalhada. Ela lhe explicara que, antes de ser morta, a doninha atacava o galinheiro, que Auguste conhecia bem por ter ido lá para recolher ovos. No final da sessão, Auguste me perguntou se poderia levar Chitta para casa com ele. Perguntei-lhe por que, e ele respondeu que Chitta o ajudaria a defender-se da doninha.

Concordei, excepcionalmente, com a condição de que devolvesse o brinquedo na próxima consulta, marcada para dez dias depois. O que justificou esse empréstimo, em desacordo com as regras usuais em meu consultório, foi a intensidade da angústia – minha e dele, mescladas.

Na segunda consulta, Auguste começou a sessão sozinho comigo. Espontaneamente, explicou-me que quis ficar com Chitta para ajudá-lo, à noite, com a doninha, que ainda vinha mordê-lo. Era essa a razão por que não trouxera o brinquedo.

"Você estava com medo de que eu pegasse Chitta de volta?", perguntei. "Sim", ele respondeu timidamente. Brincou, então, com um pequeno veículo que lançava mísseis, e matou entusiasticamente numerosas doninhas, representadas pela lixeira. Quando um míssil atingiu a lixeira, Auguste a fez soltar gritos de dor aguda.

Os pais então se juntaram a nós. Para quebrar o silêncio inicial, a mãe falou sobre seu sentimento de culpa por ter contraído uma doença sexualmente transmissível antes do casamento. Essa doença fora o motivo de sua infertilidade e, principalmente, da "provação" do tratamento de fertilidade, culminando com o anúncio de quadrigêmeos, o que a deixara ao mesmo tempo consternada e encantada, tão grande foi o salto de "nada" para "quatro".

Vendo meu espanto com a figura de quatro, a mãe chorou por um longo tempo. O pai então me explicou o "procedimento" necessário: uma "redução de embriões", porque não havia espaço para quatro, só para três. A esposa, então, retomou a conversa, e contou com detalhes, e "pela primeira vez na frente de Auguste", a perda "de um dos filhos".

"Não se pode estar infeliz e ao mesmo tempo ter três bebês", comentou o pai, sublinhando o fato de ele próprio ter contribuído para as tentativas dos profissionais de minimizar as coisas para evitar o aparecimento do luto parental, luto que claramente permanecia congelado em um terror destrutivo, e eu começava a perceber que a doninha era o possível mensageiro desse terror nos pesadelos de Auguste.

Auguste tinha parado de brincar com a garagem e o lançador de mísseis, e se aproximara da mãe, a cabeça no colo dela. Sugeri: "Talvez a doninha que morde os pés de Auguste à noite seja o bebê morto ao lado dos três que estavam vivos – ele quer voltar para a família". Como um eco, um silêncio calmo se instalou. A mãe acariciou os cabelos do filho com uma mão e, com a outra, enxugou algumas lágrimas. O pai olhou para os dois de forma protetora.

Sugeri um encontro com toda a família, na próxima vez, para celebrar a memória da criança morta.

Em minhas anotações, escrevi: "Vamos torcer para que a criança-doninha esteja abandonando seu papel de fantasma, vagando pelas fantasias da família".

Só mais tarde descobri que (em francês) *fantasme* (fantasia) e *fantôme* (fantasma) têm a mesma raiz grega, *phantasma* – aparição, espírito, fantasma. De fato, no francês do século XIV, *fantasme* podia significar tanto uma ilusão quanto um fantasma.

Na terceira entrevista, Auguste reivindicou legitimamente seu papel de iniciador e passou o primeiro quarto de hora comigo. Ele orgulhosamente me disse que agora estava dormindo muito bem. Devolveu Chitta, colocando-a com cuidado de volta na minha mesa. De modo bastante solene, ele então examinou as paredes do meu escritório e disse: "A doninha é legal comigo agora, ela não me incomoda mais".

Os talentos artísticos do pai dos trigêmeos (um designer de interiores) se mostraram muito valiosos. Depois de explicar que ele realmente estivera presente no procedimento de redução de embriões, por sugestão minha, ele desenhou o que se passara, representando a "mamãe" e sua "barriga onde estão os bebês". Enquanto olhávamos, unidos pela emoção, ele desenhou quatro pessoinhas "apertadas como sardinhas" e escreveu os nomes abaixo de três delas. Quando hesitou um momento, antes da quarta, Auguste anunciou decisivamente "Chitta", que o pai, emocionado e sorridente, anotou. Em seguida, fez a mímica do procedimento de injeção.[2] A mãe recomeçou a chorar um pouco, e então exclamou: "Tenho certeza de que era uma

2 Existem duas técnicas: aspiração do embrião pelo colo do útero ou injeção com cloreto de potássio que "desconecta" o embrião, o qual permanece no local e é absorvido ou se converte em *fetus papyraceus*. É importante conhecer a técnica utilizada para captar o simbólico. Aqui o feto que foi morto era de fato papiráceo, ou seja, transformado em um "papiro, o guardião secreto do pensamento" (Maupassant, *La vie errante*, 1890).

menina", enxugando seus olhos. (É digno de nota que, no século XIII, o francês *belette* (doninha) era o diminutivo de *belle* e significava uma "criatura bonita".) Em seguida animou-se, bagunçando os cabelos de seus "malandrinhos".

Primeira hipótese: o engrama de traços sensoriais proto-representativos impressos durante a vida intrauterina de Auguste existe e está ativo. Os traços dizem respeito à epigênese fetal em geral, e à redução embrionária e suas consequências espaciais em particular. Eles não podem ser simbolizados diretamente, mas estão ativos em uma homeostase psicossomática e nos numerosos conflitos afetivos, intrapsíquicos e interpessoais que, nele, regularmente rememoram a dialética primordial continente/contido.

Segunda hipótese: narrativas explícitas e referências implícitas, aqui referentes à redução de embriões, estão no centro das narrativas familiares e da transmissão geracional (Golse & Missonnier, 2005). Os primeiros vínculos entre pais, fetos e filhos são inseparáveis da perda pré-natal e da inércia de sua marca.

Os terrores noturnos de Auguste se relacionam com a primeira ou com a segunda hipótese?

Para aproximá-las e evitar a polarização, pode-se sugerir uma terceira hipótese, a de uma *relação objetal virtual intrauterina*, que consideramos estar presente ao longo da vida (Missonnier, 2009). Essa hipótese poderia basear-se em uma pré-concepção do vínculo danificado com o feto sobrevivente, como resultado da remoção do outro feto.

Precisamos agora definir as coisas com mais clareza, a fim de vislumbrar as características específicas dos *fantasmas da Atlântida íntima*[3] por meio desse prisma.

---

3 Atlântida é uma ilha mítica mencionada por Platão em dois de seus textos (*O Timóteo* e o *Crítias*). Na mitologia grega, a ilha foi engolida pelas ondas em um cataclismo causado por instigação de Zeus.

Elaborando o luto pela "criança escondida"

Inicialmente, esta teorização da relação objetal virtual intrauterina está claramente ligada à minha prática nas maternidades, que tem duas vertentes: atendimento aos pais, seja por ocasião de aborto espontâneo de bebê natimorto ou de um bebê que morreu imediatamente após o parto, ou acompanhamento de pais "expectantes" que se defrontam com aborto por razões médicas, como resultado da detecção de uma anomalia fetal.

Essa prática clínica confronta os profissionais com questões a respeito de fertilidade e com limitações para validar o conhecido tema freudiano desenvolvido em "Luto e melancolia" (Freud, 1917), no qual a perda diz respeito a um objeto *total* constituído *fora* do próprio corpo, enquanto a especificidade do luto perinatal para o que chamei de criança "oculta" está bem além da teoria psicanalítica das relações de objeto. Dizer aqui que o ser morto está criptografado na pessoa enlutada não é metáfora de uma realidade psíquica, mas um fato bruto de pleno direito da realidade material. Nesse contexto, quando há um aborto médico, trata-se de uma genuína *amputação variável* para a futura mãe e para o casal.

Dominique Blin e Marie-José Soubieux (1997), referindo-se aos termos freudianos de um anseio nostálgico, conceituaram esse fenômeno como a perda de um "objeto não objeto", "metade *self*, metade outro", situado entre o investimento narcísico e o investimento objetal.

No grupo da WAIMH França, "*Le premier chapiter*",[4] discutimos extensivamente um estudo polêmico (Hugues *et al.*, 2002) publicado no *The Lancet*. Essa pesquisa, altamente discutível tanto em sua forma quanto em seu conteúdo, questiona a legitimidade e a eficácia psicológica dos cenários de acompanhamento oferecidos há décadas a pais que perderam um filho durante a gravidez.

---

4 www.rap5.org

Sem entrar em detalhes sobre esse interessante debate, parece-me que [no contexto de gestação interrompida] há um perigo considerável em sistematizar procedimentos como oferecer aos pais a possibilidade de ver o feto, dar-lhe um nome, realizar rituais civis e religiosos etc., decidindo se vale a pena fazê-lo, ou não, levando em conta apenas o tempo cronológico da gestação. Muito claramente, mesmo que tudo seja igual, os pais – individualmente e como casal – encontram-se em um momento psíquico da gravidez que difere em cada caso. O embrião, e depois o feto, está posicionado, do ponto de vista dos pais, a cada momento da gravidez, em algum lugar entre o tudo ou nada, entre ser uma coisa e ser uma pessoa, no processo perinatal de humanização em curso. A ritualização oferecida, portanto, tem sentido se levar em conta esse processo de amadurecimento. Adotar um protocolo "pronto" é perigoso se for vinculado apenas ao momento da gravidez, ou sistematizado sem qualquer avaliação patológica ou psicológica.

É justamente nesse ponto de nossa reflexão que surge a noção de *relação de objeto virtual intrauterina*. Melhor do que obter uma visão *fotográfica* estática do embrião ou feto, não histórica, fixada em seu *status* de objeto não objeto, metade-*self*, metade-outro, prefiro a visão *cinematográfica*, dinâmica, de um investimento parental que está evoluindo, localizado, para cada indivíduo, em algum ponto preciso entre o zero narcísico e um estado pré-objetal genuíno, mais do que a emergência da clássica relação objetal oral, anal ou genital. Esse fator variável, entre a extensão do próprio corpo e a inclusão no *self* de uma alteridade-em-construção, corresponde apenas ao lado materno da relação de objeto virtual intrauterina.

Uma relação de objeto virtual intrauterina?

Essa relação objetal virtual pré-natal é, de fato, estritamente do ponto de vista da relação objetal, um novo conceito que diz respeito aos pais "expectantes", ao nascituro, ao embrião e, posteriormente, ao feto.

Como na psicanálise nos referimos a um objeto "típico" em referência à relação oral, anal ou genital como características originais, a relação objetal virtual é, por sua vez, *uterina*. As fantasias de homens e mulheres se tornando pais formam o tecido dessas relações objetais.

Vejo essa relação como a matriz de todo o desenvolvimento posterior, desde a relação objetal parcial até a relação objetal total. Sua função primordial é *conter* esse desenvolvimento e potencializar a dinâmica evolutiva em ação. É útil considerar que essa relação de objeto virtual intrauterina corresponde a uma versão pré-natal da "função de continência" (Bion, 1962; Anzieu, 1993) como foi concebida inicialmente pela escola psicanalítica inglesa, que se distingue da concepção freudiana de um conflito exclusivamente intrapsíquico, privilegiando, antes, o conflito, ao mesmo tempo, intrapsíquico e intersubjetivo.

Se considerarmos o arcabouço da "intersubjetividade primária" enraizada no período pré-natal (segundo Trevarthen & Aitkin, 2001), a relação objetal virtual uterina pode ser descrita a partir do âmbito do embrião/feto/bebê (nidação) e, depois, a partir do âmbito dos futuros pais (nidificação), desde que não esqueçamos que são apenas dois lados de um mesmo processo.

Para o feto e pais expectantes, podemos dizer, portanto, que a relação objetal virtual uterina constitui – com considerável variabilidade individual – um processo que vai desde o investimento narcísico extremo (tendendo ao objeto zero) até o surgimento progressivo de uma (pré) relação de objeto.

Basicamente, essa relação objetal virtual uterina é uma interface entre "tornar-se um progenitor" e "nascer um humano", que precede – e potencializa – a relação pais-bebê. A sua persistência e coexistência *ao longo da vida* com outros modos de relação objetal deveria naturalmente ser considerada.

Nesse ponto, é provável que os hipotéticos traços sensoriais proto-representativos inculcados na relação objetal virtual uterina não possam, mais tarde, estar diretamente abertos à simbolização, mas podem, no entanto, estar ativos na homeostase psicossomática do sujeito e nos numerosos conflitos afetivos intrapsíquicos e interpessoais que rememoram a dialética primária de continente-contido.[5]

A universalidade da fantasia original da vida intrauterina em Freud (1915) é um excelente argumento a favor da persistência da relação de objeto virtual uterina. Ainda faltam dados sobre a equação genética para decifrarmos a transmissão filogenética teorizada por Freud. No entanto, nessa recorrência nostálgica (tanto repleta de sentido quanto objeto de repressão sistemática massiva), podemos razoavelmente detectar uma constante cultural desse significante uterino e a dinâmica que estrutura sua transmissão geracional, não verbal.[6]

Luto, melancolia e redução embrionária

Podemos formular a hipótese de que o distúrbio do sono de Auguste reflete uma associação plural intersubjetiva feto/bebê/criança/pais.

No que diz respeito aos pais, há um luto não resolvido, em que o conflito ambivalente tem precedência, agravado por uma saturação da culpa pelo infanticídio. A presença fantasiosa e fantasmagórica do filho que foi "escolhido para morrer" é onipresente nas relações cotidianas entre os pais e seus trigêmeos.

Para Auguste, a relação objetal virtual uterina poderia carregar traços de memória proto-representativos que não estão abertos

---

5 Ver Jean Bergeret e Marcel Houser (2004) – "*souvenirs/non-souvenirs*".

6 Os quatro estratos de fantasias originais descritos por Bergeret e Houser (2004) lançam luz sobre esse debate: o Nível 1, o mais próximo do registro manifesto de uma ordem sexual e edípica em ação nas reconstruções após o fato; Nível 2, latente, do tipo narcisista; Nível 3, mais arcaico, enraizado na vida intrauterina; Nível 4, um registro filogenético (Bergeret & Houser, 2004, p. 284 e seguintes).

à simbolização direta. Eles provavelmente cristalizam, na sequência, quando entram em contato com as representações geracionais inerentes às muitas inter-relações não verbais e às narrativas pais/fetos/bebês.

Há também a ameaça, sempre presente, de um cenário não representado de infanticídio parental (que, portanto, não está contido no tempo-espaço perceptível), que provavelmente é muito prejudicial nesse caso. Essa ameaça provavelmente pode ser descrita como um significante mórbido, traumático e enigmático, refletindo a inabilidade dos próprios adultos de colocá-lo em palavras (ver Laplanche, 1987). O sintoma vivido por Auguste é o "embaixador" desse efeito.

Nesse contexto, a consulta de Auguste – que foi o veículo familiar de repressões – abre espaço para uma tentativa de aprisionar o fantasma do "papiro" familiar escondido sob a aparência de uma doninha empalhada.

Somente o trabalho individual e familiar sobre o luto pode colocar esse fantasma em um espaço mental acessível, livre de culpa, de modo a permitir que ele desapareça. É como se a morte da morte, que Freud se refere em "Luto e melancolia" (Freud, 1917), pudesse corresponder a matar o fantasma e romper o pacto com a melancolia. Nicolas Abraham e Maria Torok (1987) o expressariam como renúncia à *incorporação* melancólica da morte (recusa do luto) em favor do processo de *introjeção*, que torna o luto possível.

Na área que trabalha com redução de embriões, as situações são geralmente reguladas por consensos e protocolos para os cuidadores e para a família, justamente para garantir que um trabalho de luto seja evitado (Garel *et al.*, 2004; 2010). A amplificação do paradoxo fundamental da humanidade – a simultaneidade da metabolização da morte e da valorização da vida – é aqui tão extrema que não pode entreter o pensamento. Ao menos por essa razão, a redução de embriões muitas vezes depende de um protocolo experimental que acaba originando um luto patológico, convertendo o embrião morto em um fantasma errante. O luto pré-natal pelo futuro filho virtual sempre favorece a criptografia melancólica (Abraham & Torok, 1987). Com certeza, o cenário de redução de embriões é radicalmente singular para cada um dos pais.

Paraíso perdido

Para completar nosso comentário, gostaríamos de referir um famoso texto de José Bleger (1966), no qual ele define o enquadre da psicanálise.

Esse autor enfatiza o fato de que, na cura, o enquadre está relacionado com a parte mais "indiferenciada" da história arcaica do analisando. Afirma que a estrutura do paciente é a expressão de sua fusão mais primitiva com o corpo de sua mãe, e que o enquadre do psicanalista precisa restabelecer essa simbiose original para poder alterá-la. O enquadre é o "receptor" da simbiose com a mãe (a imutabilidade do não *self*), permitindo que a criança desenvolva seu ego.

Segundo Bleger, na realidade, existem dois enquadres: um que é proposto e mantido pelo analista e aceito conscientemente pelo paciente; e outro sobre o qual o paciente projeta sua realidade psíquica.

No entanto, o que é crucial para o nosso tema é o que Bleger chama de "mundo fantasma", a parte do enquadre sobre a qual o paciente projeta seus conflitos.

Penso que esse enquadre "mundo fantasma" oferecido pelo terapeuta e sobre o qual Auguste e sua família projetaram a parte mais arcaica de suas personalidades corresponde precisamente à ressonância compartilhada dos gritos e sussurros da relação simbiótica primitiva na relação objetal virtual uterina.

Em outras palavras, o *setting* psicanalítico (análise clássica, face a face, terapia familiar etc.) constitui um convite para abrigar as ressonâncias da relação objetal virtual uterina e seus fantasmas...

desde que o analista se mantenha receptivo a elas em sua contratransferência.

Assim, as ressonâncias caricaturadas da relação objetal virtual uterina nas consultas terapêuticas perinatais e de puericultura aparecem apenas como uma ampliação de um elemento idêntico em todos os *settings* psicanalíticos, frequentemente presente e muitas vezes discreto e mascarado.

É por isso que essas consultas constituem claramente um laboratório heurístico para a psicanálise, pois oferecem, em tempo real, uma janela para determinados elementos ambientais que sustentam o arcaico aquático do feto e, posteriormente, suas reiterações abertas na transferência dos pais e na contratransferência do psicanalista.

Em última análise, essa abertura para o primeiro capítulo pré-natal da biografia humana e seus fantasmas é uma oportunidade para o psicanalista. Se essa encantadora senhora idosa permitir que seus filhos e filhas explorem seu próprio conteúdo uterino e deixar espaço para a relação objetal virtual uterina, ao lado das relações objetais orais, anais ou genitais, ela finalmente poderá acomodar os muitos fantasmas da Atlântida íntima, tornando-se mais capaz de promover o reconhecimento e a simbolização dos gritos e sussurros de suas repetidas andanças trágicas.

Considerações teóricas: uma metapsicologia perinatal

As duas tópicas propostas por Freud, ou seja, a primeira (o inconsciente, o pré-consciente e o consciente) e a segunda (o id, o ego e o superego), formalizadas a partir de 1920, dizem respeito a uma concepção da psique como sendo organizada em localizações ou sistemas psíquicos, resultantes de um processo de diferenciação intrapsíquica.

Essas duas tópicas ainda são claramente relevantes e sua dimensão heurística é bem reconhecida nos domínios clínico, técnico e teórico quando se trabalha com sujeitos "de pleno direito" (crianças, adolescentes e adultos). No entanto, ao trabalhar com bebês, ou com sujeitos não totalmente diferenciados (como pacientes que apresentam patologias ditas "arcaicas"), o uso dessas duas tópicas deve ser cauteloso, pois pertencem a uma metapsicologia essencialmente intrapsíquica.

De fato, enquanto um bebê não exige que renunciemos aos nossos marcadores psicanalíticos usuais (a teoria da pulsão, a teoria da anáclise, ou mesmo a teoria do "*a posteriori*", desde que sejam feitas as mudanças propostas por Diatkine[7] para esta última), a fundamental incompletude do bebê, sua imaturidade básica, sua neotenia psíquica e física, obrigam-nos a repensar o ponto de vista topográfico, pois ele só pode ser considerado a partir de uma perspectiva estritamente intrapsíquica.

É por isso que propomos o que poderíamos chamar de uma terceira tópica, uma topografia da representação mental do vínculo com a ideia – paradoxal apenas na aparência – de que os laços primitivos possam ser investidos antes mesmo que o sujeito e o objeto estejam claramente delineados.

Em todo o caso, esta é a nossa proposta, sabendo também que tal hipótese de uma terceira tópica já foi vislumbrada por alguns autores (Brusset, Dejours, Kaës), mas eles o fizeram em outros domínios que não o do desenvolvimento primitivo, e esse é um assunto para o qual nós vamos retornar.

De fato, nossa proposta é pleitear uma metapsicologia perinatal, que é, em certa medida, o principal objetivo deste capítulo.

---

7 É de fato importante sublinhar que a teoria do "*a posteriori*" é plenamente utilizável no trabalho com bebês, seja ela vislumbrada dentro do mesmo sistema interativo inicial, como fez Diatkine (1979), ou difratada ao longo de várias gerações, uma vez que o que pode constituir o primeiro momento do trauma para a criança, sempre pode ser o enésimo momento na história das filiações materna ou paterna da criança (Golse, 2007).

Uma terceira tópica e seu confronto com a díade e a tríade

"Não existe tal coisa como um bebê." A declaração de Winnicott é bem conhecida e muitas vezes usada em demasia. Significa que um bebê não pode ser compreendido fora dos vínculos que forma com seu primeiro ambiente.

A psicologia infantil, a psicopatologia e a psiquiatria vêm se desenvolvendo rapidamente nas últimas décadas, como nosso conhecimento do funcionamento diádico e triádico.

Dito isto, se falamos em termos de díade e tríade, estamos necessariamente no registro interpessoal, não no registro intrapsíquico. Sabemos que o cenário histórico do surgimento desses dois grandes *corpora* teóricos, a psicanálise e a teoria do apego, fez com que a primeira estivesse centrada principalmente no intrapsíquico e a segunda, no interpessoal.

De fato, esses dois *corpora* surgiram em cenários históricos muito diferentes: o final do século XIX, para a psicanálise, e a última parte do século XX para a teoria do apego (Bowlby, 1978).

A parte final do século XIX preocupou-se com o interior das coisas (com a descoberta dos raios X por Rötgen, em 1895, no âmbito da curiosidade pelo interior dos corpos; e a elaboração, no mesmo ano, por Freud e Breuer, de seu *Estudos sobre a histeria*, marcando o início da reflexão psicanalítica sob a forma de curiosidade pelo interior da mente). Em contraste, na última parte do século XX, após a Segunda Guerra Mundial, que perturbou toda uma gama de relações sociais, havia mais preocupação com questões de segurança interpessoal.

Assim, a psicanálise, muito naturalmente, passou a se caracterizar por questões intrapsíquicas, enquanto a teoria do apego, por sua vez, centrou-se na questão interpessoal e no tema da segurança.

Houve então um acirrado debate entre os defensores da psicanálise e os defensores da teoria do apego, e é sabido que Widlöcher (2000) sugeriu que esses conflitos eram resultantes de um encontro fracassado entre a psicanálise inglesa e a húngara, um encontro que – por meio do conceito de amor primário (Balint, 1971) – poderia ter permitido superar a oposição entre a característica primária do apego e a característica secundária do amor, segundo a psicanálise.

Qualquer que seja a história desse debate, é claro que há um beco sem saída: o de uma tópica intersubjetiva (diádica ou triádica) incluindo um bebê cujo mundo interno ainda não está suficientemente diferenciado para que a metapsicologia que lhe diz respeito seja genuinamente intrapsíquica.

Entretanto, o próprio termo "tópica intersubjetiva" é de certa forma um híbrido, uma heresia, pois o conceito de intersubjetividade convoca o registro interpessoal, enquanto o conceito de subjetivação invoca o registro intrapsíquico, o qual constitui legitimamente a preocupação da metapsicologia no sentido clássico do termo.

Para superar essas contradições, propomos enfocar o que são provavelmente desenvolvimentos muito precoces: o vínculo interpessoal e os modos de representação intrapsíquica dos bebês.

Representando o vínculo antes de representar o objeto

Essa proposta é menos paradoxal do que pode parecer, principalmente se levarmos em conta o investimento das primeiras interações dos bebês.

O prolongado debate entre R. D. Stolorow e L. Friedman nos Estados Unidos

Numa época em que ainda não havia debate sobre a precedência da representação do vínculo sobre a representação do objeto, foi a questão da própria natureza dos objetos internos que levou a um debate – os objetos internos teorizados por Stolorow, sobretudo como representações mentais do *self* interagindo com o outro, e que ele pensava possuírem energia própria, permitindo que se atualizassem no pensamento ou em ação.

Esse autor considerou que não havia representação do *self* que não fosse representação do *self* em interação com o outro, e nenhuma representação do outro que não fosse representação do outro em interação com o *self*.

É bem sabido que a posição de Widlöcher estava mais próxima da de Stolorow do que da de L. Friedman, o qual era a favor de uma concepção relativamente holística da psique, que não teria objetos psíquicos elementares, mas seria submetida a uma pulsão energética global. (Trata-se do debate de 1978-1980, que de certa forma precedeu e preparou o caminho para o agora famoso debate de 1984, na Associação Psicanalítica Francesa, sobre o tema "Qual é o papel da pulsão?").

Nessa perspectiva, a subjetivação aparece como uma interiorização de representações intersubjetivas, e, nos bebês, como uma interiorização progressiva de representações de interações (na área do apego ou da sintonia afetiva), mas com uma gradual perfusão no sistema da dinâmica parental inconsciente, toda a história infantil dos pais, seus conflitos edípicos, sua história psicossexual, suas questões inter e transgeracionais e todos os efeitos "*a posteriori*" que os acompanham.

O objeto é investido antes de ser percebido

Mesmo antes desse debate já um tanto esquecido, em 1960, Lebovici fez a seguinte observação, gerando muitos comentários: "O objeto é investido antes de ser percebido". Quase como no jogo do *fort-da*, a corda importava mais para a criança do que o próprio carretel.

Uma primeira leitura da afirmação de Lebovici pode relacionar-se com o equilíbrio narcisista/objetal, no sentido de que o objeto pode ser investido, embora ainda seja percebido como parte do *self* (objeto narcísico), antes de ser plenamente percebido como estando fora do *self* (objeto objetal). Isso, de certa forma, lembra a distinção de Winnicott entre objetos subjetivos e objetivos, ainda que sua distinção se baseie sobretudo na sobrevivência do objeto externo aos ataques direcionados à representação mental desse objeto.

Uma segunda leitura do enunciado também pode se vincular à teoria do apego, aqui novamente com a ideia de que alguém pode se apegar a um objeto que ainda é percebido como não distinto do *self*, de modo que os primeiros apegos poderiam ter o valor subjetivo de *self*-apegos.

Em todo caso, esse investimento no objeto, antes de ele ser percebido como tal, aparece de certa forma como o reverso da pulsão de "*desobjetalização*", estudada por Green como pulsão de morte. A desobjetalização do objeto, segundo esse autor, é consequência de um investimento desvitalizante, enquanto para Lebovici é o investimento vitalizante do pré-objeto que prepara sua objetalização, na perspectiva de uma pulsão de vida.

Assim, a ideia de que o objeto pode ser investido antes de ser percebido leva-nos a refletir sobre a possibilidade de um investimento de vínculos antes de se ter acesso à intersubjetividade, e isso, a nosso ver, é justamente o que abre caminho para a hipótese de uma metapsicologia perinatal, desde que aceitemos um grau de afrouxamento do conceito de representação objetal.

Os três níveis de representação de objetos

Ao considerar a noção, frequente e clássica, de representação de objeto, o conceito muitas vezes parece abrangente demais, e provavelmente é útil decompô-lo em vários níveis distintos.

A representação do lugar do objeto é uma coisa, a representação dos vínculos com o objeto é outra, e a representação do próprio objeto é uma terceira.

O lugar do objeto

O lugar do objeto provavelmente possui seu próprio nível de representação, e há vários argumentos em apoio a isso.

Quem trabalha em creches, por exemplo, sabe como as crianças que são colocadas, desde o nascimento, para adoção parecem desde cedo possuir a noção do que são "pais". É verdade que, depois de algum tempo, elas podem ter tido a oportunidade de ver as visitas dos pais de outras crianças, mas a questão é mais profunda.

O bebê neonato pode ter uma forma de representação inata do outro de que necessita, o outro cuidador sem o qual não pode viver e de quem necessita profundamente na "situação antropológica fundamental" (Laplanche, 2002).

Isso é provavelmente o que Bion (1962; 1963; 1965) quis dizer com seu conceito de pré-concepção. Sobre o tema do seio materno, ele diz que o bebê procura o seio "onde esse costuma ser encontrado".

Essa afirmação estranha, mas interessante, pode não significar que o bebê o procure no corpo da mãe, com base nos traços de memória que tem da mamada, nem que seja em resposta a uma atração instintiva pelo cheiro do leite; significa, antes, que ele o procura naquele mesmo lugar para o qual há uma espécie de proto-representação. Para Bion, uma proto-representação só pode se tornar uma representação estável pelo encontro, na realidade externa, com o objeto correspondente, que então o fixa por meio da experiência emocional do encontro.

É também o que vislumbra Missonnier (2009) ao se referir ao registro do virtual relacionado ao "primeiro capítulo da vida", ou seja, a gravidez.

Ele chega ao ponto de falar de uma relação objetal virtual como sendo o que geralmente queremos dizer quando consideramos as representações que os pais podem ter de seu nascituro, representações que podem ser descritas em parte sob o nome de "criança imaginada". No entanto, talvez seja necessário instaurar uma forma de simetria e vislumbrar que o feto, por sua vez, tenha a capacidade de investir uma proto-representação dos futuros pais, uma proto-representação de funções, naturalmente, em vez desta ou daquela característica estática e usualmente figurativa.

Na esfera artística, finalmente, entre as diferentes ilustrações possíveis do lugar do objeto, podemos relembrar *O deserto dos tártaros*, livro de Dino Buzzati, de 1949, em que o herói passa os últimos anos de sua vida perscrutando o horizonte, focando um ponto onde ele supõe que um improvável exército inimigo pode aparecer; ou novamente o roubo da *Mona Lisa* do museu do Louvre em 1911, na sequência do qual Leader (2011) nos conta que, de 1911 a 1913, nunca houvera tantos visitantes para contemplar o espaço vazio da pintura, uma obra-prima que, no entanto, atrai multidões; e finalmente, o lugar temporal do objeto na obra de Borges.

A representação dos vínculos com o objeto forma outro nível de relação objetal

Se nos referimos aos vínculos formados com o objeto, estamos aludindo, de fato, ao domínio das primeiras interações e seus modos de representação mental. Há consenso em torno do fato de que o conceito de interação, emblemático da teoria geral dos sistemas, é hoje o foco de todos os estudos e todas as pesquisas sobre o bebê e seu desenvolvimento primitivo. O investimento das interações é um tema levado em conta tanto por pesquisadores da área do apego quanto por aqueles que clamam pela psicanálise precoce. No entanto, o investimento das interações e a representação dos vínculos resultantes nada tem a dizer sobre o objeto envolvido nessas interações, pois apenas as características interativas do objeto são representadas.

Assim, podemos considerar o exemplo dos "modelos internos de trabalho" de Bretherton (1990), empregados na área do apego, e as "representações generalizadas da interação" descritas por Stern (1989) a propósito do seu modelo de sintonia afetiva.

O grande interesse da teoria do apego é que ela, hoje, nos encoraja a considerar a simbolização na presença do objeto.

Antes de considerar essa questão, podemos assinalar que, enquanto o encontro necessário com um objeto em busca de satisfação é proposto por Freud, em seu artigo sobre a negação (1925), como sendo a condição *sine qua non* de sua possível simbolização posterior, de maneira inversa, a "estranha situação" está certamente centrada na observação do comportamento da criança quando sua mãe retorna, mas não há dúvida de que, naturalmente, não haveria retorno se não houvesse inicialmente uma partida.

Em outras palavras, se assim o podemos colocar, há uma presença, se consideramos a teoria psicanalítica, e há uma ausência, se partimos da teoria do apego, e até um vai-e-vem interessante, uma vez que a presença precede a ausência no artigo de Freud de 1925 sobre a negação, enquanto, no protocolo da "situação estranha", embasado na teoria do apego, a ausência da mãe precede seu retorno e sua presença.

Na pesquisa atual, no entanto, a atenção a essa questão de presença e ausência parece estar dando lugar, pelo menos no início do desenvolvimento, à questão da lacuna e da diferença.

De fato, tudo parece apontar para a ideia de que a criança, antes de se perguntar se a mãe está ali ou não, primeiro se pergunta se ela está "como sempre" ou não. Essa é uma das principais questões fenomenológicas sobre o bebê (Golse, 2006), que lembra, aliás, a proposta de Bion (1962; 1963; 1965), segundo a qual a ausência do objeto é antes de tudo vivida como "presença hostil", antes de ser vivenciada como ausência *per se*.

Assim, a pergunta do bebê sobre sua mãe – "Ela está como costuma ser?" – revela-se na realidade muito diferente da pergunta se ela está lá ou não, o que significa que o bebê opera pequenas diferenças, ou a diferença entre "estar igual" e "não estar igual", uma questão muito bem explanada por Haag, que a considera muito mais importante, pelo menos inicialmente, do que a questão da ausência-presença, que só será elaborada em uma etapa posterior.

Se a mãe está muito diferente do que costuma ser, a lacuna é muito grande para o bebê (isso pode ser observado, por exemplo, no caso de depressão materna), mas se a lacuna não for muito grande, pode constituir uma "surpresa" estimulante aos processos de pensamento do bebê.

Essa observação da mãe, pelo bebê, e a avaliação dos desvios do habitual ocorrem no segundo semestre de vida por meio de uma análise do estilo interativo da mãe, ou da qualidade de sua sintonia afetiva (Stern, 1989) – mais ou menos unimodal ou transmodal, mais ou menos imediata ou adiada, mais ou menos atenuada ou amplificada (cuja interiorização intrapsíquica se dará pelas "representações generalizadas de interação" do bebê). No entanto, para o bebê, esse processo pode começar mais cedo, no primeiro semestre de vida, pela observação das respostas de sua mãe aos seus comportamentos de apego.

De fato, o bebê imprime em sua psique uma espécie de "média" da resposta materna em termos de apego e, por ocasião de cada novo encontro interativo com ela, ele medirá a lacuna entre a resposta materna atual e as representações "médias" que ele formou, que nada mais são do que seus futuros "modelos internos de trabalho" descritos por Bretherton (1990). Se a mãe "não está como de costume" (por exemplo, por estar ansiosa ou deprimida), o bebê se vê diante de uma situação triádica, pois é melhor para ele incriminar um terceiro do que a si mesmo como causador dessas mudanças em sua mãe.

Essa questão, como sabemos, vai se infiltrar em nossas histórias de amor ao longo da vida, uma vez que a questão das diferenças do que é habitual no objeto de amor vai gerar em nós o medo de um terceiro, um rival, assim como na infância vivenciamos essa situação triádica por meio desse efeito de variabilidade da imagem e do funcionamento de nossa mãe.

Vemos, portanto, que o sistema de apego, assim como o sistema de sintonia afetiva, possibilita ao bebê representar e imprimir no psiquismo as variações das respostas maternas, o que é claramente uma forma de representação das manifestações do objeto presente. O que temos aqui é um investimento das variações das respostas maternas, mais do que um investimento na mãe como um objeto.

Podemos, assim, falar de investimento do vínculo pré-objetal, e é justamente isso que queremos destacar aqui. Ainda podemos acrescentar, para incluir as aquisições das neurociências, que a noção de "representação" proposta por Jeannerod (1983) equivale também a uma representação mental da interação, e não do objeto como tal e de suas diversas características.

Para concluir sobre esse nível de representação dos vínculos com o objeto, pode-se acrescentar que Haag muitas vezes afirmou que, de certa forma, o bebê forma um retrato abstrato da mãe, um retrato rítmico baseado em representações de suas interações dinâmicas com ela, antes de poder formar um retrato verdadeiramente figurativo.

De acordo com Haag, isso se relaciona com as hipóteses de Leroi-Gourhan, segundo as quais a arte abstrata remonta a um período muito anterior na evolução da humanidade do que a arte figurativa, como exemplificado por certas representações não figurativas descobertas em cavernas muito mais antigas do que as de Lascaux, com cenas de caça, pesca e guerra.

Seria a modernidade um retorno à arte abstrata?

A representação do objeto como tal

Em última análise, é esse nível de representação do objeto como tal que intuitivamente pensamos quando falamos de representação de objeto. É também esse nível que corresponde ao conceito de imagem mental no sentido clássico, a imagem do outro, a representação de rostos, lugares ou objetos.

A ideia aqui proposta é que esse nível de representação do objeto poderia, de fato, ocorrer mais tarde que os outros dois, como uma espécie de resultado ou ápice. Em todo caso, fica claro que falar atualmente de perda do objeto é bastante impreciso.

Por exemplo, em caso de depressão, o que de fato é perdido: a representação do lugar do objeto, a representação dos vínculos com o objeto ou a representação do próprio objeto? E o que acontece com os bebês de acordo com sua idade? O que pode ser dito sobre a melancolia – a perda se refere, então, aos três níveis?

Essas são questões fascinantes, que surgem, de fato, de nossas reflexões sobre o desenvolvimento inicial dos bebês.

A favor de uma terceira tópica

Diante do exposto, se uma metapsicologia da díade, ou da tríade, ou uma tópica intersubjetiva não parece relevante, é possível vislumbrar uma topografia da representação mental do vínculo?

Do nosso ponto de vista, como já dissemos, encontramo-nos entre aqueles que consideram possível cuidar de crianças muito pequenas com a legítima pretensão de permanecermos como psicanalistas nessas condições tão específicas, uma vez que são as dimensões metapsicológicas e topográficas as que mais claramente entram em questão quando se trata do bebê.

Com efeito, como dar conta da "transparência psíquica" materna (Bydlowski, 1991), da neotopografia perinatal e da "unidade original" para encarar a díade e a tríade em termos metapsicológicos, considerando a dificuldade central que corresponde à passagem do interpessoal para o intrapsíquico?

Podemos supor que o sistema pai-mãe-bebê seja, ele próprio, a fonte da dinâmica capaz de transformar a triadificação em triangulação? Com certeza, não há garantia de que isso seja verdade, o que coloca em evidência toda a questão da interiorização.

No entanto, a questão é saber se podemos vislumbrar, em contrapartida, que a presença de um terceiro é essencial aqui e, portanto, o sistema de terapias conjuntas que implantamos no Necker-Enfants Malades Hospital poderia ser responsável por fornecer a díade e a tríade com uma estrutura compatível com o aparelho psíquico do grupo (Kaës, 1976) – uma estrutura que serve como um terceiro observador-participante dentro de uma mesma tópica grupal, e capaz de lançar o movimento de "psiquisação" das interações comportamentais.

Um *setting* de terapias conjuntas fornece a nosso ver, em todos os casos, um valioso paradigma para vislumbrarmos o conceito da terceira tópica. É plausível considerar que o que precisamos, aqui, é de uma metapsicologia do vínculo (Brusset, 1988; 2006), uma metapsicologia abrindo caminho para uma terceira tópica que permita superar a clivagem entre o interpessoal e o intrapsíquico.

Mas o que queremos dizer com uma metapsicologia do vínculo?

Trata-se de uma metapsicologia estritamente intrapsíquica, como descreve Dejours (1986; 2002), ou é, antes, o que se poderia chamar de metapsicologia intersubjetiva, sem, contudo, ceder à tentação de fantasiarmos um aparato coletivo, na perspectiva da obra de Kaës?

Vimos que o conceito de terceira tópica usado por Dejours, em referência à sua hipótese de um inconsciente que ele chama de "amencial", não é de modo algum uma topografia do vínculo como aqui propomos. É, ao contrário, a topografia de uma clivagem dentro do inconsciente, que assim se relaciona apenas com os objetos internos que o compõem.

A terceira tópica de Brusset não corresponde ao que estamos tentando demonstrar aqui, pois para ele trata-se principalmente de construir uma ponte entre o interpessoal e o intrapsíquico, uma ligação entre objetos internos e externos, uma ligação que não é realmente uma representação propriamente mental do vínculo com o objeto externo.

No que diz respeito à posição adotada por Kaës, ela estende o foco sujeito/objeto ao nível do grupo, de modo que pode, de fato, dizer respeito ao bebê (uma díade ou tríade pode ser considerada como um grupo), mas, se houver uma terceira tópica, é uma tópica abrangente, que não resolve os problemas concernentes ao bebê e suas habilidades intrínsecas para representação dos vínculos entre ele e o outro.

De fato, Kaës se refere a uma terceira tópica em seu livro *Um singular plural* (2007). Na sequência de sua proposta de um "aparelho psíquico grupal" (1976) e de várias elaborações sucessivas (1993; 1999), ele apela à necessidade de recorrer a "uma terceira tópica ou uma terceira metapsicologia capaz de dar conta do inconsciente em termos de intersubjetividade".

Para o presente debate, é importante notar que Kaës não propõe uma visão intersubjetiva que poderia substituir uma topografia intrapsíquica, mas, sim, um uso "bifacetado" de conceitos psicanalíticos que têm "um duplo pertencimento metapsicológico ao singular e ao plural". Ele cita o exemplo da "aliança inconsciente" (1993; 2007), que mereceria ser descrita para uma melhor compreensão do ponto de vista de uma tópica intersubjetiva do vínculo. Assim, para plena compreensão da dialética, Kaës escreve: "As alianças inconscientes têm funções específicas no espaço intrapsíquico e, ao mesmo tempo, elas sustentam a formação e os processos relativos aos vínculos intersubjetivos, o que, por sua vez, reforça as formações e os processos intrapsíquicos".

Em última análise, de acordo com as propostas de Kaës, a oposição entre esses dois pontos de vista não é tão radical quanto pode parecer. Há, de fato, uma forma de pensar o vínculo entre o intrapsíquico e o interpessoal, que consiste em lembrar que, para o bebê, não há representação de *self* que não seja representação do *self* em interação com o outro, e não há representação do outro que não seja uma representação do outro em interação com o *self*, como pode ser encontrado com clareza no conceito de "representações generalizadas de interação" desenvolvido por Stern (1989).

Assim, a construção do aparelho psíquico, que é sempre, queiramos ou não, uma representação do vínculo – no vínculo e pelo vínculo – se dá justamente na interface entre o intersubjetivo e o intrapsíquico, sendo que as terapias conjuntas favorecem particularmente o duplo movimento de interiorização e especularização, que sustenta a transição do registro interpessoal para o registro intrapsíquico.

Há duas observações que gostaríamos de acrescentar aqui. Em primeiro lugar, como visto anteriormente, a representação intrapsíquica do vínculo provavelmente aparece muito cedo, pois é possível nesse lado do objeto, ou seja, antes mesmo de o objeto ser claramente representado. Em segundo lugar, essa emergência pré-objetal do vínculo intersubjetivo no bebê só pode ocorrer em um *continuum* com a epigênese pré-natal permeada por interações materno-fetais e, mais amplamente, por interações feto-ambiente.

Num cenário de terapias conjuntas, é possível perceber que o trabalho psíquico do terceiro, isto é, do terapeuta ou dos coterapeutas, desempenha um papel essencial, abrindo caminho ao investimento do vínculo pré-objetal, entrando no âmago do aparelho psíquico do grupo familiar.

Nessa perspectiva, as terapias conjuntas bem poderiam corresponder a uma figuração ou materialização da terceira tópica que aqui defendemos.

Sem nos aprofundarmos mais nessa reflexão, ainda em evolução, desejamos apontar para uma possível forma de modelar terapias conjuntas, que poderiam se beneficiar da diferenciação e do refinamento de modos e técnicas da transferência e da contratransferência nas consultas terapêuticas pré e pós-natais.

Embora ainda seja cedo para determinar se essa estrutura de ação fornecerá elementos decisivos para reflexão, já é plausível afirmar que o sistema pai-mãe-bebê, que é o foco das terapias conjuntas, fornece uma figuração pré-natal, seguida de uma figuração pós-natal, da triangulação intrapsíquica ainda em formação no feto ou bebê em questão. Assim, as terapias conjuntas podem ser consideradas "psicanalíticas", uma vez que interpretamos o material coletado naquele nível em referência ao conceito transgeracional ou intergeracional.

Em nossa opinião, as psicoterapias conjuntas pais-feto-bebê constituem uma verdadeira conquista da psicanálise, e não um desvio ou armadilha. As armadilhas da psicanálise nem sempre aparecem como tal, e somente uma abordagem honesta, rigorosa e metapsicológica pode garantir que estamos no lado da conquista: de fato, não está definitivamente decretado que o feto ou o bebê permanecerão para sempre banidos da psicanálise com o pretexto pouco convincente de que a criança reconstruída ainda não se livrou da criança observada. A nosso ver, somente numa perspectiva aberta, o feto/bebê pode realmente enriquecer a psicanálise em geral, e até mesmo nossa teoria da interpretação, no *setting* da cura típica.

Em direção a uma metapsicologia perinatal

A questão de saber se podemos ou não sustentar a existência de uma metapsicologia perinatal não é meramente teórica ou acadêmica. Na verdade, ela se abre para a questão da demanda, na qual os desafios clínicos são consideráveis.

Os bebês não têm exigências específicas em relação a nós. Nem as crianças autistas ou muito primitivas. No entanto, as pessoas que atendem bebês ou crianças autistas percebem claramente que elas lhes demandam algo que precisa ser relatado, devolvido e transformado.

O investimento pré-objetal do vínculo sobre o qual colocamos ênfase é sinal desse movimento em direção ao exterior (demanda intransitiva), antes mesmo que o outro seja identificado como tal, o que fica bastante claro no *setting* do cuidado à criança autista (Haag, 2018).

Isto então permite distinguir entre a demanda intransitiva e a dimensão autística, uma vez que o permanente processo de construção/desconstrução do objeto reflete essa dimensão autística específica da vida psíquica.

A demanda intransitiva provavelmente não é dirigida ao objeto, mas já poderia refletir um investimento no vínculo pré-objetal, para o qual estamos buscando traçar uma representação intrapsíquica por meio da concepção de uma terceira tópica.

A escuta desse tipo de demanda parece-nos essencial com bebês e crianças autistas e, até certo ponto, inclusive com adolescentes.

Naturalmente, os desafios contratransferenciais com esse tipo de demanda são consideráveis, pois implicam que o terapeuta consiga realizar um movimento regressivo a partir de seu próprio status objetal, de forma a recuperar e escutar o vínculo que, no *setting* de patologias arcaicas, não é expresso em termos objetais.

Concluindo, enquanto no desenvolvimento predomina a ligação, tanto em nível interpessoal quanto intrapsíquico, sua ausência certamente não constitui uma libertação, mas uma alienação.

Objeto-vindo-a-ser, objeto que desapareceu: essas são possivelmente representações que a terceira tópica pode nos ajudar a vislumbrar para além do objeto já constituído.

O investimento pré-objetal do vínculo conta para o movimento em direção ao exterior (demanda intransitiva), mesmo antes de o outro ser identificado como tal, o que é demonstrado pelo tratamento de crianças autistas.

A demanda intransitiva não seria dirigida ao objeto, mas já testemunharia um investimento desse vínculo intersubjetivo pré-objetal, cuja representação intrapsíquica estamos procurando rastrear por meio do conceito da terceira tópica.

Referências

Abraham, N., & Torok, M. (1987). *L'écorce et le noyau*. Paris: Flammarion.

Anzieu, D. (1993). La fonction contenante de la peau, du moi et de la pensée: conteneur, contenant, contenir. In: D. Anzieu *et al. Les contenants de pensée*. Paris: Dunod.

Balint, M. (1971). *Le défaut fundamental*. Paris: Payot, 1977.

Bergeret, J., & Houser, M. (2004). *Le foetus dans notre inconscient*. Paris: Dunod.

Bion, W. R. (1962). *Aux sources de l'expérience*. Paris: P.U.F. (Coll. Bibliothèque de Psychanalyse, 1979, first ed.)

Bion, W. R. (1963). *Eléments de psychanalyse*. Paris: P.U.F. (Coll. Bibliothèque de Psychanalyse, 1979, first ed.)

Bion, W. R. (1965). *Transformations: passage de l'apprentissage à la croissance*. Paris: P.U.F. (Coll. Bibliothèque de Psychanalyse, 1982, first ed.)

Bleger, J. (1966). Psychanalyse du cadre. In: R. Kaës *et al. Crise, rupture et dépassement*. Paris: Dunod, 1979.

Blin, D., & Soubieux, M.-J. (1997). La mort prénatale: à deuil infaisable, une issue la nostalgie. *Le Carnet/PSY*, *31*, 19-22.

Bowlby, J. (1978). *Attachement et perte* (3 volumes). Paris: P.U.F. (Coll. Le fil rouge, 1978, 1984, first eds.)

Bretherton, I. (1990). Communication patterns: internal working models and the intergenerational transmission of attachment relationships. *Infant Mental Health Journal*, *11*(3), 237-252.

Brusset, B. (1988). *Psychanalyse du lien (La relation d'objet)*. Paris: Editions Le Centurion.

Brusset, B. (2006). Métapsychologie des liens et troisième topique. *Revue Française de Psychanalyse*, *LXX*(5), 1213-1282.

Bydlowski, M. (1991). La transparence psychique de la grossesse. In: *Etudes freudiennes*, *32*, 2-9.

Dejours, Ch. (1986). *Le corps entre biologie et psychanalyse*. Paris: Payot.

Dejours, Ch. (2002). *Le corps d'abord*. Paris: Payot.

Diatkine, R. (1979). Le psychanalyste et l'enfant avant l'après-coup ou le vertige des origines. *Nouvelle Revue de Psychanalyse ("L'enfant")*, 49-63.

Freud, S. (1915). Thoughts for the times on war and death. *S. E.* (vol. 14, pp. 273-302). London: Hogarth.

Freud, S. (1917). Mourning and melancholia. *S. E.* (vol. 14, pp. 237-258). London: Hogarth.

Freud, S. (1925). Negation. *S. E.* (vol. 19). London: Hogarth.

Golse, B. (1999). *Du corps à la pensée*. Paris: P.U.F. (Coll. Le fil rouge, first ed.)

Golse, B. (2006). Vie foetale, trans-générationnel et après-coup. In: *L'être-bébé: les questions du bébé à la théorie de l'attachement, à la psychanalyse et à la phénoménologie*. Paris: P.U.F. (Coll. Le fil rouge)

Golse, B. (2007). Y a-t-il une psychanalyse possible des bébés? Réflexions sur les traumatismes hyperprécoces à la lumière de la théorie de l'après-coup. *La Psychiatrie de l'enfant*, *L*, 2, 327-364.

Golse, B., & Missonnier, S. (2005). *Récit, attachement et psychanalyse. Pour une clinique de la narrativité*. Toulouse: Érès.

Haag, G. (2018, jul. 13). *Le moi corporel*. Paris: P.U.F. (Coll. Le fil rouge)

Hugues, P., Turton, P., Hopper, E., & Evans, C. D. S. (2002). Assessment of guidelines for good practice in psychosocial care of mothers after stillbirth: a cohort study. *The Lancet*, *360*.

Jeannerod, M. (1983). *Le cerveau machine*. Paris: Fayard.

Kaës, R. (1976). *L'appareil psychique groupal*. Paris: Dunod.

Kaës, R. (1993). *Le groupe et le sujet du groupe*. Paris: Dunod.

Kaës, R. (1999). *Les théories psychanalytiques du groupe*. Paris: P.U.F.

Kaës, R. (2007). *Un singulier pluriel: la psychanalyse à l'épreuve du groupe*. Paris: Dunod.

Laplanche, J. (2002). A partir de la situation anthropologique fondamentale. In: C. Botella (Ed.). *Penser les limites: écrits en l'honneur d'André Green* (pp. 280-287). Paris: Champs Psychanalytiques, Delachaux & Niestlé.

Laplanche, J. (1987). *New foundations for psychoanalysis* (D. Macey, trad.). Oxford: Basil Blackwell, 1989.

Laplanche J., & Pontalis J.-B. (1967). *Vocabulaire de psychanalyse*. Paris: P.U.F.

Leader, D. (2011). *Ce que l'art nous empêche de voir.* Paris: Petite Bibliothèque Payot.

Lebovici, S. (1960). La relation objectale chez l'enfant. *La Psychiatrie de L'enfant, VIII*(1), 147-226.

Missonnier, S. (2009). *Devenir parent, naître humain. La diagonale du virtuel.* Paris: P.U.F. (Coll. Le fil rouge)

Missonnier, S. (2015). Le traumatisme de la naissance. In: R. Perron, & S. Missonnier. *Cahier de l'Herne, Freud* (pp. 227-235). Paris: Éditions de l'Herne.

Stern, D. N. (1989). *Le monde interpersonnel du nourrisson: une perspective psychanalytique et développementale*. Paris: P.U.F. (Coll. Le fil rouge, first ed.)

Trevarthen, C., & Aitkin, K. J. (2001). Intersubjectivity: research, theory, and clinical applications. *Journal of Child Psychology and Psychiatry*, 42, 3-48.

Widlöcher, D. (2000). Amour primaire et sexualité infantile. In: *Sexualité infantile et attachement.* Paris: P.U.F. (Coll. Petite Bibliothèque de Psychanalyse, first ed.)

6. Autismo infantil: uma patologia da alteridade

Didier Houzel

Cisão do objeto continente e bissexualidade psíquica

Há muito tempo, os filósofos tentam resolver o problema da similaridade[NT1] e da alteridade. Gradualmente tornou-se uma questão metapsicológica, entrando nesse campo de uma forma que lembra o enredo de um romance policial, com a necessidade de ficar voltando no tempo. É a diferença última com a qual o aparelho mental tem de lidar: primeiro veio a diferença entre os sexos, que Freud explorou em seus estudos de caso iniciais envolvendo os estados neuróticos da mente de pacientes adultos. Progressivamente, o estudo psicanalítico de outras estruturas psicológicas e de pacientes mais jovens levou a outras diferenças, até que finalmente surgiu a diferença fundamental original – entre o *self* e o outro. Nessa jornada de retorno, o problema das diferenças qualitativas veio à tona – os aspectos bons e maus do objeto e do *self*, suas qualidades masculinas e femininas. Todo o trabalho de Melanie Klein envolveu a exploração dessas diferenças qualitativas, e a solução para esse tipo de problema deve de fato ser encontrada antes que os sexos possam ser claramente diferenciados

[NT1] No original em inglês, "*sameness*".

no contexto de uma relação objetal total. No universo kleiniano, os objetos são definidos sobretudo por suas qualidades físicas e psicológicas e são representados por órgãos que simbolizam essas propriedades: seio, pênis etc. Embora esse mundo de objetos parciais já seja altamente diferenciado, ele não possui em geral a estabilidade e a organização que confeririam um significado claro e duradouro ao que nele é vivenciado. O juízo da existência está estabelecido: há objetos de um lado e um *self* do outro. O juízo da atribuição, no entanto, permanece uma questão em aberto. O que são esses objetos com os quais estou lidando? Eles são bons ou maus? Masculinos ou femininos? Nutritivos, sedutores, controladores, persecutórios, destrutivos?

Mais um passo – ainda voltando no tempo – e nos encontramos no mundo do autismo no qual nenhum objeto, nem mesmo objetos parciais, podem existir. A questão aqui é a do juízo da existência – a grande questão filosófica sobre a natureza do ser. No momento de nosso nascimento psíquico, cada um de nós se depara com a pergunta: "Pode *existir* algo? Um objeto?". No mundo autista, a resposta a essa pergunta é "não": nada separado pode existir, nenhum objeto pode ter uma forma que dure, apenas sensações fugazes e informes têm valor aqui.

Pretendo examinar as razões por trás – ou melhor, o significado – dessa impossibilidade. Meu ponto de partida será a hipótese de que, quando ocorre uma interrupção na continuidade entre uma necessidade e sua satisfação, uma *cesura* nos termos de Bion (2005), o *self* nascente já possui formas embrionárias de busca do objeto, mas incapazes de se estabilizar e se desenvolver a menos que encontrem o objeto apropriado. Pode muito bem haver, de fato, várias cesuras ao longo da vida de uma pessoa, criando assim um universo de múltiplas camadas em que cada nível corresponde ao espaço entre dois eventos distintos quaisquer. Toda vez que passamos por uma cesura, temos que reformular essas questões fundamentais referentes ao si mesmo e à alteridade, aos juízos de existência e de atribuição.

Suponhamos, então, que estejamos no limiar da cesura inicial, no *locus* da singularidade original, ou seja, no momento em que o *Big Bang* da vida mental está prestes a ocorrer. O que irá acontecer? Será que conseguimos descrever esses primeiros momentos de maneira similar àquela descrição fascinante do início de nosso universo material, que Steven Weinberg (1977) nos ofereceu? Eu argumentaria a favor da criação de um sistema dinâmico extremamente poderoso. A distância cada vez maior entre o *self* e o objeto não é simplesmente geográfica – distância – mas também temporal, na medida em que é definida pelo tempo decorrente entre o surgimento de uma necessidade e sua satisfação; é, portanto, uma lacuna temporal e espacial. Mas é também – e acima de tudo – uma lacuna dinâmica, o campo em que as forças mentais são implementadas. Essa hipótese me leva a argumentar que um sistema dinâmico é criado entre o *self* e seus objetos; a questão passa a ser, então, descobrir como esse sistema dinâmico se desenvolverá – em direção a uma forma estável de organização ou, ao contrário, rumo à instabilidade e ao caos? A meu ver, essa é uma questão fundamental, porque a causa primária do sofrimento mental me parece ser a turbulência, a instabilidade e o caos. Para evitar essa experiência caótica, a mente automaticamente estabelece um certo número de mecanismos de defesa. Em vez de enfrentar uma turbulência muito forte, ela tenta primeiro acabar com o sistema dinâmico que criou tal situação. Isso é exatamente o que ocorre na forma mais pura de autismo infantil.

Imagino que a espera pelo objeto seja vivenciada como uma atração muito poderosa, para não dizer avassaladora, dentro de um campo de forças que é, no início, representado como essencialmente espacial, e apenas depois, sentido como de natureza temporal. Sugeri anteriormente o termo "ansiedade de precipitação"[NT2] (Houzel, 1995)

[NT2] No original em inglês, "*precipitation anxiety*".

para descrever as respostas emocionais iniciais a essa experiência dinâmica. O campo atrator gera a representação de um poço ou precipício sem fundo para o qual o *self* é arrastado tão irresistivelmente que se vê ameaçado de destruição. Em minha opinião, esse tipo de ansiedade de precipitação está na raiz da experiência autista.

Dando um passo adiante, gostaria de diferenciar *relação* (ou relacionamento) e *comunicação*. A *relação* corresponde ao conceito clássico de relação objetal; há forças que sugam o *self* para o campo gravitacional do objeto, seguindo certas curvas espaciais e temporais. A *comunicação* é bem diferente. Aqui, a situação não é aquela em que um objeto-atrator puxa para si (atrai) um *self*, mas um movimento recíproco em que cada um se aproxima do outro. Muitos estudos detalhados sobre o desenvolvimento infantil enfatizaram a necessidade de tal reciprocidade. Emde (1980) escreve sobre "diálogo emocional", Trevarthen (1979) sobre "intersubjetividade primária", Stern (1985) sobre "sintonização afetiva". Os psicanalistas que trabalham com crianças com autismo também enfatizam – cada um com seu próprio vocabulário metapsicológico – a necessidade desse encontro mútuo entre *self* e objeto. Tustin (1986) escreveu sobre "fluir à unicidade",[NT3] Meltzer (1988) sobre "reciprocidade estética". A meu ver, todos esses conceitos se referem à mesma coisa, e são outra forma de colocar o que Bion (1962) chamou de "realização": o encontro entre uma pré-concepção e o objeto correspondente.

Se há reciprocidade – ou melhor, um sentimento de reciprocidade – não há empuxo irreversível para um campo de forças destrutivas. É como se o encontro entre pré-concepção e objeto criasse um nível de *estabilidade* no sistema dinâmico gerado simultaneamente com a cesura do nascimento. Uma ou outra forma psíquica pode se estabilizar, criando-se uma representação que possa sustentar o *self* nascente e ajudá-lo a se separar gradualmente de seu entorno. Isso

---

[NT3] No original em inglês, "*flowing-over-at-oneness*".

evitará que o *self* se sinta arrebatado por um turbilhão interminável ou deslize por um precipício sem fim. Como ilustração visual do que estou querendo transmitir, é como se a *realização*, no sentido bioniano, entalhasse uma plataforma em algum lugar na parede desse precipício, assim como um alpinista usa sua picareta para construir um ponto de apoio, para as mãos ou para os pés, que lhe permita continuar subindo. De apoio em apoio, de plataforma em plataforma, um mundo totalmente novo se abre, no qual o objeto não é mais um atrator destrutivo; é mais como uma paisagem acidentada com suas colinas e vales, encantadora, sim, mas não sem mistério e risco – o tipo de pintura que um amante faria do seu objeto de amor.

Esses encontros com o objeto – sucessivas realizações – estão no cerne do que André Green (1995) chama de "trabalho de representação". Os estudos psicanalíticos do autismo infantil, aliados à observação de bebês segundo o método de Esther Bick, permitiram a Geneviève Haag (2018) mostrar que o trabalho de representação começa no nível da experiência corporal, levando gradativamente à construção de uma imagem corporal global e coerente. Haag mostrou em particular que as duas metades sagitais do corpo representam, respectivamente, o *self* da criança e seu objeto materno; a qualidade da combinação dessas partes é sustentada pelos aspectos mais paternos da relação objetal primária. As crianças com autismo fazem uma divisão muito precoce e maciça entre os aspectos maternos e paternos de seus objetos. Como resultado, elas ficam impossibilitadas de construir uma imagem corporal estável e coerente. Elas ficam particularmente muito ansiosas com a possível desintegração das duas metades do corpo – como se seu corpo fosse uma casca de noz que pudesse ser dividida em duas.

O trabalho de representação continua a se desenvolver de maneiras um tanto misteriosas em todo o espectro de dados sensoriais, embora gradualmente passe a se concentrar cada vez mais no material visual – nos seres humanos, a visão é o sentido mais altamente desenvolvido e discriminador. Freud (1900) escreveu sobre "considerações de representabilidade" em relação ao uso de material visual, um dos principais aspectos do trabalho do sonho. As notas de Bion (1992), editadas por sua esposa Francesca e publicadas após sua morte, mostram que o modelo para o que ele chamou de "capacidade materna de *reverie*" estava baseado nas ideias de Freud sobre o trabalho do sonho. A capacidade de *reverie* permite que a mãe compreenda intuitivamente as mensagens que seu bebê lhe envia – de uma forma essencialmente projetiva no início. O significado da inquietação e turbulência demonstrada por um bebê que sente a necessidade de ser alimentado tem que ser decifrado pela mãe, para que sua resposta seja apropriada. A mãe não só precisa satisfazer a necessidade física do bebê, mas deve também comunicar os dados sensoriais e a experiência emocional que o bebê necessita para continuar o trabalho de representação. Em outras palavras, para construir os níveis de estabilidade que dão forma à mente e a povoam com objetos estáveis e identificáveis.

Nesse ponto do desenvolvimento de minhas hipóteses, gostaria de dar uma ideia das questões que ainda precisam ser discutidas, mesmo que eu não consiga entrar em detalhes sobre elas. A primeira diz respeito ao tipo de estabilidade a que me refiro quando digo que a turbulência pulsional e emocional deve ser estabilizada para que um *self* seja construído e o universo da mente seja adequadamente organizado. A segunda está intimamente relacionada a isso: a bissexualidade psíquica do continente.

Estabilidade psíquica

O termo "estabilidade" pode causar confusão se não for claramente definido desde o início. Em várias ocasiões, houve objeções de que, quando falo em estabilidade, esteja me referindo simplesmente a um estado inorgânico, ao retorno a um nível mínimo de energia – o resultado da pulsão de morte, em outras palavras, exatamente o oposto da vida mental. Tudo depende do tipo de estabilidade em discussão. A literatura científica identifica três tipos: estabilidade simples, estabilidade periódica e estabilidade estrutural.

A *estabilidade simples* corresponde à ideia do senso comum de algo que é estável, ou seja, um corpo permanece no mesmo lugar ao longo do tempo enquanto nenhuma força externa suficientemente poderosa o faça mudar de lugar. Em um sistema dinâmico, como a gravidade, um objeto estável no sentido de estabilidade simples consome pelo menos parte da energia disponível para o sistema. Se imaginarmos uma representação espacial de níveis de energia, o corpo em questão estaria no fundo de um vale, cercado por estratos mais altos de energia; se o campo de força for muito fraco para levantá-lo sobre o cume ou crista das montanhas e para um vale vizinho, o corpo tenderá a retornar à sua posição original. Se tomarmos como exemplo uma bola de golfe no fundo de um buraco, o lugar fixo da bola é o ponto mais baixo do buraco. A bola e o buraco juntos constituem um sistema governado pela estabilidade simples. Esse é o tipo de estabilidade a que Freud se referiu quando introduziu o princípio da constância em *Além do princípio do prazer* (1920). É o tipo de estabilidade que as crianças autistas procuram compulsivamente; enquadra-se na descrição de *monotonia*,[NT4] de Leo Kanner (1943): tudo deve permanecer no mesmo lugar onde a criança o percebeu pela primeira vez.

A *estabilidade periódica* é caracterizada pela repetição da mesma sequência em intervalos regulares, sempre da mesma maneira. Há uma diferença entre cada uma das sequências e sua situação no tempo, mas cada uma é idêntica à anterior. Um dos meus pacientes adultos me disse que vivencia o tempo entre duas sessões como um "intervalo", uma "espera", mas assim que há uma irregularidade nesse ritmo, ela se torna uma ruptura. Sublinho que Frances Tustin (1972)

[NT4] No original em inglês, "*sameness*".

insistiu no fato de que é importante que as crianças autistas tenham um ambiente regular e previsível, e recomendou que as sessões ocorram no mesmo horário a cada dia.

A *estabilidade estrutural* é dinâmica, pois consiste na dinâmica de um determinado sistema, e não na posição inicial do objeto, que gera formas estáveis que podem ser vistas como tal. Aqui, como antes, estabilidade refere-se ao fato de que um fenômeno retorna ao seu estado original enquanto os parâmetros que o governam variam apenas dentro de certos limites definidos. Essa não é, entretanto, uma posição estática, mas um estado dinamicamente determinado de um dado evento. Em outras palavras, mesmo que o objeto se mova de uma posição para outra ou seja submetido a aceleração/desaceleração, seu estado ou forma permanece constante. Uma representação intuitiva desse tipo de estabilidade é dada pelo fato, hoje bem documentado, de que um sistema dinâmico pode gerar estados ou formas que apresentam esse tipo de estabilidade estrutural. A forma que um objeto pode assumir não deve ser vista como preconcebida ou predeterminada independentemente das forças a que está submetido, mas como consequência real dessas forças, que são as únicas constantes em um sistema sujeito a mudança contínua. É esse tipo de estabilidade que considero útil para entender o crescimento mental e, em particular, o trabalho de representação que mencionei anteriormente.

Em minha opinião, o funcionamento da mente da criança autista não possui o atributo de estabilidade estrutural. Qualquer coisa que mude de lugar implica, para a criança com autismo, uma mudança catastrófica em suas representações do *self* e do mundo circundante. A imutabilidade descrita por Leo Kanner em seu artigo seminal de 1943 é a manifestação clínica da incapacidade de construir um universo estruturalmente estável. A consequência é a dependência excepcional do ambiente concreto, por isso a adesividade e a bidimensionalidade descritas por Bick (1987) e por Meltzer (1975). É como se a estabilidade do universo da criança autista dependesse não de processos mentais dinâmicos que garantiriam a identidade permanente do *self* e do objeto, mas do *locus* no espaço ocupado pela criança – daí a excessiva sensibilidade dela às mudanças de lugar e à localização real dos objetos materiais, a preocupação com a imutabilidade e a permanência da experiência sensorial, a aderência e outros fenômenos sensoriais descritos por Frances Tustin: formas autísticas, objetos autísticos.

Bissexualidade psíquica e o continente

A meu ver, a continência não é prerrogativa exclusiva da figura materna; deve envolver também componentes paternos, cuja tarefa é dar suporte aos aspectos maternos do continente. Essa é uma função necessária – garante a resiliência do continente e evita que ele seja rompido pelas projeções do bebê ou deformado e alterado completamente sob o impacto dessas projeções. A bissexualidade do objeto continente se sustenta primeiro a partir dos objetos internos da mãe: seus próprios objetos maternos e paternos, unidos numa relação suficientemente harmoniosa e produtiva. Depois, a função de continência será reforçada pelo apoio que recebe do casal parental.

A integração da alteridade na criança parece-me intimamente relacionada com as qualidades bissexuais do objeto continente. Se este não possuir atributos maternos/femininos, não será capaz de captar as projeções do bebê e reuni-las em um só espaço; se não tiver qualidades paternas/masculinas, não poderá limitar as distorções a que é submetido e se tornará engolfante, ou será destruído pela violência das projeções que lhe são dirigidas. A costura de componentes masculinos e femininos é necessária para que o continente seja receptivo e, também, capaz de transformar as experiências somatopsíquicas primitivas que o bebê projeta nele – apenas assim o continente será capaz de desintoxicá-las e torná-las significativas, para então enviá-las de volta ao bebê.

Além do papel de suporte para o continente materno, a presença na mãe de elementos paternos dá à criança a oportunidade de experienciar uma espécie de relação dinâmica com seu objeto, caracterizada pela assim chamada escala de invariância, a qual possibilita o surgimento de objetos estruturalmente estáveis. A ideia básica da teoria dos sistemas dinâmicos é relacionar cada variação no estado do sistema a uma mudança de fase física. Não é possível saber o que está acontecendo em cada uma das moléculas em uma mudança de fase, mas podemos calcular as trajetórias das curvas por meio dos parâmetros dos quais essas mudanças de fase dependem. Essas curvas estão localizadas em um espaço de fase. As trajetórias evolutivas de um sistema dinâmico governado por uma forma de estabilidade convergem para uma parte também estável do espaço de fase, chamado de atrator. A forma do atrator depende do tipo de estabilidade que rege o sistema: no caso de estabilidade simples, o atrator é um ponto que atrai sempre para o mesmo estado imutável. No caso da estabilidade periódica, o atrator é uma curva fechada, na qual cada ponto representa um momento do ritmo periódico na evolução do sistema. E no caso da estabilidade estrutural, um atrator estranho é definido por sua estrutura fractal caracterizada pela invariância de escala.

Invariância de escala significa que qualquer que seja a escala de percepção de um objeto em uma referência espacial, ou uma sequência em uma referência temporal, a forma do objeto ou o curso da sequência parecem similares. Benoit Mandelbrot (1984), o inventor dos fractais, deu como exemplo de objeto fractal a costa da Bretanha: em qualquer escala que essa costa seja representada, ela sempre tem a mesma forma. Minha hipótese é que, nas diferentes experiências que o bebê tem com sua mãe, ele está buscando uma *invariância de escala*. A mamãe nunca é exatamente a mesma: às vezes, ela está alegre, disponível e atenta; às vezes, preocupada, aflita e distraída; um dia ela está elegante, vestida e maquiada; no dia seguinte, está despida ao sair da cama, não escovou o cabelo, não está maquiada etc. Apesar dessas constantes mudanças, o bebê precisa identificar sua mãe como uma e a mesma pessoa. Ele precisa formar uma representação unificada e estruturalmente estável de sua mãe. Para isso, ele necessita descobrir uma invariância de escala em sua experiência relacional com ela: ora muito próxima, alcançando o que Donald Meltzer (1994) chamou de "relação de intimidade", ora mais ou menos distante. Para tanto, ele precisa ter uma experiência de *bissexualidade psíquica* dentro dessa relação diádica, ou seja, uma dupla polaridade materna e paterna. Eu acrescentaria que o paciente em análise também precisa encontrar essa dupla polaridade na relação com seu analista. É a experiência dessa polaridade bissexual que permite ao bebê navegar ao longo de um eixo que vai da intimidade à distância, escapando tanto da fusão com o objeto quanto da perda deste.

Sem essa polaridade materna e paterna, o bebê não consegue estabelecer formas estruturalmente estáveis; corre o risco de viver em um mundo imprevisível e informe, com fronteiras mal definidas, e, para se proteger disso, retorna a uma forma mais elementar de estabilidade, a um autismo com uma estabilidade simples: a monotonia evocada por Leo Kanner (1943) e as experiências sensoriais autogeradas descritas por Frances Tustin (1986) sob o conceito de "formas sensoriais autísticas".

Minha experiência com tratamento psicanalítico de crianças autistas me faz pensar que, no autismo, há uma cisão ativa da bissexualidade psíquica na medida em que o polo paterno é percebido como perseguidor e, consequentemente, excluído da cápsula autista na qual o bebê se refugia.

No que diz respeito às crianças com autismo, reunir as qualidades masculinas/paternas e as femininas/maternas parece ser vivenciado como mutuamente destrutivo: a suavidade materna ameaça engolfar os componentes paternos, enquanto a dureza paterna ameaça rasgar e quebrar em pedaços o continente materno. Em vez de se estabelecerem dinâmicas de conflito em busca de algum tipo de equilíbrio entre esses dois aspectos, um sistema destrutivo de dinâmicas de gradiente se configura entre eles assim que entram em relação. A única maneira de sobreviver é separá-los completamente e mantê-los o mais longe possível um do outro. No entanto, essa deficiência em integrar a bissexualidade do continente é um obstáculo ao desenvolvimento de dinâmicas de conflito – as quais são necessárias para o trabalho de representação. Sem essa integração, o processo de individuação não pode começar a operar.

Ilustração clínica[1]

Alan era um menino autista que comecei a tratar quando ele tinha 4 anos. Seu transbordamento era expresso como fogos de artifício. Esse material apareceu em uma sessão há cerca de dois anos e meio da análise, que naquele momento estava sendo realizada quatro vezes por semana. A sessão ocorreu logo após as férias de verão e pouco antes de uma sessão que estava agendada, mas teve que ser cancelada. Pouco tempo antes, Alan, para minha surpresa, havia perguntado: "Como você se prepara para nascer?". Entendi que a questão aludia a nascer psiquicamente, ou seja, como Tustin (1986) colocou, obter "o sentido de ser um 'eu'" (p. 235), o que implica também o sentido de "alteridade". Só mais tarde me dei conta de que, para uma criança que está saindo do autismo, esse tipo de parto era inevitavelmente explosivo.

Em novembro de 1993, ele fez uma imitação muito talentosa de um organista tocando notas baixas e altas – que em conjunto soavam de forma muito agradável. Alan tem um bom ouvido para música, é um pianista talentoso e, em sua imitação de tocar órgão, não tive

1 O leitor encontrará um relato mais detalhado do tratamento de Alan em francês (*Journal de la psychanalyse de l'enfant*, 32, 75-96, 2003), ou em inglês (D. Houzel, & M. Rhode (Eds.), *Invisible boundaries: psychosis and autism in children and adolescents*, pp. 75-95. London: Karnac, 2005).

dificuldade em reconhecer uma fuga de Bach. Ele desenhou no chão um conjunto de tubos de órgão e explicou que, quando o ar passava por eles, as notas musicais saíam. Eu o encorajei a desenhá-los em uma folha de papel, e ele concordou.

Pude então ver a semelhança entre esses tubos e o diagrama que desenhei do que chamei de "nossos dias", que pouco a pouco foram se transformando em notas musicais. Essa metáfora musical trouxe-me à mente um artigo de Suzanne Maiello sobre "O objeto sonoro: uma hipótese sobre experiência auditiva e memória pré-natal" (1995). Alan parecia estar me dizendo que o envelope de nossas sessões precisava ter tanto tons materno-femininos (as notas agudas provenientes do órgão) quanto paterno-masculinos (as notas graves), de modo a produzir uma melodia de sonoridade agradável que lhe prometesse uma abertura para o nascimento psíquico e para o mundo como um todo. Essa interpretação de notas agudas e graves foi, por assim dizer, imposta a mim pelo próprio Alan, que comparou as notas graves feitas por instrumentos musicais às vozes dos homens de sua família e, em particular, à de seu avô paterno.

Sem tentar definir categorias muito restritas, eu diria que qualidades como receptividade e flexibilidade pertencem ao lado feminino-materno do continente, enquanto aquelas como consistência e orientação pertencem ao paterno-masculino. Do ponto de vista da mente, correspondem às identificações maternas e paternas da mãe, unidas numa relação harmoniosa. A meu modo de ver, é fundamental lembrar essa dupla polaridade: homens ou mulheres, todos temos objetos maternos e paternos em nossas mentes em uma relação mais ou menos harmoniosa. Portanto, o bebê em primeiro lugar tem que processar a bissexualidade psíquica do continente; disso depende qualquer possibilidade de integração da bissexualidade psíquica nos níveis mais primitivos. Há cerca de seis anos e meio de terapia, Alan ensinou-me isso ao lembrar de uma memória de sua infância em que seu avô ofereceu apoio a um continente materno enfraquecido.

3 de setembro de 1996

Alan me lembrou que algum tempo antes eu o havia avisado para não cuspir em mim; de fato, uma vez ameacei encerrar a sessão se ele continuasse a fazê-lo. Ele passou a perguntar insistentemente o que teria acontecido se eu tivesse de fato encerrado aquela sessão: o táxi que o trazia para suas sessões o teria levado de volta para casa? Ele teria que esperar na sala de espera? Em seguida, mencionou as várias ocasiões em que uma sessão tivera que ser cancelada. Logo após, aludiu ao fato de que, segundo a lenda, os sinos das igrejas se calam na Páscoa, porque todos estão tristes com a morte de Jesus; mas, no domingo de Páscoa, todos os sinos voltam a soar em Roma, porque Jesus ressuscitou dos mortos. Então ele se aproximou de mim e tentou me fazer cócegas, contando-me sobre as lâmpadas giratórias na feira de porcos.

Respondi que nos sentíamos tristes cada vez que não podíamos nos encontrar, como quando as sessões tinham que ser canceladas ou durante o período de férias que recém ocorrera; talvez fosse como se sentir triste pela morte de Jesus. Depois ficamos felizes por estarmos juntos de novo, como quando os sinos da igreja voltam a tocar no domingo de Páscoa. Acrescentei que talvez ele estivesse tentando se livrar de toda a tristeza fazendo cócegas em mim, ou acendendo dentro de mim as lâmpadas giratórias que tinha visto na feira de porcos.

Alan, então, passou a falar de coisas que disse serem nojentas e não muito agradáveis. Certa vez, ao cumprimentar sua tia Marie-Claire, ele havia cheirado suas axilas e sua mãe batera nele por isso. Em outra ocasião, exigira um biscoito de outra de suas tias, e sua mãe o repreendera por fazê-lo. Falou sobre fezes de pônei, sobre um que tivera diarreia. Embebeu uma folha de papel em água para fazer bolas representando excrementos de pônei e as jogou contra a parede.

Mencionei que tudo isso me lembrava algo que os pais dele haviam me contado. Por motivos profissionais relacionados ao pai, eles haviam morado no exterior quando Alan tinha cerca de um ano de idade. Durante onze meses, ele teve diarreia crônica, e nenhum médico conseguira descobrir a causa. Acrescentei que talvez ele estivesse se perguntando se eu seria como uma mamãe que acha tudo isso nojento ou, ao contrário, uma mamãe pronta para aceitar tudo o que viesse de seu filhinho. Como ele havia falado sobre cheiros ruins, e principalmente sobre odores de axilas, acrescentei que era muito quente no país em que haviam morado no exterior, ele havia transpirado muito e talvez isso tivesse provocado um mau cheiro (seus pais me haviam dito que ele sofrera também de uma infecção de pele atribuída à transpiração excessiva).

Alan passou a me contar algo que, segundo ele, acontecera ao redor de seus dois anos e meio. Ele estava navegando com seu avô no barco deste, e vomitara. Sua mãe lhe dera um tapa, dizendo: "Por que você vomitou?". Alan me disse que o mar estava tão agitado que ele se sentiu mareado. Explicou que havia observado muitas boias sinalizadoras, indicando lugares que os barcos deveriam evitar caso encalhassem nas rochas.

Falei de seu desejo de que eu fosse como uma mamãe capaz tanto de aceitar o que quer que saísse dele sem sentir nojo – diarreia, vômito, coisas "não boas" etc. – quanto, também, que tivesse uma figura de "avô" capaz de navegar corretamente e evitar que o barco se quebrasse nas rochas.

Alan me ouviu com atenção e calma – de fato, eu nunca o tinha visto tão calmo antes.

Penso que essa sessão é uma boa ilustração de como é importante para o continente materno possuir o suporte interno de um objeto paterno (o "vovô") que o torna sólido o suficiente para resistir a qualquer tempestade (o barco que não encalha) e lhe oferece uma ideia para onde se dirigir (manobras hábeis do avô). A morte de Jesus provavelmente estava ligada à depressão da mãe – sua própria mãe havia falecido quando ela estava grávida de Alan.

Há uma consequência técnica muito importante vinculada à natureza bissexual do continente psíquico. Os psicoterapeutas precisam estar em contato com suas próprias identificações parentais e trabalhar constantemente as ligações entre os objetos maternos e paternos que habitam seu mundo interno. O processo autístico tende a fazer uma cisão muito profunda e precoce entre os elementos da bissexualidade psíquica. Os terapeutas estão, portanto, submetidos a projeções cindidas que tendem a dissociar os elementos de sua própria bissexualidade. Daí a necessidade de um processamento minucioso e contínuo de contratransferência para reintegrar os elementos dispersos de sua própria bissexualidade psíquica.

Conclusão

Quer estejamos nos referindo ao autismo infantil *stricto sensu* ou aos enclaves autistas descritos por Tustin em outras síndromes patológicas, a exploração psicanalítica dessa patologia leva-me a sugerir que há um nível inicial em que a bissexualidade psíquica se integra: o do continente. Qualquer defeito de integração nesse nível leva a uma patologia da alteridade, uma vez que uma das funções essenciais do continente é possibilitar a construção de um envelope psíquico que possa diferenciar o dentro e o fora da mente, o "eu" e o "não eu" (Tustin, 1972), "Eu-dade" e "Alteridade".[NT5]

Referências

Bick, E. (1987). The experience of the skin in early object relations [1967]. In: *Collected papers of Martha Harris and Esther Bick* (pp. 114-118). Perthshire: The Clunie Press.

Bion, W. R. (1962). *Learning from experience*. London: Heinemann.

[NT5] No original em inglês, "*I-ness*" e "*Otherness*".

Bion, W. R. (1992). *Cogitations*. London: Karnac.

Bion, W. R. (2005). *Tavistock seminars*. London: Karnac.

Emde, R. (1980). Toward a psychoanalytic theory of affect: part 2. Emerging models of emotional development in infancy. In: S. I. Greenspan, & G. H. Pollock (Eds.). *The course of life: infancy and early childhood* (pp. 85-112). Washington, DC: DHSS.

Freud, S. (1900). The interpretation of dreams. *S. E.* (vol. 5, pp. 339-627). London: Hogarth.

Freud, S. (1920). Beyond the pleasure principle. *S. E.* (vol. 18, pp. 7-64). London: Hogarth.

Green, A. (1995). La représentation de chose entre pulsion et langage. In: *Propédeutique* (pp. 109-125). Seyssel: Champ Vallon.

Haag, G. (2018). *Le moi corporel*. Paris: P.U.F. (Coll. Le fil rouge)

Houzel, D. (1995). Precipitation anxiety. *Journal of Child Psychotherapy*, *21*, 65-78.

Kanner, L. (1943). Autistic disturbances of affective contact. *Nervous Child*, *2*, 217-250.

Maiello, S. (1995). The sound-object: a hypothesis about prenatal auditory experience and memory. *Journal of Child Psychotherapy*, *2*, 23-41.

Mandelbrot, B. (1984). *Les objets fractals* (2nd ed.). Paris: Flammarion.

Meltzer, D. (1975). Dimensionality in mental functioning. In: D. Melzer, J. Bremner, S. Hoxter, D. Weddell, & I. Wittenberg. *Explorations in autism: a psychoanalytic study* (pp. 223-238). Perthshire: The Clunie Press.

Meltzer, D. (1988). *The apprehension of beauty*. Perthshire: The Clunie Press.

Meltzer, D. (1994). *Sincerity and other works*. London: Karnac.

Stern, D. (1985). *The interpersonal world of the infant*. New York: Basic Books.

Trevarthen, C. (1979). Communication and cooperation in early infancy: a description of primary intersubjectivity. In: M. M. Bullows (Ed.). *Before speech: the beginning of interpersonal communication*. New York: Cambridge University Press.

Tustin, F. (1972). *Autism and childhood psychosis*. London: The Hogarth Press.

Tustin, F. (1986). *Autistic barriers in neurotic patients*. London: Karnac.

Weinberg, S. (1977). *The first three minutes: a modern view of the origin of the universe*. New York: Basic Books.

7. Multibidimensionalidade: sobre o pensamento autístico

Marganit Ofer

Neste capítulo, desejo retratar as manifestações extremas do pensamento bidimensional autístico e discutir suas consequências teóricas e clínicas.

Klein demonstrou que os processos de internalização e projeção estão ativos desde o início da vida e que o bebê é capaz, desde o nascimento, de internalizar experiências, aprender com elas e ejetar materiais nocivos. Bion, adotando o modelo de "sistema de digestão psíquica", acrescentou o papel da mãe continente. Klein, seguida por Bion, Meltzer, Bick, Tustin, Alvarez e outros, fizeram a suposição ostensivamente inquestionável sobre a existência de dois espaços/continentes psíquicos – o da mãe e o do bebê – nos quais acontecem a atividade psíquica e, de fato, o pensamento.

A psicanálise possibilita a transição bidirecional do material projetado, contido, elaborado e internalizado. Mas o que acontece quando a função continente do paciente está gravemente prejudicada? A internalização e a projeção ocorrem nesses casos? Onde e de que forma? Pensar é possível? Se o paciente realmente não tem as capacidades de projeção, identificação, identificação projetiva, uma experiência (não sensorial) de união e simbolização, esse tratamento pode ser considerado psicanálise?

Bick (1968) argumenta que as partes primitivas da personalidade estão separadas no bebê e que, portanto, ele necessita sentir que há uma pele/saco que o mantém unido e sustenta a fronteira entre o interior e o exterior. No entanto, para alcançar esse sentimento, é preciso que o bebê internalize a função de um objeto externo que lhe provê essa necessidade. A autora afirma que esse estado precede a cisão e idealização. Essa descrição é um marco em nossa compreensão dos estados mentais primários e na distinção destes de condições patológicas (Symington, 1985). Conjectura-se que o bebê precisa de seu próprio continente para conter a função de continência; o desenvolvimento de um continente requer que este já exista.

Meltzer aprofunda essa compreensão, afirmando que crianças autistas são incapazes de formar conceitos tridimensionais de objetos que contêm espaços. São incapazes de identificação, seja por projeção ou por internalização. Elas percebem o objeto como não tendo espaço interior. A identificação alternativa em que elas se envolvem consiste no contato pele a pele, que Bick denominou "identificação adesiva" (Meltzer, 1975; Meltzer *et al.*, 1975). Meltzer argumenta que as crianças autistas perderam – ou nunca tiveram – uma pele psíquica adequada. Seu entendimento sobre a pele psíquica prejudicada dessas crianças difere daquele oferecido por Bick, que, por sua vez, acredita que resulte de uma falha na capacidade de criar conceitos, e não de continência insuficiente.

Meltzer afirma que a experiência de ser (ter) um continente normalmente envolve a capacidade de controlar o esfíncter, mais do que incorporar/comer. Em meu trabalho com crianças autistas, notei que o início tardio da fala é frequentemente acompanhado de constipação, encoprese ou preocupação com fezes. Essa consciência do próprio esfíncter e o início da fala também surgem muito próximos no desenvolvimento normal. São dois estados de consciência de controle sobre o que está "saindo".

Meltzer percebe que crianças autistas experimentam objetos usando apenas um sentido de cada vez. Isso lhes permite empregar um mecanismo de defesa contra emoções dolorosas ou intensas que precede a cisão, mecanismo este que ele chama de "desmantelamento". Essas crianças permitem que sua organização mental seja passivamente desmantelada, resultando em um estado de desmentalização que acarreta consequências destrutivas para o seu desenvolvimento (Harris Williams, 2010). Alvarez (1992), citando Bruner (1968), demonstra que a capacidade do bebê de ser alimentado e de, simultaneamente, olhar para a mãe emerge ao longo do tempo e que, inicialmente, uma ação suprime a outra. Isso significa que o bebê saudável tem uma certa capacidade de regulação desde o momento do nascimento. Em meu entendimento, tal regulação sensorial possibilita controle e desenvolvimento. O continente preexistente desenvolve-se gradualmente e está equipado com uma função organizadora que pode fazer uso da continência da mãe e de sua função organizadora/continente. Em contraste, o bebê autista carece dessa função organizadora primária e, portanto, é bombardeado com estímulos os quais ele é forçado a bloquear. Isso acabará por resultar em desmantelamento ou "colapso" a um único sentido, como descrito por Meltzer e mais tarde também por Ogden (1989). O bebê recém-nascido que se alimenta ou olha – realizando uma única ação – poderá mais tarde evitar o colapso a um único sentido.

Anzieu enfatiza a negligência daquilo que liga o interior e o exterior – a pele. O contato do bebê com a pele da mãe facilita o estabelecimento de uma sensação de segurança quanto à integridade de seu invólucro físico e, também, posteriormente, quanto ao funcionamento de seus orifícios, o que gera uma vaga sensação de área e volume. De forma similar a Tustin, ele argumenta que, quando falta a função continente do ego-pele, é provocada a ansiedade de um "núcleo sem casca" e a busca de um invólucro alternativo ou a experiência de pele perfurada e o terror de esvaziamento. Como uma bola murcha, tal esvaziamento levará a um estado de "bidimensionalidade" (Anzieu, 1985). Tustin afirma que a criança bidimensional entrará em um continente ou invólucro, mas não porque ela se imagine dentro de uma estrutura tridimensional; ao contrário, ela o fará para se distinguir do "não eu". Rosenfeld (1981) propõe a imagem do corpo como um sistema de tubos contendo fluidos corporais, argumentando que essa imagem precede a noção de Bick do corpo como saco. A imagem corporal proposta por Rosenfeld também exige o reconhecimento de interioridade. Segal (1957; 1978) observa que as dificuldades no desenvolvimento da simbolização e a criação de "equações simbólicas" decorrem do uso excessivo da identificação projetiva. Em outras palavras, mesmo em um estado em que parte do ego é vista como idêntica ao objeto, no qual símbolo e simbolizado são o mesmo, assistimos à operação de um mecanismo de projeção e identificação que pressupõe a existência de dois continentes, um no objeto e outro no sujeito.

A literatura psicanalítica discute o tema das *inter-relações* entre os aspectos emocionais e cognitivos, entre mãe e bebê, e as interações que moldam seus relacionamentos, entre deficiências congênitas e deficiências resultantes de relacionamentos falhos. Muitos autores, no decorrer de sua produção teórica, se movem (e mudam) ao longo desses eixos. Ao final de sua carreira, Tustin (1994) escreveu que havia se enganado ao presumir a existência de um estado autístico normal. Ela o fez com a gentil ajuda de Anne Alvarez. A própria Alvarez (1977; 1992), nos artigos que escreveu sobre Robbie, o conhecido paciente que vinha tratando praticamente ao longo de toda a sua obra, menciona como sua compreensão teórica mudou ao longo dos anos. Ela descreve sua mudança desde a interpretação quase automática de projeções, para a busca por Robbie e a tentativa de trazê-lo de volta à vida e às relações, sugerindo a noção de "reclamação". Alvarez sempre esteve profundamente ciente da pesquisa observacional e biológica, reservando ao mesmo tempo amplo espaço para uma compreensão dinâmica do desenvolvimento facilitado por relacionamentos, sejam parentais ou terapêuticos. Mahler também, seguindo Stern, abandonou sua noção de um estado autístico normal.

Embora se entenda que as crianças que desenvolvem autismo sofram de alguma deficiência congênita fundamental, a natureza dessa deficiência permanece incerta. Houve muitas tentativas de explicá-la, bem como de integrar diferentes tipos de explicações em uma compreensão mais profunda e abrangente desses fenômenos. Os adeptos de teorias psicanalíticas que também levam em conta a existência de deficiências congênitas são requeridos a demonstrar como essas deficiências determinam o desenvolvimento anormal observado. Considere, por exemplo, a "consciência prematura da separação", de Tustin (1981; 1994). Pode-se perguntar o que faz com que o bebê alcance tal consciência prematura. Como a natureza da deficiência não é clara, temos de continuar contando com as descrições de crianças autistas em nossas tentativas de captar os estados mentais primitivos.

Teoricamente, há estados em que o continente externo impede o bebê de desenvolver seu continente inato ou falha em apoiar esse desenvolvimento. No entanto, também é possível que o continente primário inato da criança autista seja ele mesmo comprometido, faltando uma função organizadora que propiciaria a continência. Em certos casos, a continência externa (parental ou terapêutica) pode facilitar a reabilitação do continente. Uma "função organizadora" interna prejudicada afeta a capacidade do bebê de utilizar a função organizadora da mãe, abalando potencialmente também a capacidade desta. A intervenção precoce fomenta em algum grau o desenvolvimento neurológico/psíquico do bebê, bem como aprofunda a capacidade de continência da mãe (quer sua capacidade tenha algum problema primário ou tenha sido afetada por uma "criança que não responde"). A experiência clínica acumulada da literatura psicanalítica relevante indica a crucial importância da intervenção terapêutica precoce e intensiva (Acquarone, 2007).

Desejo argumentar que o autismo em si é um distúrbio (provavelmente neurológico) que não tem equivalentes na personalidade não autista (ao contrário dos núcleos psicóticos, por exemplo). O autismo implica a redução de qualquer desenvolvimento do pensamento ou percepção além de duas dimensões. Esse fato explica a incapacidade de levar em conta a mente do outro (Frith, 1989), bem como o pensamento concreto. O sujeito autista não tem continente ou experiência de um continente, seja para si ou para os outros. Pode existir um estado de notação (protomental), permitindo assim a linguagem, mas desprovido de simbolização, imaginação, sonhos e empatia. Pode haver um desejo pela proximidade de outros, mas não pelo seu interior. Pode existir um estado vazio de projeção e de internalização, e demonstrações de inveja ou agressão.[1] Em tal estado, o sujeito autista pode se esforçar para entender, enquanto simultaneamente se desconecta da experiência de ser entendido.

A questão não é apenas a existência de representação mental ou a falta dela, que já foi amplamente discutida (Bion, 1977; Bergstein, 2010), mas sim seu confinamento à percepção bidimensional. Gostaria de enfatizar a ligação entre o vocabulário das imagens, incluindo continente, espaço, pele e saco, como modelos de "lugares" em que ocorrem processos, e a função unificadora e organizadora que possibilita, por exemplo, o desenvolvimento simbólico. A capacidade

---

1 Klein (1952) argumenta que a preocupação libidinal agressiva da criança com o corpo da mãe e, mais tarde, com o corpo dos pais, leva à ansiedade e à culpa, que compelem a criança a deslocar essa preocupação para o mundo externo e para o desenvolvimento simbólico. Isso acontece paralelamente ao desenvolvimento do superego. Além disso, a intensidade desses impulsos sádicos está intimamente ligada ao desenvolvimento simbólico. Acredito que este não seja o único ponto de interface entre agressão e autismo, mas tais exemplos serão discutidos em outro lugar, devido ao escopo do presente capítulo.

simbólica permite conter estados mentais difíceis, e a continência, por sua vez, facilita o desenvolvimento simbólico. Em outras palavras, a ausência do continente não é apenas a falta de um saco ou de uma pele, mas também um comprometimento do potencial para integração, para se referir a vários parâmetros e, portanto, a um estado triangular e tridimensional.[2] O pensamento bidimensional exclui a possibilidade de ser "autista com inteligência normal", pois a ausência do pensamento tridimensional se manifesta como uma dificuldade de compreensão, uma espécie de deficiência intelectual.

O pensamento bidimensional inclui conceitos como "opostos", "diferente", "grande e pequeno", "permitido e não permitido", "positivo e negativo". Em seus casos mais elevados, esse tipo de pensamento inclui muitas "superfícies" bidimensionais sobrepostas. Estas são acumuladas e recuperadas de seu armazenamento para uso (cada superfície tem seu uso particular), mas não há movimento interativo (uma vez que não existe terceira dimensão) e não são esquecidas (não reprimidas). Um estado em que o significado de uma superfície contradiz o significado de outra leva a uma experiência catastrófica.

Essa afirmação tem duas consequências:

1. Limita a capacidade de usar estados autísticos (com sua percepção bidimensional) para fornecer substrato para conclusões sobre estados mais desenvolvidos (psicóticos, limítrofes e neuróticos).
2. Tem certas implicações em relação ao tratamento psicanalítico dessas crianças.

A literatura psicanalítica está repleta de estudos de caso de crianças autistas. No entanto, mesmo aqueles casos que serviram de fundamento

2 Gostaria de agradecer a Bat-sheva Adler pelos seus comentários sobre a ligação entre a tridimensionalidade e a percepção triangular, pela qual a criança pode referir-se a vários parâmetros ao mesmo tempo (dependendo de sua capacidade simbólica) e integrá-los. Ver também Britton (1989).

clínico para as conceituações de Meltzer *et al.*, Tustin, Bick e, posteriormente, Alvarez sobre experiência, percepção e pensamento bidimensional, apresentam momentos em que o movimento em direção à tridimensionalidade já está emergindo. Alvarez critica a tendência de certos terapeutas a concluírem que casos em que crianças autistas foram capazes de usar a terapia e "escapar de seu autismo" indicavam mais que não se tratava de autismo, do que comprovavam a eficácia da terapia.

Em um grau considerável, "escapar do autismo" envolve a extensão em que o pensamento tridimensional pode se desenvolver. Muitas crianças autistas tornam-se psicóticas durante essa transição, na qual a criança deve "lidar com o 'fogo destrutivo' de seus impulsos" (Tustin, 1981, p. 148) ou com a fantasia inconsciente que é a representação desses impulsos (Isaacs, 1948), a qual havia permanecido invisível para a criança autista antes desse desenvolvimento. No entanto, existem certos estados em que podemos testemunhar o progresso de pacientes autistas, embora permaneçam dentro do domínio "bidimensional". No lugar do desenvolvimento da tridimensionalidade, eles criam uma estrutura que chamo de "multi-bidimensionalidade".

A análise de Eden, que despertou meu interesse por esse assunto, é altamente incomum. Em outras crianças autistas, pode-se notar imediatamente as rachaduras em seu pensamento bidimensional e sua crescente capacidade de pensamento tridimensional, incluindo a capacidade de projetar e conter pensamentos e, de fato, a capacidade de pensar. Os vários estudos de caso documentados na literatura psicanalítica me acompanharam, ajudando-me a compreender partes do funcionamento de Eden. No entanto, com o passar dos anos, percebi que nenhum desses estudos de caso retratava um pensamento bidimensional tão rígido. Eden apresentou melhora além do previsto depois do tratamento psicanalítico e outras terapias paramédicas, e com a ajuda de seus pais atenciosos e ambiente de apoio. Eden estava feliz; falava, escrevia, lia, fazia contato visual normal e demonstrava disposição para experimentar novidades. Ainda assim, ele não havia superado os obstáculos em seu caminho para o pensamento tridimensional. Então, num sentido mais profundo, ele era incapaz de pensar e encontrar seu lugar no mundo. Da mesma forma, ele também não sonhava.

Trato Eden há doze anos. Examinei-o pela primeira vez aos dezoito meses de idade e, apesar de muitos sinais de autismo, também vi indicações animadoras do desenvolvimento de um continente e da capacidade de buscar a psique de outros. Eu o encaminhei para um colega em sua área de residência. Quando ele tinha 5 anos, esse colega teve que encerrar a terapia e seus pais me procuraram mais uma vez. Aos 6 anos começou a falar e, aos 14, começou a falar de si mesmo em primeira pessoa. Em contraste com crianças autistas que não falam e não têm essa capacidade de notação, a linguagem de Eden permitiu-me traçar seu modo de pensar.[3] Vou agora descrever seu pensamento e como este desafiou minha capacidade de compreensão.

Por vários anos, temos escrito livros; um livro em cada sessão. As palavras escritas funcionam como algo que existe. Nossa comunicação transcorria enquanto conversávamos e escrevíamos, e eu usava meios verbais e por escrito para interpretar. Eden tende a fazer listas que eu costumo comentar e, assim, "abrir" essas listas e dotá-las de significado. Ele carrega o livro consigo e costuma lê-lo para sua mãe, ou seu pai, a caminho de casa. Durante um certo tempo, costumava ler o livro em voz alta no jantar da família às sextas-feiras. Isso permitiu que seus pais e sua família formassem uma compreensão mais profunda de seu modo de pensar.

Desde tenra idade, Eden colecionava fitas de vídeo. Não as assistia, pois não conseguia entender a história e os eventos. Em vez

3 Neste capítulo, não discutirei se a incapacidade para a linguagem é uma deficiência congênita ou uma habilidade que não se desenvolveu.

disso, preocupava-se com a aparência externa das capas, dos adesivos, das bobinas e da fita. Nunca explorou seus conteúdos internos, nem mesmo concretamente falando (por exemplo, desmontando a fita). Sua coleção cresceu, incluindo centenas de fitas. Em algum momento, seus pais lhe disseram que ela estava ficando muito grande e que ele deveria se livrar das fitas destinadas a bebês. Eden é capaz de distinguir um bebê de uma criança maior e até demonstra "desejo de crescer". No entanto, não entende a diferença essencial entre fitas para bebês e fitas para crianças maiores, para além do texto ou das imagens em suas capas. Ele compreende que ser pequeno é "ruim" e ser grande é "bom": dois entendimentos bidimensionais com uma ligação também bidimensional, que não se somam a uma estrutura tridimensional. Quando várias pessoas em seu ambiente faleceram, ele me disse: "Primeiro, você está na barriga da sua mãe, depois é um bebê, depois é um menino, depois é um adolescente, depois é um homem, então é a casa de repouso, então você morre, então você começa tudo de novo. Você recebe de volta as fitas que deu para os etíopes!".[4] Embora Eden não expressasse nenhuma tristeza ou desconforto perceptível, testemunhei a noção de tempo prejudicada que se originava de sua incapacidade de compreender as mudanças em andamento. O tempo era circular (Meltzer, 1975).

Aos 14 anos, começou a ir ao cinema e a "colecionar" filmes e salas de cinema. Ele lia a lista do que estava sendo exibido no momento, combinava uma data com um dos adultos de sua família, preocupando-se tanto com o local quanto com o filme que iriam ver. Prefere o Glilot Cinema City: "Eles têm vinte e três telas"; "Rishon Le Zion tem vinte e cinco telas"; "A Glilot tem um catálogo com mais listras". Ele é incapaz de contar o enredo do filme que assistiu. Com considerável esforço, consegue listar várias coisas que aparecem no filme: "o

---

4 Vários anos antes dessa análise, houve uma imigração massiva de judeus etíopes para Israel. "Doar aos etíopes" tornou-se uma expressão comum para o ato de doar os pertences de que não se precisa mais.

cachorro comeu da tigela". Mostra-se preocupado com as externalidades – o teatro, o encontro, a pipoca etc. Em nossas sessões, pede para fazer listas dos filmes que vai assistir. Pergunta-se a quais filmes e quais cinemas poderia ir. Surge uma sensação de mal-estar junto a uma interminável repetição de frases que lhe foram ditas e que ele não consegue compreender: "você não vai a um cinema distante", "aquele filme é para bebês", "aquele é para adultos", "adultos também gostam de desenhos animados". Algo o incomoda. Esse "algo" (em minha opinião) é composto por sua incompreensão do que acontece no enredo, e por seus pais o proibirem de assistir a determinados filmes. Ele tenta organizar o que ocorre em sua maneira bidimensional: classifica os filmes por idade ou gênero, declarando que ele mesmo é adulto. Entendo que, nessa fase, seu desconforto seja causado pela contradição entre duas estruturas bidimensionais: positivo e negativo, grande e pequeno. No que diz respeito a Eden, como ele é incentivado a "agir como um adulto" (mesmo que seu entendimento seja inferior ao de uma criança), o fato de ser considerado grande é uma coisa positiva. Se ele assistir filmes "para crianças pequenas" (já que não tem permissão para assistir filmes "adultos"), isso significa algo negativo. Essa discrepância gera inquietação.

Nos últimos anos, comecei a conversar abertamente com ele sobre seu autismo. Disse-lhe que ele realmente quer crescer e que há certas coisas que não compreende devido a seu autismo, e não porque ele seja um bebê; que ele está preocupado que possa ser um bebê (é aí que sua inquietação atinge seu pico). Eu escrevo:

Criança não autista

Adulto não autista

Criança autista

Adulto autista

Digo-lhe que ele é um adulto autista, não uma criança. Essa definição o acalma. Ele agita as mãos[5] alegremente e diz que está animado.

Eden descobriu que um cinema em Afula (uma cidade distante) está exibindo um filme que não é oferecido nos cinemas mais próximos a sua casa e gostaria de "acumulá-lo" também. Foi-lhe dito que Afula é longe, a cerca de uma hora e meia de carro. Eden pergunta: "Uma hora e meia é distante?".

Quando mencionei que ir ao cinema é como colecionar fitas de vídeo, ele respondeu: "É diferente. Eu assisto aos filmes no cinema". Isso é factualmente verdadeiro. Seu pensamento binário tem os conceitos de "semelhante" e "diferente". Isso é diferente por uma única variável: assistir *versus* não assistir. Ele não entende, porém, em ambos os casos, o que possibilita que ele agora assista a um filme, mesmo não conseguindo entender o enredo – nada disso pode ser pensado.

Depois de dois anos em que falamos sobre filmes em todas as sessões, Eden diz: "Todo mundo vê os filmes que são adequados para eles"; "*Para Roma com amor* é para os velhos"; "Alguns filmes não são adequados para a minha idade". Repete essas frases muitas vezes. Entendo que está incomodado por ainda não conseguir compreender por que não pode assistir a qualquer filme de sua escolha. Mais uma vez, ele reúne todas as razões e explicações – que equivalem a uma distinção dicotômica – mas permanece insatisfeito. Digo a ele: "Seus pais acham que você não vai conseguir entender certos filmes por causa do seu autismo. Algumas coisas são difíceis para você entender. O que é difícil para você entender?". "Conversar", ele responde. Ele está muito estressado, pressionando as mãos contra a boca, fazendo barulhos, parecendo tentar puxar algo para fora e espremer para dentro, ao mesmo tempo. "Não é muito legal ser autista. Acho que você preferiria não ser autista". "Como Danny" (seu irmão), ele responde.

5 A agitação das mãos diminuiu há algum tempo e só raramente reaparece. Ainda assim, excitação e ansiedade são expressas de forma motora.

Sua agitação diminui. "Você não pode mudar seu nome", diz ele. "Você gostaria?"; "Não!". Sua noção de identidade é bidimensional. Se algo é impossível, então ele não quer, porque isso seria negativo. "E se você pudesse fazer de conta e mudar, que outro nome você gostaria?". Eden geralmente não responde a essas perguntas, oferecendo apenas um olhar vazio. Ele sabe que "fazer de conta" significa "algo falso que não é negativo", mas esse conhecimento não facilita nenhum movimento lúdico. Dessa vez, ele responde: "Yotam. Você não pode mudar sua data de nascimento". Seria possível perguntar se esse "Yotam" é o início de uma representação de algo, mas Eden persiste, incomodado com o que não pode ser mudado. "Você não pode mudar seu nome e sua data de nascimento e você não pode mudar o fato de ser autista, mas você está aprendendo mais coisas o tempo todo e continua crescendo." A impossibilidade de mudança é calmante ou angustiante? Em minha opinião, ele tem dificuldade de perceber a mudança em um nível tridimensional.

Agora que ele está assistindo a filmes, pergunto novamente se ele teve algum sonho. Eu fora informada por seus pais que ele nunca fora acordado por um sonho ou dera qualquer outra indicação de sonhar. Ele pergunta: "O que é um sonho?". Eu digo: "À noite, quando você dorme, você vê um filme de faz de conta na sua cabeça". "Não!"; ele responde no tom que reconheço expressar a necessidade de interromper o questionamento, porque ele está percebendo algo negativo. Acredito que, se ele tivesse consciência de sonhos, poderia relatá-los, assim como pode me comunicar outras coisas complexas e incompreendidas, como sua masturbação. "Masturbar-se é fazer seu pênis se sentir bem." Ele pega um pote de maionese – apenas da marca Hellmann's, e apenas às segundas-feiras – leva-o para seu quarto, faz um buraco retangular na maionese e olha. Em seguida, pressiona o frasco entre as pernas, olhando para o formato, até ejacular. Eden considera o gosto da maionese nojento. Se a maionese não estiver disponível, o procedimento pode ser realizado com um pote de manteiga de amendoim (que ele adora). Não entendo o significado desse ritual. Tenho várias suposições sobre a cor do leite ou das fezes, sobre o buraco, mas por enquanto elas se baseiam apenas em minhas associações e em meu conhecimento teórico, e não em Eden. Estou atenta ao modo como ele se posiciona entre o que é permitido (em seu quarto) e o que não é permitido (instruções que recebeu na escola). Ele não entende as razões do que não é permitido ou por que ele faz o que faz. A ordem fixa organiza sua experiência e, passo a passo, possibilita sua liberação sexual. "Primeiro o pênis fica duro e então ele pega a maionese", "depois ele jorra". Há um olhar especial em seu rosto quando ele me diz isso. Ele não tem vergonha, nem está interessado em ouvir o que eu penso a respeito, a menos que eu esteja proibindo ou permitindo algo.

O som de choro é ouvido do lado de fora. "Marganit, o barulho está me incomodando." "A mim também", respondo. Eden tenta dizer: "Nós, ambos, fomos incomodados com o barulho", mas não consegue formar a sintaxe adequada para essa frase. Não consigo saber exatamente o porquê. Demora, esforça-se como quem está aprendendo uma língua e tem dificuldade em dizer "nós dois", uma expressão que nunca usa, porque lhe falta o sentido de "nós dois partilhamos a mesma experiência". Ele entende que ele e eu somos "ambos", no mesmo sentido que o marcador verde e o marcador amarelo são ambos feitos pela mesma empresa. No entanto, para que essa experiência compartilhada tenha significado, cada um de nós precisa ter um continente interno que possa receber o material do outro e compará-lo a outro material interno (senso comum). Eden também tem problemas para escolher o tempo adequado para o verbo "incomodar". "Fomos incomodados", no tempo passado, denota (lista) o que aconteceu. Uma formulação no tempo verbal presente implicaria uma experiência compartilhada. Depois que lhe falei que ambos – ele e eu – estávamos ouvindo a mesma coisa (alguém chorando) e que lhe era difícil pensar que eu também estava ouvindo o mesmo choro, ele perguntou quem estava chorando. Eu disse que não podemos ver e não sabemos quem é, mas que podemos adivinhar de acordo com a voz de quem está chorando. "Não soa como um bebê chorando; para mim, parece mais como a voz de um menino". Eden responde: "Não é um bebê e não é um gato". Sua técnica de classificação é bidimensional. "Talvez você esteja preocupado com o que poderia ter acontecido com o menino chorando," eu acrescento.

Podemos, no entanto, pensar que isso implicava um vislumbre ou uma rachadura indicando a existência de um continente? Sua identificação com o choro? Sua experiência compartilhada comigo? Alguém poderia tentar resolver essa questão, considerando minha reação imediata: "A mim também". Para Eden, está longe do óbvio que ouvir algo significa que eu também estou ouvindo, ou que ele estar incomodado significa que eu também estou incomodada. Quando mostro isso, ele recebe uma validação que lhe permite pensar sobre o que o está incomodando. Eu sabia que ele era incapaz de responder a uma pergunta como: "O que está incomodando você?", e eu não fazia ideia sobre como e o que ele estava pensando naquele momento. Ele estava incomodado com o barulho? Era capaz, por algum tipo de identificação, de se preocupar com o choro de outra pessoa? Em caso afirmativo, isso implica a existência de um continente. Acredito que minha resposta automática – "a mim também" – carrega a possibilidade de que essa tenha sido uma experiência perturbadora compartilhada por duas pessoas: Eden e o menino chorando, ou Eden e eu, ou eu e o menino chorando. Ofereço-me a ele para que possa pensar através de mim, usar meu aparelho psíquico. Acredito estar levando em consideração sua compreensão bidimensional e as limitações que esta impõe à sua compreensão do mundo, ajudando-o a estabelecer uma "compreensão diferente".

Memória e esquecimento: Eden lembra de tudo. Como colecionador e acumulador de seus próprios conhecimentos e ações, ele cataloga as coisas de acordo com a data. Recorda a data exata de cada ocasião em que cortou os cabelos ou assistiu a um filme nos últimos anos. É capaz de dizer a qual dia da semana correspondeu ou irá corresponder qualquer data nos últimos e nos próximos anos. Não necessita realizar cálculos; simplesmente lembra dos calendários que visualizou em um "iPhone".

Certa vez, informei a ele e a seus pais que uma de nossas sessões seria cancelada. Escrevemos sobre o cancelamento no livro-de-sessões. Os pais, no entanto, esqueceram e o trouxeram na referida data. No dia seguinte, seu pai me disse que só havia percebido o engano quando chegaram à minha porta. Mostrou-se surpreso de que Eden, possuindo uma memória tão notável, nada dissera quando saíram de casa. Eden me disse: "Não precisam ficar todos estressados" e "Isso acontece com todo mundo" (de novo e de novo). Entendi o quão nervoso ficara. Minha reação foi gradual: abri espaço para a experiência de que algo estressante havia acontecido. Quando estávamos ambos capazes de tolerar, passei a buscar esclarecer o que havia ocorrido. Essa investigação incluiu o rastreamento preciso dos eventos e pensamentos potenciais (o que eu havia pensado quando escrevi sobre o cancelamento, o que seu pai havia pensado quando o trouxera à sessão, e o que ele próprio pensara ao sair de casa com seu pai etc.).[6] Sublinho que Eden lembrara do cancelamento, mas não lhe ocorreu ser isso relevante ao fato de que seu pai o estava trazendo; e ele não pensou que seu pai estava enganado (e nem pensou que ele próprio estaria equivocado). A relevância só foi descoberta ao chegarem à porta de meu consultório. Posso supor que Eden realmente desejava vir ou que pensara que vir significaria encontrar-me ali. Posso imaginar que, caso outra criança tivesse agido dessa forma, eu diria imediatamente: "Talvez você quisesse muito vir, queria muito que

---

6 O manejo desse evento foi potencialmente evocado pela abordagem desenvolvida por Fonagy no livro *Mentalization based treatment*. No entanto, os fundamentos em que essa teoria se baseia não são adequados para tratar condições marcadas pelo pensamento bidimensional.

eu estivesse aqui". Mas, sabendo como Eden pensa, mais uma vez me deparei com "duas superfícies": uma consistia no fato de termos escrito em nosso livro que Marganit estaria fora; a outra era que "papai está me levando para ver Marganit". Não há conflito imaginado que possa impedi-los de sair de casa. Há um presente acontecendo e a contradição se revela à minha porta. Dizer a ele, em primeiro lugar, que realmente desejava vir à sessão, teria exacerbado sua turbulência emocional – bem como as forças que a suprimem – porque querer algo "errado" (vir ver Marganit quando "não há Marganit") = "ele é mau" = "Marganit está com raiva". Esse conjunto de equações levou-me não a esconder o elemento estressante, mas a tolerá-lo, realizar nossa investigação dentro da linguagem "bidimensional", e apenas posteriormente abordar seu desejo de que eu estivesse lá, sua decepção e emoção.

No contexto da cisão que Eden produz entre o que é positivo e negativo, os elementos negativos não são projetados, mas devem ser eliminados. Diante de duas estruturas bidimensionais contraditórias, Eden se vê frente a um elemento negativo que não pode ser eliminado. Vivencia essa situação como catastrófica, explosiva, frustrante; e não como um conflito. Isso se evidencia em seus movimentos físicos, na maneira como coloca os dedos na boca e os sacode. Parece estar simultaneamente empurrando e sacudindo uma explosão, sem qualquer projeção, internalização ou repressão. Restaura o equilíbrio ao conseguir interromper esse processo explosivo, porém, ao custo de interromper seu desenvolvimento.

O pensamento que se baseia nos conceitos de continente-contido, duas e três dimensões, identificação adesiva e capacidade de pensamento simbólico está assentado nos pressupostos de que eles são essenciais para o desenvolvimento humano (desde a vida intrauterina ou da primeira infância), de que o desenvolvimento é mutuamente afetado pela relação do bebê com seu cuidador, e que um desenvolvimento deficiente constitui uma reação defensiva. A extensão na qual essa defesa se torna uma característica estrutural afeta o fluxo de desenvolvimento (para frente ou em direção à regressão) e a intervenção terapêutica. No desenvolvimento do pensamento psicanalítico, esses conhecimentos permitiram abrir o amplo e rico mundo do tratamento de pacientes com distúrbios graves, estados regressivos, crianças, pacientes autistas, condições psicossomáticas, condições de sobreviventes do Holocausto e muito mais. Em sua contribuição ao livro em homenagem a Tustin, David Rosenfeld (1997) compara o pensamento dessa autora ao de Galileu, que nos convidou a olhar pelo telescópio e a compreender que não somos o centro do universo, oferecendo uma nova perspectiva revolucionária.

Neste capítulo, busquei propor um estado no qual o pensamento bidimensional é estrutural e praticamente exclusivo desde um estágio inicial da vida, sendo que o desenvolvimento não visa o pensamento tridimensional, mas, sim, a "*multibidimensionalidade*". As contradições entre duas estruturas bidimensionais não levam a conflito e a soluções criativas, mas a uma catástrofe que é suprimida por uma das estruturas mais fortes.

Casos e estados que requerem estruturação, em vez de interpretação, já foram discutidos anteriormente (Anzieu, 1985; Keinan, 2009). Outros teóricos propuseram uma mudança na técnica, como uma postura ativa ou o aumento do contato físico. Muitos exploraram a tentativa de compreender aquilo que não pode ser representado verbalmente, a necessidade de "caçar" o pensamento que não tem pensador. Gostaria de propor uma forma de diálogo entre um terapeuta que pensa de modo tridimensional e um paciente com pensamento "multibidimensional". Como a única parte da díade que (potencialmente) fala as duas línguas, o terapeuta pode servir como um intérprete de estados mentais, dotando a ansiedade de significado e permitindo ao paciente compreender e ter a experiência de compreender e mesmo de ser compreendido.

Uma revisão dos casos graves de autismo documentados na literatura psicanalítica demonstra que todos os autores pesquisados pressupõem a existência de capacidades tridimensionais, ainda que mínimas, no paciente. O prognóstico de desenvolvimento do paciente depende, de fato, do amadurecimento dessa capacidade. Em sua conclusão sobre o tratamento de Robbie, Alvarez menciona a tendência do paciente a entrar em estados autísticos para evitar situações de sofrimento, como reconhecer o alto preço que paga devido à sua condição. Ela descreve essa situação como um ato de comunicação tirânico e exasperante que, em minha opinião, envolve, no entanto, um significativo elemento de reflexão tridimensional. No caso aqui apresentado, Eden *sentiu* que não entendia; mas essa experiência não pode ser discutida em termos de reconhecimento de prejuízos, mas, sim, de frustração/inquietação/catástrofe.

Crianças "multibidimensionais" são "abandonadas" em duas formas opostas:

1. Na terapia psicanalítica, quando o terapeuta pressupõe a existência de pensamento tridimensional e, portanto, é menos capaz de compreender a experiência catastrófica de ser incapaz de compreender.
2. Quando, em vez de serem tratadas dentro do campo psicanalítico, são entregues aos métodos educacionais e terapêuticos behavioristas (Piontelli, 2001),[7] (por exemplo, ABA).[8]

Em meu entendimento, o tratamento psicanalítico dessas crianças não "aborda" o inconsciente, o pré-consciente e as

7 Em adição à tradução hebraica de seu livro, *From fetus to child*, Piontelli (2001) observa que, devido a novas descobertas no campo neurológico, ela agora pensa que o autismo não é puramente psicogênico. Ela mudou de ideia ao longo dos anos e agora pensa que a psicoterapia psicanalítica não é aplicável a crianças autistas e não deve ser o tratamento de escolha.

8 ABA (*Applied Behavioural Analysis* – Análise Comportamental Aplicada): tratamento comportamental desenvolvido por O. Lovaas amplamente utilizado hoje no tratamento de crianças autistas.

fantasias inconscientes da maneira convencional. Em função da diferença fundamental referente à projeção, o uso da transferência e da contratransferência nesse tratamento é diferente. O terapeuta não é apenas um "caçador" de pensamentos que não podem ser pensados; ele também trata os pensamentos que estão presos em uma compreensão bidimensional e que não são projetados para dentro dele. Tais pensamentos muitas vezes serão expressos de maneira física ou repetitiva (mas não necessariamente ritualizada). O terapeuta entende esses pensamentos em um nível tridimensional, mas é capaz de oferecê-los de volta ao paciente em termos bidimensionais para que sejam compreendidos. Gostaria de enfatizar que não estou me referindo aqui à reclamação, mas a estados em que o paciente está presente e em contato com o terapeuta, buscando sua ajuda na tentativa de compreender. Estaria o paciente nos solicitando para compreender sua experiência de incompreensão? É este o sentido de ser compreendido pelo outro? Receio que nem sempre seja assim. Penso que se trata de um sentido de ordem. Mais uma "superfície" bidimensional pode ser estabelecida, até que algum gatilho interno ou externo cause uma discrepância na "pilha" de superfícies, provocando o próximo surto de desconforto e turbulência.

Essa turbulência pode consistir no aspecto otimista dessa descrição, pois ela requer um espaço para existir. Ela é uma catástrofe psíquica que busca a supressão por meio de frases ou entendimentos bidimensionais anteriores e potentes ou pela remoção do corpo por meio da atividade motora. A insistência do terapeuta em estar junto com a criança na turbulência de incompreensão pode facilitar a criação da capacidade para tolerar esses estados.

O tipo de trabalho que proponho envolve a identificação das duas superfícies bidimensionais particulares que estão incongruentes em um determinado momento, causando uma turbulência potencialmente catastrófica: a elaboração da capacidade de permanecer nesse estado tridimensional catastrófico; e intervenções que incluem referência à emoção e uma "explicação" ou "solução" que, embora sejam em si bidimensionais, não se conformam à fórmula pela qual a estrutura bidimensional mais poderosa apaga a estrutura que é incongruente com ela e suprime a turbulência ao custo de negar a emoção e o pensamento (que são, em qualquer caso, problemáticos).

Eden sai do consultório para usar o banheiro. Ele vê meu parceiro Robby sentado em seu consultório com a porta aberta e vai fechá-la. Robby pede a ele para deixá-la aberta. Aterrorizado, Eden pergunta: "Fechar é certo ou errado?". Para ele, existem "fechado-aberto" e "bom-ruim". Fechado é bom. Digo que ele pensa que fechar é bom, mas aquele não é seu quarto, então ele precisa pedir permissão se quiser fechar a porta. "Fechar é certo ou errado?" Digo-lhe que está preocupado em ter feito algo errado e que esse é um "pequeno erro". "Fechar é certo ou errado? Fechar é adulto ou não adulto?" Digo a ele que foi uma pequena situação errada, um engano. A pessoa aprende com os erros e ele aprendeu que, quando quer fechar algo que pertence a outra pessoa, precisa primeiro pedir. "Adoro aprender. É um erro uma só vez? Fechar é violência ou não é violência? Quero contar a Robby sobre Neri". Neri é um menino violento da escola de Eden e ele havia acabado de me contar que Neri entrou em sua sala de aula, pegou seus óculos e os quebrou. "Isso é violência", disse ele. Digo-lhe que ele gostaria de saber se fechar a porta de Robby é algo violento. "Sim." Então ele começa a rir. Sua risada começa estranha, mas se torna mais agradável. "Você está gostando do fato de que Neri é violento e você não é violento." "Sim!" Eden temia estar sendo violento; a equação entre violento e errado não combinava com "fechar é bom". Ele tem dificuldade de entender que fechado pode ser bom ou ruim em diferentes situações. Acrescentamos assim uma nova superfície: "Você precisa perguntar sobre a porta de outra pessoa"; mas "você aprende com os erros (realizados uma única vez)". Isso pode ser um pouco mais complicado.

Como mencionado, se encararmos esses momentos de incompreensão como uma turbulência em um espaço tridimensional, minha capacidade de tolerá-los junto com Eden e buscarmos juntos um entendimento adequado – embora em linguagem bidimensional – facilita uma certa ampliação de seu continente e o desenvolvimento de pensamentos tridimensionais. De fato, algo está começando a acontecer, há momentos em que percebo algo que é tridimensional e uma compreensão de "interior". Eu "fico à espreita" desses momentos. Porque "fechar é bom", Eden quer fechar minhas cartas enquanto escrevo. Eu sorrio e digo-lhe que, como sei ser tão importante para ele que tudo esteja fechado, pode ir em frente e fechá-las. Um dia, enquanto ele estava arrumando e fechando minhas cartas, perguntou: "O que significa bobo?". "O que significa bobo?", perguntei a ele de volta. "É bobo não fechar as cartas." "Talvez você não saiba se é bobo não fechar as cartas, ou fechá-las o tempo todo." Ele olha nos meus olhos e ri uma nova risada, que eu entendi como: "Você sabe como eu amo fechar cartas, eu sei que é incomum, eu sei que fechar as cartas não importa para você, mas que você não vai me impedir, você vai me deixar fazer isso". Ele sabe algo sobre mim e ele sabe que eu sei algo sobre ele.

Para concluir, vejo a essência do autismo como a ausência de pensamento tridimensional. Naturalmente, essa ausência corresponde a um pensamento concreto e a um desinteresse pela interioridade do outro. A literatura acumulada e os *insights* sobre a experiência, o pensamento e o desenvolvimento de crianças autistas tem dois ramos: (1) crianças (e adultos) que estão "no espectro autista"; (2) a compreensão de estados mentais primários, não representados e não simbolizados como semelhantes aos experimentados por pacientes autistas. (É interessante notar que a literatura psicanalítica quase sempre retrata bebês ou adultos em análise e raramente apresenta casos de crianças, a menos que sejam autistas. A meu ver, isso resulta do fato de que as crianças brincam – e, se brincam, então não são autistas.)

Minha compreensão do pensamento bidimensional em pacientes não autistas sugere que esse é um fenômeno diferente. Portanto, nossa intervenção (interpretativa ou não) será sempre orientada para o tridimensional. O tridimensional é o que podemos chamar de função continente ou organizadora do paciente, é o elemento com o qual nos aliamos, com o qual "discutimos" fenômenos bidimensionais. Pacientes que sofrem de diferentes graus de autismo mostram diferentes extensões de pensamento bidimensional, bem como uma capacidade de pensamento tridimensional e de comunicação que envolve identificação, projeção e internalização. No entanto, quando o pensamento autista bidimensional está em primeiro plano, nossa intervenção (e não ficarei surpresa ao descobrir que reagimos dessa maneira intuitivamente e sem conceitualizações teóricas) será *no bidimensional* e não *dirigida ao tridimensional*. Mesmo na criança mais autista, podemos encontrar frestas tridimensionais, nunca perdendo a esperança de encontrá-las, uni-las e trabalhar com elas. Portanto, acredito ser importante que as crianças autistas recebam terapia não exclusivamente comportamental. Todavia, devemos ter cuidado para não sermos enganados, proclamando como tridimensional o que é apenas o resultado de nossa própria projeção (o que acabamos reconhecendo apenas em retrospecto) ou da "multibidimensionalidade". Por outro lado, o pensamento autístico bidimensional ou o fenômeno do pensamento "multibidimensional" são característicos apenas de transtornos autistas de gravidade variável e não são o mesmo que materiais instintuais ou sensoriais não pensados ou não simbolizados.

Será que isso é psicanálise? Acredito que esse trabalho deva ser realizado por psicanalistas, os quais são capazes de identificar a fratura entre duas compreensões bidimensionais contraditórias, permanecer junto na experiência catastrófica, traduzir estados emocionais para linguagem bidimensional e ficar à espreita por momentos, por vislumbres, de pensamento tridimensional. Gostaria de agregar que muitas vezes se passa um longo tempo na incerteza quanto à possibilidade de desenvolvimento de pensamento tridimensional. Porém, desistir dele de antemão com certeza não facilita o seu desenvolvimento.

Conforme descrito na literatura e de acordo com minha experiência, em situações em que o paciente está se afastando de uma capacidade tridimensional existente, o terapeuta sentirá um tédio imenso. Percebi que, nos casos em que essa capacidade está totalmente ausente, a qualidade da escuta é diferente. A atenção do terapeuta a "como isso está sendo experienciado e compreendido pelo falante 'bidimensional' que está na sala comigo" é hipnotizante. É desafiadora e estimulante a tentativa de traduzir as duas línguas entre si e buscar quaisquer pistas para a compreensão ou incompreensão dessas traduções. Embora pareça uma abordagem mais "cerebral", depois de se familiarizar confortavelmente com ambas as línguas, é possível estar em uma "descontração animada"[NT1] (*reverie*?); um estado que permite estar na sala com alguém que fala essa língua diferente, envolvido em uma intimidade compartilhada – a intimidade de trabalhadores, consertando superfície após superfície, ocasionalmente examinando sua ordem.

Referências

Acquarone, S. (2007). *Signs of autism in infants: recognition and early intervention*. London: Karnac.

Alvarez, A. (1977). Problems of dependence and development in an excessively passive autistic boy. *Journal of Child Psychotherapy*, 4, 25-46.

Alvarez, A. (1992). *Live company: psychoanalytic psychotherapy with autistic, borderline, deprived and abused children*. London: Routledge.

Anzieu, D. (1985). The notion of a skin-ego. In: *The skin-ego* (pp. 39-48). London: Karnac, 2016.

[NT1] No original em inglês, "*lively looseness*".

Bergstein, A. (2010). *On the possibility of knowing the other's mind: reverie, dreaming and counter-dreaming*. Lecture given at the Israel Psychoanalytic Society, 28 December 2000.

Bick, E. (1968). The experience of the skin in early object-relations. *International Journal of Psychoanalysis*, *49*, 484-486.

Bion, W. R. (1977). *Two papers: the grid and caesura*. Rio de Janeiro: Imago.

Britton, R. (1989). The missing link: parental sexuality and the Oedipus complex. In: J. Steiner (Ed.). *The Oedipus complex today: clinical implications*. London: Karnac.

Bruner, J. S. (1968). *Processes of cognitive growth: infancy*. Worcester, MA: Clark University Press.

Frith, U. (1989). *Autism: explaining the enigma*. Oxford: Basil Blackwell.

Harris Williams, M. (2010). A Meltzer reader: selections from the writings of Donald Meltzer. London: Karnac.

Isaacs, S. (1948). On the nature and function of phantasy. *International Journal of Psycho-analysis*, *29*, 73-97.

Keinan, N. (2009). The perforated envelope: therapeutic work with psychic holes. *Sichot*, *23*(2), 138-151. [Hebrew]

Klein, M. (1952). Some theoretical conclusions regarding the emotional life of the infant. In: M. Klein, P. Heimann, S. Isaacs, & J. Riviere. *Developments in psychoanalysis*. London: Hogarth.

Meltzer, D. (1975). Adhesive identification. *Contemporary Psychoanalysis*, *11*, 289-310.

Meltzer, D., Bremner, J., Hoxter, S., Weddell, D., & Wittenberg, I. (1975). *Explorations in autism: a psycho-analytical Study*. Perthshire: Clunie Press.

Ogden, T. H. (1989). The autistic-contiguous position. In: *The primitive edge of experience* (pp. 47-82). New York: Jason Aaronson.

Piontelli, A. (2001). *From fetus to child: an observational and psychoanalytic study*. Tel Aviv: Modan. [Hebrew]

Rosenfeld, D. (1997). Understanding varieties of autistic encapsulations: a homage to Frances Tustin. In: *Encounters with autistic states: a memorial tribute to Frances Tustin*. Northvale, NJ: Jason Aronson.

Rosenfeld, H. (1981). On the psychopathology and treatment of psychotic patients. In: J. Grotstein (Ed.). *Do I dare disturb the universe?* London: Karnac.

Segal, H. (1957). Notes on symbol formation. In: *The works of Hanna Segal*. Northvale, NJ: Jason Aronson, 1981.

Segal, H. (1978). On symbolism. *International Journal of Psychoanalysis*, *59*, 315-319.

Symington, J. (1985). The survival function of primitive omnipotence. *International Journal of Psychoanalysis*, *66*, 481-487.

Tustin, F. (1981). *Autistic states in children*. London: Routledge.

Tustin, F. (1994). The perpetuation of an error. *Journal of Child Psychotherapy*, *20*(1), 3-23.

8. Do grito ao sonho: notas sobre ansiedade e sua transformação

Jeffrey L. Eaton

Introdução

A psicoterapia com crianças diagnosticadas no espectro autista força o analista a reconsiderar suas estruturas conceituais. Ao longo das últimas décadas, muitos analistas de diferentes partes do mundo fizeram importantes contribuições para a ampliação de um paradigma analítico com base no trabalho seminal de Frances Tustin. Entre as pessoas que me inspiram estão Anne Alvarez, Joshua Durban, Didier Houzel e Suzanne Maiello. Com base nas contribuições desses autores, passei a questionar e procurei, inclusive, expandir os modelos que me orientam. No que se segue, farei uso particular das ideias de Durban e Maiello, buscando esboçar meu próprio "esquema de entendimento" (Maiello, 1997, p. 2) em constante evolução.

Maiello (2001) escreveu: "Formulações recentes, tanto de psicanalistas quanto de desenvolvimentistas, demonstram haver uma necessidade compartilhada de criar novas conceitualizações para os níveis primitivos de experiências protomentais" (p. 180).

Descreverei como o trabalho de Maiello lança luz sobre a forma como as primeiras experiências da vida, especialmente as pré-natais, contribuem para a formação do que chamo de *um piso para a experiência emocional.*[NT1] O trabalho de Durban ajuda a mapear as angústias mais profundas, anteriores ou situadas aquém da posição esquizoparanoide, que podem constituir o que chamo de *background de catástrofe emocional.*

A presença de ansiedades primitivas pode estimular defesas onipotentes para sobrevivência (Symington, 1985). Essas defesas podem se tornar enraizadas pelo impacto contínuo gerado por um *background* de catástrofe emocional. Meu interesse é pensar sobre a complexidade da experiência inicial e a possível relação entre a criação de um piso para a experiência emocional e sua interrupção por ansiedades avassaladoras.

Relação pré-objetal

Ivri Kumin, médico e psicanalista em Seattle, Washington, profissional perspicaz, sensível e criativo, cuja vida foi tragicamente interrompida por um câncer cerebral, escreveu em 1996 um livro intitulado *Pre-object relatedness: early attachment and the psychoanalytic situation.* Quando combinados, os trabalhos de Durban e Maiello contribuem para a descrição do que pode ser chamado de "relação pré-objetal" (Kumin, 1996). Apresento aqui um breve esboço de um território pré-objetal, pelo qual conjugo as ideias de Kumin com as obras de Maiello e Durban.

Kumin (1996, p. 20) observa que foi René Spitz quem primeiro usou o termo "pré-objetal". Estou utilizando a ideia de relações pré-objetais seguindo a formulação de Kumin, a qual não implica um estado anobjetal. Ao contrário, enfatiza a complexidade de um processo de realização dependente-da-experiência, e a construção das primeiras relações de objeto parciais. Kumin usa o termo "relacionamento pré-objetal" para descrever:

[NT1] No original em inglês, "*a floor for emotional experience*".

> *uma variedade de formas arcaicas de relacionamento que estão presentes no nascimento, mas persistem ao longo da vida. O relacionamento pré-objetal, assim concebido, persiste no background como o núcleo do relacionamento primário, o sentido de "estar lá" e "estar com" que acompanha toda . . . a experiência humana. (Kumin, 1996, p. 21)*

Não é minha intenção pesquisar os muitos escritores que se ocuparam de temas semelhantes, mas desejo registrar que estou ciente dos muitos estudiosos que exploram essa área. Considero que Winnicott, Balint e Tustin apresentam ideias relevantes a respeito do relacionamento pré-objetal; assim como Ogden (1989) em seu trabalho sobre "a posição autista contígua"; Didier Anzieu (2016) sobre o "ego pele"; e René Roussillon (2011), que aborda simbolização e agonia primitiva. A relação pré-objetal evoca o que Christopher Bollas (1987) chama de "o conhecido não pensado"; o que James Grotstein (2000) chama de "objeto subjacente da identificação primária"; e o que Michael Eigen (1993) explora como "paradigma da união-distinção". Aulagnier, Bleger, Eshel, Gaddini, Houzel, Mitrani e Tracey têm igualmente ideias relevantes nessa área. A lista poderia ainda ser ampliada.

Kumin explica:

> *Postulo que a relação pré-objetal não deixa apenas um vestígio . . . mas é contínua e estrutura de forma continuada todas as relações humanas. O relacionamento pré-objetal não desaparece da existência com o advento da capacidade de relações objetais diferenciadas, mas acompanha a todas essas como o "núcleo" afetivo autônomo que torna a experiência de si mesmo e de outros própria e singular. (Kumin, 1996, p. 21)*

Construindo um piso para a experiência emocional

Em seu livro *O coração pensante*, no capítulo intitulado "Condições emocionais para o desenvolvimento do pensar em dois trilhos:[NT2] a sensação de ser agente e a sensação de abundância", Anne Alvarez (2012) escreve: "De muitas maneiras, o bebê normal é indefeso e dependente, mas também é competente, atento, alerta e, quando as condições permitem, cheio de curiosidade apaixonada pelo seu mundo" (p. 29).

Alvarez continua:

> *Os pesquisadores do desenvolvimento passaram décadas tentando analisar os diversos elementos das condições essenciais para o desenvolvimento cognitivo e emocional saudável. A sensação de eficácia – ou de ser agente – é um desses elementos... essa sensação de eficácia – e o prazer associado a ela – são os alicerces do senso de si. (Alvarez, 2012, p. 29)*

Quando começa um senso de *self*? Podemos perguntar, diferentemente, quais são alguns dos sentimentos de como é ser um feto? Além disso, que tipos de condições promovem a abertura da experiência de si antes mesmo do nascimento? Como podemos imaginar experiências tão primitivas e encontrar palavras para nossas conjecturas?

Maiello tem muito a dizer sobre esses temas. Ela escreve, por exemplo: "Sugiro que o desenvolvimento mental cresce apoiado na confiança básica em um objeto rítmico contínuo, que pode também, uma vez internalizado de forma segura, variar de maneira prazerosa (Maiello, 2000, p. 69).

Maiello descreve como o feto tem uma variedade de formas de experiência, incluindo seus próprios movimentos "acompanhados pelo canto da voz da mãe" que contribuem para o desenvolvimento de um objeto rítmico. Ela descreve:

NT2 No original em inglês, "*two-tracked thinking*".

> *a voz da mãe... chega ao nascituro no líquido amniótico, imersa no contínuo som rítmico e pulsante de sua respiração e batimentos cardíacos...*
>
> *Sugiro que a percepção dos sons rítmicos do organismo materno durante a vida pré-natal pode constituir a base que prepara o feto para receber o som e o ritmo da voz da mãe, com suas articulações infinitamente mais complexas em termos de tom, altura, timbre e ritmo. (Maiello, 2000, p. 69)*

Descrevendo seu conceito de objeto sonoro, Maiello refere:

> *Com esse termo, descrevo um precursor precoce, possivelmente pré-natal, do objeto materno posterior, cujas qualidades podem resultar das primeiras experiências auditivas da voz materna. As qualidades rítmicas mais básicas do objeto sonoro podem estar enraizadas na percepção fetal do batimento cardíaco materno, das pulsações de seu fluxo sanguíneo e de seu ritmo respiratório. Em termos de desenvolvimento, eu colocaria os aspectos rítmicos da realidade pré-natal na extremidade primordial das experiências auditivas e, em parte, vibratórias. Entrelaçados com níveis de experiência cinestésicas e táteis, eles podem constituir a consciência mais básica do feto, e mais tarde do bebê, da vida pulsante e, portanto, estar no centro da "confiança básica". (Erikson, 1950 apud Maiello, 2001, p. 180)*

Por fim, Maiello explica poeticamente:

> *A experiência pré-natal rítmica de "canção e dança" é reproduzida após o nascimento toda vez que a mãe embala o bebê e canta uma canção de ninar. Mas é mais significativamente transformada e recriada no seio, na qual o bebê*

> *participa ativamente dando forma e qualidade ao novo relacionamento. Quando as coisas vão bem, a sucção do bebê e o fluxo de leite da mãe se ajustam e encontram um ritmo de cooperação e reciprocidade. Boca e mamilo podem ser descritos como dançando ao som rítmico da deglutição, junto com os pequenos sons vocais guturais que muitos bebês produzem ao sugar. (Maiello, 2000, pp. 69-70)*

Nesse nível primitivo, estou interessado na influência de um processo no qual o feto está imerso e em como a percepção é gradualmente transformada após o nascimento.

A experiência inicial de *self* é rudimentar e se dá em nível de sensações. Essas tornam-se padronizadas ritmicamente, isto é: a forma mais primitiva do *self* é provavelmente uma experiência temporal. Essa não é uma experiência reflexiva, mas uma sensação de consciência primária, uma vivência de registro de sensação e movimento em relação às condições ambientais.

As sensações gradualmente acumulam formas e padrões primitivos (Maiello, 2001) que, com o tempo, tornam-se parte de um piso para a experiência emocional. Penso que é possível abstrair dois padrões ou formas a partir dessas observações da vida pré-natal. Sugiro que não apenas a experiência pré-natal é importante para criar um piso para a experiência emocional, mas que esse piso tem uma estrutura dinâmica. As primeiras experiências de *self* que se tornam parte do relacionamento pré-objetal podem ter uma estrutura dupla ou de "trilhos duplos"[NT3] (Grotstein, 2000).

A primeira trilha da experiência pode ser chamada de "*self* como objeto" (*self as object* – SAO), a segunda pode ser denominada "*self* como agente" (*self as agent* – SAA). Ressalto, mais uma vez, que apesar dessa linguagem, o desafio é imaginar uma forma de experiência

---

[NT3] No original em inglês, "*dual track*".

em desenvolvimento, algo se desdobrando no tempo, mais do que relações objetais distintas e separadas. Para aumentar ainda mais a complexidade do tema, haverá uma influência oscilante entre dois tipos de formas em desenvolvimento que podem ser observadas: *self* como objeto ←→ *self* como agente. Essa é uma estrutura de "piso para a experiência emocional" (*floor for emotional experience* – FEE) que é cocriada com o enfrentamento de maiores ou menores graus de intrusão de um *background* de catástrofe emocional (*background of emotional catastrophe* – BEC):

$$\frac{\text{SAA} \longleftrightarrow \text{SAO}}{\text{FEE} \longleftrightarrow \text{BEC}}$$

Essa estrutura, por sua vez, influencia o desdobramento da relação entre a posição esquizoparanoide (*paranoid-schizoid position* – PS) e a posição depressiva (D):

$$\frac{\text{PS} \longleftrightarrow \text{D}}{\text{FEE} \longleftrightarrow \text{BEC}}$$

As implicações desses processos complexos excedem o escopo deste capítulo. No entanto, um dos aspectos mais importantes desse modelo é que ele pode esclarecer se as fantasias esquizoparanoides funcionam para organizar o *self* nascente e impulsionar desenvolvimento, ou, inversamente, se as fantasias esquizoparanoides falham em se desenvolver (cisão e identificação projetiva comunicativa inadequadas) ou se exacerbam, criando um impulso patológico (identificação projetiva e cisão excessivas levando a fragmentação e ataques aos vínculos).

Partindo da ideia de objeto sonoro, Maiello observou que a audição começa por volta dos quatro meses de vida intrauterina. Ela constata que as baixas frequências estão associadas aos sons da mãe como ambiente ou organismo (os batimentos cardíacos, a respiração e os ruídos digestivos). Frequências mais altas, que estão imprevisivelmente presentes e depois ausentes, se relacionam a como a voz da mãe é gradualmente reconhecida e investida emocionalmente. Esse registro auditivo de alta frequência pode ser imaginado como um mundo enigmático que está em outro lugar, um lugar inalcançável. Esse aspecto da voz pode estimular a pré-concepção do feto para a busca; pode estimular a formação do protoagenciamento.[NT4]

Aqui, na relação primordial com o som, pode-se vislumbrar a forma do *self* como objeto (imerso nas baixas frequências do *background* ambiental do útero). Pode também ser a origem de momentos de busca e descoberta que criam protopadrões do *self* como agente (os movimentos espontâneos que animam o feto ao registrar as frequências mais altas da voz materna).

O que acontece, então, quando a construção de um piso para a experiência emocional é interrompida pela presença de ansiedades primitivas avassaladoras, às vezes, antes mesmo do nascimento?

Um background *de catástrofe emocional*

As ideias de Freud sobre a ansiedade fornecem um ponto de partida para considerar brevemente a natureza do sofrimento nos primórdios da vida. Freud descobriu que a ansiedade pode funcionar como um sinal para ajudar a preparar o ego para lidar com potenciais situações de perigo. Suas ideias evoluíram ao longo de vários anos e podem ser resumidas em cinco tipos de perigo potencial.

No nível mais profundo, existe o perigo de superestimulação traumática, a qual Freud equiparou a uma experiência de desamparo. Esse é o nível mais importante quando se considera a relação

[NT4] No original em inglês, "*proto-agency*".

pré-objetal. Em seguida, há o perigo da perda do objeto e, mais tarde, da perda do amor do objeto. Depois, existe o perigo da castração e da desaprovação ou julgamento do superego. Finalmente, há percepções de perigos externos reais, o que pode ser chamado de consciência das circunstâncias existenciais.

Os trabalhos de Melanie Klein e de muitos que a seguiram, incluindo Bion, Winnicott, Meltzer e Tustin, expandiram a noção de fontes ainda mais primitivas de ansiedade. Nessas formulações, a ansiedade não evolui para funcionar como um sinal. Ao contrário, pode ser sentida como a experiência concreta de uma ameaça esmagadora para o *self*, ou mesmo para a própria existência.

Durban (2019), em seu valioso artigo "Fazendo uma pessoa: considerações clínicas sobre a interpretação de ansiedades na análise de crianças no espectro autista-psicótico", oferece uma descrição profunda e detalhada da variedade e complexidade das ansiedades primitivas e da forma como elas podem coexistir e se combinar para criar o que chamo de *background* de catástrofe emocional. Essa base muitas vezes interfere na construção e na realização de um piso para experiências emocionais.

Com referência ao trabalho recente de psicanalistas ingleses e franceses imersos no tratamento psicanalítico do autismo, Durban propõe o que chama de "espectro autista-psicótico". É extremamente importante considerar as ansiedades anteriores ou aquém da posição esquizo-paranoide. Durban (2019) descreve ansiedades-de-ser primitivas, que incluem experiências como: "liquefazer, dissolver, não ter pele ou ter a pele cheia de buracos, congelar, queimar, perder a sensação de tempo e espaço, e existir em um mundo bidimensional" (p. 926).

Durban (2019) escreve:

> *Ao analisar uma criança no espectro autista-psicótico, experienciamos flutuações constantes entre diferentes níveis*

> *de ansiedades, defesas e de diferenciação e integração self-objeto. Assim, podemos encontrar na mesma criança, e muitas vezes na mesma sessão, estados de ansiedade que variam de ansiedades-de-ser arcaicas a ansiedades mais claramente definidas, relativas a relações objetais do tipo esquizoparanoide e depressivo . . . Ansiedades psicóticas podem encobrir e ligar as ansiedades-de-ser primitivas, enquanto estas últimas podem servir como uma retirada das ansiedades psicóticas. Essas dinâmicas são incorporadas em fantasias inconscientes características dos estados mentais primevos malformados. (p. 926)*

Quero destacar a complexidade, no modelo de Durban, das relações não lineares entre os processos psicóticos, não psicóticos, narcísicos e autistas que podem coexistir e simultaneamente influenciar a imagem de mundo em desenvolvimento de uma criança.

Sugiro que, além de rastrear o movimento de entrada e saída de refúgios autísticos e narcísicos, devemos considerar a estrutura da experiência de *self* mais primitiva, observando novamente sua oscilação entre o *self* como objeto e o *self* como agente.

Com base nas observações de Durban, percebemos como, no nível mais profundo das ansiedades-de-ser, um *self* primitivo (o que é sentido como "mim" em termos de sensação e forma) pode ser sentido como sendo o objeto de forças aniquiladoras. No nível da experiência pré-objetal, essas forças não são facilmente organizadas, personificadas ou diferenciadas. Elas parecem ambientais, não humanas, energéticas ou até mesmo cósmicas. Em minha experiência, um senso primitivo de *self* como objeto não experimenta um vínculo com um outro avassalador. Ao contrário, a experiência é de *imersão* em um ambiente tóxico ou violento. O que acontece no ambiente acontece com o *self*. É por isso que talvez possamos aprender tanto tentando imaginar a experiência pré-natal. As primeiras formas de vínculo surgem e são diferenciadas de uma experiência de imersão, que ou apoia a experiência de continuidade do ser ou a impede.

Estou tentando evocar uma experiência que não é sem objeto nem envolve relações de objetos parciais claramente diferenciadas e estáveis. Em um registro pré-objetal, o *background* de catástrofe implica a imersão em um processo aniquilador. E, na medida em que o paciente reconhece o analista como completamente separado, ele é sentido como existindo dentro e sujeito às mesmas forças aniquiladoras.

Essa realidade subjetiva opressiva gera pressões interpessoais reais, relacionadas à evocação de um terror sem nome que satura o campo analítico. Esse tipo de experiência está aquém das formulações diádicas mais familiares no nível de interpretação de objeto parcial ou esquizoparanoide. O terror da aniquilação é sentido como imediato, concreto e saturado. Assim, resiste à descrição e à simbolização e tende a inundar também o analista. Como Bion (1977) indicou, a atenção deve se deslocar para o vínculo, a cesura, a experiência que surge no entre. Ou, como gosto de dizer, a atenção deve se concentrar no que o próprio momento evoca.

Não é de admirar, então, que o senso do *self* como agente possa ficar aprisionado em funções onipotentes de sobrevivência, buscando refúgio em retiradas autistas ou narcisistas. O senso de agência é capturado em uma tentativa desesperada de criar condições de sobrevivência, que excluem a ciência de relações objetais dependentes e livram o *self* do reconhecimento de seus estados expostos a desamparo.

É um desafio significativo para o analista perceber que o paciente tem pouca ou nenhuma noção do valor de cooperar com ele em seu tratamento. Em vez disso, o senso de agência do paciente é capturado e organizado pela busca de escapar da presença do objeto ou sobreviver a forças opressivas aniquiladoras às quais ele, muitas vezes, sente que o analista o está submetendo.

No entanto, em minha experiência, uma parte oculta da personalidade pode ser algumas vezes detectada, uma parte perdida, desamparada, dependente e traumatizada, na forma de *self* como objeto. Esse aspecto do *self* está, de alguma forma, tentando desesperadamente sinalizar sua angústia no nível pré-objetal. Seus sinais de esperança são fracos e a capacidade de iniciar contato com o analista é fugaz.

As Tabelas 8.1 e 8.2 resumem algumas dessas ideias.

Tabela 8.1 Via dupla 1

	Self	Outro	Vínculo	Ansiedade
Relação pré-objetal	*Self* como objeto	Presença de base ambiental	Imersão	Aniquilação
				Agonias primitivas
	Self como agente	Proto-objeto enigmático	Noção fugaz de presença/ ausência	Terror sem nome
Esquizoparanoide	*Self* como objeto	Objeto parcial + ou -	Influência	Ameaça ao *self* pela presença do objeto mau ou perda do objeto bom
	Self como agente		Controle	

Tabela 8.2 Via dupla 2

	Piso para experiência emocional	*Background* de catástrofe emocional
***Self* como agente**	Padronizado por interações contingentes compartilhadas	Capturado por funções primitivas e onipotentes de sobrevivência; retraído de relações objetais dependentes
	Afeto regulando a experiência diádica	Vivendo "em outro lugar" com "soluções de uma-pessoa" onipotentes
	Realização de relacionamento continente-contido	Medo de surgimento[NT5]
***Self* como objeto**	Não integração	Agonias primitivas
	Relaxamento	Terror sem nome
	Aflição → conforto	Aniquilação do ser
	Fé em continuar-a-ser	

[NT5] No original em inglês, "*Fear of emergence*".

Vinheta de caso

Conheci Sandy, como vou chamá-la, quando ela tinha 4 anos, uma menina cativante e inteligente. A psicoterapia foi procurada pelos pais, porque seu comportamento inviabilizava a permanência na pré-escola. Suas birras frequentes envolviam gritar, chutar, bater, morder e empurrar professores e crianças. Os pais descreveram a intensidade emocional e a violência de seu comportamento como incontroláveis.

Sandy nasceu com quatro semanas de prematuridade e passou o primeiro mês de sua vida em uma unidade de terapia intensiva neonatal. Como ocorre com muitas dessas crianças, Sandy exibe vários tipos de hipersensibilidade sensorial, sendo o terror a ruídos altos o mais grave deles.

Nas primeiras sessões, Sandy se movia freneticamente pelo consultório. Sentava-se no chão e começava a falar e então de repente pulava e corria. Retirava todos os brinquedos da caixa sem olhar para eles e depois ia olhar pela janela e narrava o que via. Subia no divã, depois rolava no chão, depois chutava e gritava.

Começava a desenhar e, em seguida, abandonava o que estava fazendo. Movimentava-se constantemente durante as sessões. Às vezes, especialmente, se ouvisse um barulho alto, gritava e parecia entrar em pânico.

O impacto de sua fragilidade, associado a seu movimento incessante, me deixava exausto. Sentia-me confuso e desorientado. Não havia como rastrear nenhum tema em suas atividades. Ela nunca estava realmente brincando. As coisas pareciam terminar assim que começavam.

Gradualmente, fui reconhecendo que o significado de seu comportamento não estava no conteúdo de suas ações, mas em sua qualidade, em sua natureza rápida e fragmentada. Determinei-me a tentar acolher o caos de sua atividade sem tentar modificá-lo.

Eu descrevia coisas como: "Você está se movendo tão rápido", "Você estava se movendo para uma coisa, e agora está indo para outra", "Será que você escolhe o que está fazendo?", "Você parece estar sendo empurrada de uma coisa à outra por algo, ou por algum sentimento sem nome".

Lentamente, um senso de relacionamento começou a se desenvolver. No início, isso não se passava entre nós, mas havia uma sensação *dentro de mim* de que eu estava me tornando mais capaz de estar com ela. Passei a dizer coisas como: "Deve ser estranho estar aqui comigo. A minha sensação é de que você e eu estamos no meio de uma tempestade emocional".

Fiquei surpreso quando, na sessão seguinte, Sandy lembrou da expressão "tempestade emocional". Ela disse: "Estou em uma tempestade de novo".

Pela primeira vez, mostrou interesse no grande quadro branco que eu guardava com os brinquedos. Perguntou-me se podia desenhar. Dei a ela um conjunto de pincéis coloridos e uma borracha. Ela começou a fazer círculos pretos gigantes em espiral.

> SANDY: "Você sabe o que é?".
>
> EU: "Aposto que é a tempestade".
>
> ELA: "Que tipo de tempestade é essa?".
>
> EU: "É uma tempestade feita de sentimentos muito intensos".
>
> SANDY: "É um tornado. Pode destruir qualquer coisa".
>
> EU: "Acho que você se sente como se fosse um tornado e está se perguntando se eu tenho medo de ser destruído por seus sentimentos de tornado".

Ela me olhou de perto, mas não respondeu. Falou que havia terminado de desenhar e passou a criar um jogo violento com fantoches.

Nas sessões que se seguiram, Sandy mostrou-se visivelmente mais calma e capaz de sustentar por mais tempo suas atividades lúdicas antes de interrompê-las. Seguiu desenhando tornados durante muitas sessões.

"Você se lembra do tornado?", ela perguntava. "Sim", eu respondia. Numa ocasião, Sandy falou: "Vou desenhar um tornado. Você quer ver?". Eu disse: "Sim, quero ver o que você quiser me mostrar". Ela: "Quero que você vá dormir". Eu estava sentado no chão ao seu lado com o quadro branco entre nós. Sandy disse: "Deite-se, feche os olhos e durma". Eu: "Isso parece importante para você. Vou fechar os olhos e fingir que estou dormindo." Ela: "Não, você tem que se deitar".

Decidi seguir suas instruções. Foi uma escolha intuitiva sobre a qual eu tinha dúvidas. Estava me sentindo controlado por ela, mas, ao mesmo tempo, não queria interromper algo que parecia estar em evolução. Pensei que Sandy estava tentando expressar algo que parecia potencialmente significativo.

Estendi-me no chão. "Não abra os olhos até que eu diga", disse ela. "Você está dormindo agora?", ela perguntou. "Sim", eu disse.

Enquanto fingia dormir, tentava prestar atenção à forma como estava sentindo essa experiência, para o caso de conseguir obter algumas pistas sobre o significado dessa cena. De repente, para minha surpresa, Sandy gritou "Acorde agora!". Fiquei realmente assustado, o que Sandy observou e a deixou contente.

> "Olha!", ela disse. Ela havia desenhado outro tornado negro que cobria todo o quadro branco.

> Eu disse: "Você riu porque me assustei quando você gritou para eu acordar. Você ficou animada com isso. Será que você queria que eu fingisse estar dormindo para que você pudesse ter a sensação de que poderia me controlar? Talvez essa seja outra maneira de tentar controlar os sentimentos de estar presa dentro da tempestade de tornados".

Sandy respondeu imediatamente: "Eu queria que você tivesse um sonho".

Nas sessões seguintes, Sandy voltou a essa brincadeira, repetindo a instrução para eu dormir, para que pudesse novamente me assustar e acordar. Falei que imaginava o quanto lhe era assustador que sentimentos de tornado aparecessem repentinamente. Acrescentei que devia parecer que esses sentimentos haviam sido colocados dentro dela por outras pessoas ou eventos, e ela queria desesperadamente encontrar uma maneira de controlar o que a perturbava.

> Ela: "Eu sei o que fazer". Pegou uma borracha e começou a fazer o que chamou de "pequenos cortes" no tornado, dizendo que iria controlar o que chamou de "máquina de corte". O objetivo desses cortes parecia ser o de dissipar a energia da tempestade.

Relacionei com a forma como Sandy interrompia suas atividades nas primeiras sessões, passando de uma coisa à outra. Referi que, nos momentos em que agia dessa forma, era possível que estivesse se sentindo interrompida pela intensidade das emoções tempestuosas dentro de si. Acrescentei que, agora, os pequenos cortes eram uma forma de mostrar como interromper, auxiliada por mim, os sentimentos de tornado, para não mais se ver tão dominada por eles.

Na sessão seguinte, Sandy fez o primeiro desenho de si mesma, que consistia numa figura muito primitiva, com palitos, o que é comum observar em crianças bem menores. Ela disse simplesmente: "Esta sou eu".

Discussão

A história de Sandy sugere exposição a um nível muito profundo de ansiedade. Imagino que o senso de *self* nascente de Sandy foi sobrecarregado desde o início de sua vida. Sua ansiedade não funcionava como um sinal. Ao contrário, quando a ansiedade surgia, tornava-se avassaladora, a dominava e interrompia, tornando-se uma catástrofe para a qual ela nunca conseguia se preparar.

Segundo Winnicott, a aflição ocasionada por fracasso ambiental origina uma ansiedade que é sentida como aniquilação da sensação de "continuidade do ser". Winnicott descreveu o que chamou de "agonias primitivas", que qualificou como sentimento de despedaçamento, de desorientação, de cair infinitamente e de não ter relação com o corpo.

De acordo com Jan Abram:

> *Para Winnicott, as angústias primitivas constituem a intrusão.*[NT6] *A intrusão causa no bebê o sentimento de que o self foi aniquilado. É o oposto do ser; é o trauma de aniquilação, que violenta o núcleo do self. (Abram, 1996, p. 161)*[NT7]

Quando confrontada com ansiedades como essa, a criança ficará concretamente dependente de que o ambiente lhe forneça a função alfa necessária para ajudar a conter, organizar e processar a angústia. Sem essa provisão, não há como passar do grito ao sonho.

No âmbito cognitivo, Sandy estava ciente de haver pessoas separadas, incluindo sua mãe, seu pai, eu, seu irmão e seus avós. Mas, em um nível afetivo, penso que se sentia imersa em uma catástrofe emocional não compartilhada e sem nome.

[NT6] No original em inglês, "*impingement*".

[NT7] Retirado de www.ava-edu.net/biblioteca/wp-content/uploads/2020/07/A-Linguagem-de-Winnicott-Jan-Abran.pdf

Segundo Alvarez (2012) existem três níveis de interpretação. O primeiro é explicativo e ajuda a criança a reconhecer significados adicionais ou alternativos para sua experiência, o que requer a capacidade de compartilhar a atenção e aceitar que o outro possa ter um ponto de vista diferente. Um segundo nível de interpretação, que Alvarez considera apropriado para crianças limítrofes, psicóticas e autistas, envolve o que ela chama de interpretações descritivas. Estas objetivam nomear e dar significado à experiência da criança, ajudando a focalizar algo que possa ser então reconhecido e contido. Alvarez (2012) refere que esse segundo nível lida mais com o sentimento de ser, e com o que ela chama de "pensar em um único trilho".

Eu associo a intrusão com um *background* de catástrofe emocional em um nível pré-objetal, e considero que a estratégia de Alvarez de pensar em um único trilho é mais apropriada quando se trata da tentativa de estabelecer um relacionamento continente-contido. Esse nível ajuda a articular a experiência da criança e fornece forma verbal para uma imagem do mundo.

O terceiro nível, que Alvarez chama de interpretação vitalizadora, consiste em atrair a atenção da criança que está capturada e aprisionada em alguma forma severa de alienação. Esse nível de interpretação é necessário quando a experiência primitiva de *self* como objeto é sentida como aprisionada em um *background* de catástrofe emocional. Isso pode levar a reclamar a atenção da criança, bem como possibilitar o uso de interpretações em ação, que foram recentemente descritas por Durban e que podem ser observadas em minha experiência lúdica com Sandy.

Com Sandy, minhas interpretações descritivas consistiram numa tentativa de nos orientar e organizar. Acredito que, no nível da ansiedade de aniquilação, a ameaça é subjetivamente sentida não apenas em relação ao *self*, mas a tudo. Fazer contato, ou estabelecer um vínculo, pode ser sentido como provocador de catástrofe. É preciso fazer um vínculo que ajude a sentir, pensar e expressar a experiência. Mas justamente esse ato de conectar ou vincular é sentido como trazendo ciência da catástrofe. Este parece ser o lugar no qual Sandy e eu começamos.

Refletindo sobre a experiência inicial da paciente na UTI neonatal, pode-se imaginar que ela teve uma percepção primordial de que sua existência estava em perigo. Como é possível registrar, tolerar, explorar e expressar essa experiência?

No que diz respeito à brincadeira de me acordar, estou atualmente mais inclinado à possibilidade de que Sandy poderia estar inconscientemente tentando criar a cena de um bebê recém-nascido em uma UTI, que poderia ser assustado terrivelmente por acontecimentos repentinos e inesperados. A novidade que ela introduziu na brincadeira ao fazer "pequenos cortes" na tempestade pareceu-me ser a descoberta da recuperação de sua onipotência para dominar algo traumático.

Acredito que o primeiro desenho de si mesma ocorreu como resultado de nossa criação conjunta de um processo que possibilitava, em certa medida, registrar, tolerar, explorar e expressar a experiência do tornado. Isso significou que havia agora menor perigo de destruição e espaço para um vínculo se desenvolver e ser elaborado. Em vez de ser um objeto tomado por uma tempestade de tornados, Sandy começou a encontrar seu próprio senso de agência e ser capaz de explorar, expressar e compartilhar experiências comigo. Em um nível profundo e intuitivo, ela reconheceu que estávamos engajados na criação de um processo de sonho compartilhado para registrar, tolerar e transformar a cena de tornado, cena que representava uma experiência pré-objetal inicial.

Referências

Abram, J. (1996). *The language of Winnicott: a dictionary of Winnicott's use of words*. London: Karnac.

Alvarez, A. (2012). *The thinking heart: three levels of psychoanalytic therapy with disturbed children*. London: Routledge.

Anzieu, D. (2016). *The skin ego*. London: Karnac.

Bion, W. R. (1977). *Two papers: the grid and caesura*. Rio de Janeiro: Imago.

Bollas, C. (1987). *The shadow of the object: psychoanalysis of the unthought known*. London: Free Association Books.

Durban, J. (2019). "Making a person": clinical considerations regarding the interpretation of anxieties in the analyses of children on the autisto-psychotic spectrum. *International Journal of Psychoanalysis*, *100*(5), 921-939.

Eigen, M. (1993). *The electrified tightrope*. Northvale, NJ: Jason Aronson.

Grotstein, J. (2000). Autochthony and alterity: psychic reality in counterpoint. In: *Who is the dreamer, who dreams the dream? A study in psychic presences*. Hillsdale, NJ: The Analytic Press.

Kumin, I. (1996). *Pre-object relatedness: early attachment and the psychoanalytic situation*. New York: Guilford Press.

Maiello, S. (1997). Going beyond: notes on the beginning of object relations in the light of "the perpetuation of an error". In: T. Mitrani, & J. Mitrani (Eds.). *Encounters with autistic states: a memorial tribute to Frances Tustin*. Northvale, NJ: Jason Aronson.

Maiello, S. (2000). "Song-and-dance" and its developments: the function of rhythm in the learning process of oral and written language. In: M. Cohen, & A. Hahn (Eds.). *Exploring the work of Donald Meltzer: a festschrift*. London: Karnac.

Maiello, S. (2001). On temporal shapes: the relation between primary rhythmical experience and the quality of mental links. In: J. Edwards (Ed.). *Being alive: building on the work of Anne Alvarez*. London: Routledge.

Ogden, T. (1989). *The primitive edge of experience*. Northvale, NJ: Jason Aronson.

Roussillon, R. (2011). *Primitive agony and symbolization*. London: Karnac.

Symington, J. (1985). The survival function of primitive omnipotence. *International Journal of Psychoanalysis*, *66*, 481-488.

9. Um "senso-de-*self*":[1] aspectos da simbolização por meio da psicoterapia

Jeffrey L. Eaton

Este capítulo explora o que Frances Tustin chamou de "o desenvolvimento da eu-dade"[2] no contexto de um processo analítico. A atenção se concentrará nas experiências primitivas de um "senso-de-*self*" e no papel das defesas autísticas contra a apreensão da vulnerabilidade primária. Vivenciar uma situação psicanalítica pode, às vezes, possibilitar que o paciente emerja de estados autísticos e desenvolva maior vivacidade e expressividade emocional. Para ilustrar a evolução do processo de simbolização, serão apresentadas vinhetas clínicas do tratamento de uma criança diagnosticada no espectro autista.

Frances Tustin (1986) escreve:

> *Estudar o desenvolvimento rígido e hesitante da imagem corporal e da sensação de começar a se sentir um "eu" da . . . criança autista não pode deixar de nos impressionar com a*

---

1 No original em inglês, "*felt-self*". Foi adotada a tradução utilizada no livro *Barreiras autistas em pacientes neuróticos* (Frances Tustin, Artes Médicas, 1990, p. 15).

2 No original em inglês, "*I-ness*". Foi adotada a tradução utilizada em *Os sujeitos da psicanálise*: aspectos da simbolização por meio da psicoterapia (Ogden, 1994, São Paulo: Casa do Psicólogo).

> *complexidade da tarefa realizada por bebês normais, sem que eles tenham a menor noção do que está ocorrendo. (p. 235)*

Meu trabalho em psicoterapia psicanalítica com várias crianças diagnosticadas no espectro autista convenceu-me da complexidade da personalidade única de cada criança. Para entender a imagem que uma criança tem do mundo, é útil tentar observar e imaginar as dimensões primitivas da experiência gerada por aspectos inconscientes de uma imagem corporal primitiva.

Quero explorar o papel das sensações na criação do que Tustin (1986) chama de "um senso-de-*self*" (pp. 222-223). Tustin afirma que "crianças autistas 'carimbam' o mundo exterior de acordo com sua imagem corporal – seu 'senso-de-*self*'".

Enfatizarei a complexidade e a importância do papel das sensações na formação de uma imagem corporal primitiva e de um senso de identidade em desenvolvimento. Acredito que, ao dar atenção ao nível do "senso-de-*self*", um terapeuta sensível pode ser capaz de estabelecer condições suficientemente boas para promover contato emocional significativo com crianças de difícil acesso. A partir desse contato, a comunicação pode se desenvolver e se aprofundar. O analista, ao atentar para as implicações de um "senso-de-*self*" na experiência da criança, pode ajudar a promover um processo de continência, graças ao qual a capacidade de simbolização pode se desenvolver, permitindo à criança uma gama mais ampla de expressão e oportunidades compartilhadas para construção de significado.

O desenvolvimento da eu-dade

Muito provavelmente você experiencia a si mesmo, sem refletir sobre isso, como um corpo inteiro com limites definidos por sua pele. Sua mente e seu corpo podem se comunicar perfeitamente e são percebidos, de alguma forma, como um todo. Você se sente orientado, separado e capaz de agir no mundo. Seus sentidos coordenados contribuem para um sentimento inconsciente de coerência. Um piso inconsciente para a experiência emocional (Eaton, 2014) permite que você implemente seletivamente a atenção, tenha expectativas e faça previsões sobre suas ações. Suas ações "fazem sentido".

Um senso de orientação, com toda a sua complexidade e dimensionalidade, muitas vezes não pode ser adquirido nos estados autistas. Imagine, em vez disso, um "senso-de-*self*" que é escorregadio como um líquido; ou mole, sem coluna vertebral; ou endurecido como uma concha; ou movediço como cores que se misturam umas às outras. Nessas experiências primitivas, não se pode diferenciar ou interagir com os objetos de forma segura, muito menos eles podem ser confiáveis, examinados ou compreendidos.

Segundo Tustin, as primeiras sensações corporais envolvem um "senso-de-*self*" experimentado como "fluidos e gases". "Isso não é surpreendente", escreve Tustin (1986, p. 223), "uma vez que o bebê recém-nascido emergiu de um meio líquido e seus primeiros alimentos e excreções estão associados a fluidos e gases".

Tustin acredita que "estados sensoriais primordiais têm importância fundamental para o desenvolvimento da imagem corporal e do senso de *self*" (Tustin, 1986, p. 235). A sensorialidade molda tanto o senso de *self* em desenvolvimento quanto a percepção nascente de conexão ou vínculo com o outro. Em uma relação suficientemente boa entre mãe e bebê, a *sensorialidade* torna-se padronizada por meio de interações reguladoras de afeto.

Tustin também explora o papel do que ela chama de atividade autossensorial. Segundo ela, em um cenário saudável, a atividade autossensorial ocorre no contexto do relacionamento em desenvolvimento e em oscilação com a crescente tolerância à apreensão de separação do outro.

A sensorialidade é diferenciada da autossensorialidade. Tustin (1986) escreve: "Sugiro que, no desenvolvimento primitivo infantil *normal*, há uma apreensão de separação que se torna suportável por atividades autossensoriais, como sucção, e interações corporais com outras pessoas, particularmente com a mãe" (p. 43, grifo no original).

Podemos falar, então, de duas formas de experienciar o "senso-de-*self*". Uma é sensorial e modelada pelo relacionamento com outro objeto cuidadoso e atento. Esse "senso-de-*self*" molda gradualmente "um piso para a experiência emocional" (Eaton, 2014) que ajuda a tolerar os momentos em que há apreensão de separação. Nesse cenário, há um ritmo de união e diferenciação que se desenrola na relação com o outro. A atividade autossensorial é usada para ajudar a modular a ansiedade, mas não se torna um modo dominante ou primário de organizar a experiência.

Em contraste, o segundo tipo de "senso-de-*self*" depende fortemente da atividade autossensorial e cria o que Tustin (1986) chamou de "um tabu sobre a ternura" (p. 290), bloqueando não apenas a apreensão de separação do outro, mas, em última instância, de contato com o outro por completo. Nesse cenário, a autossensorialidade é utilizada inconscientemente como defesa contra a apreensão de separação ou, igualmente importante, contra a apreensão de presença do objeto. De acordo com Tustin (1981), isso pode ser feito usando a sensorialidade para criar barreiras à apreensão do outro, ou utilizando-a para fundir-se ou enredar-se com o outro, de modo que este seja experienciado como uma extensão e organizador do "senso-de-*self*".

Na saúde, as sensações constituem uma ponte tanto para a autoexperiência quanto para a conexão com o outro, e são modeladas por meio da interação. A atividade autossensorial é uma vertente dessa experiência relacional e emocional em evolução. A sensorialidade torna-se uma experiência compartilhada que se desenrola num contexto de aprofundamento da reciprocidade, comunicação contingente e trocas lúdicas com o outro. As sensações fazem parte de um piso para a experiência emocional, um fator no que se torna uma função simbolizadora.

Em situações patológicas, a atividade autossensorial, a manipulação das sensações para vários propósitos defensivos onipotentes, passa a predominar e definir a experiência, o que traz muitas consequências ao longo do desenvolvimento. A dependência de atividades dominadas por sensações rígidas e repetitivas leva a uma crescente sensação de isolamento e à aversão ao contato com outras pessoas. Essa manipulação das sensações torna-se uma barreira para a criação de vínculos e para o desenvolvimento da capacidade simbólica.

É comum que crianças diagnosticadas no espectro autista experimentem alguma forma de hipersensibilidade sensorial agoniante. Todas que analisei apresentavam invariavelmente alguma dificuldade idiossincrática de processamento sensorial. A incapacidade de modular e organizar coerentemente as sensações contribui para que predomine uma profunda desorientação e vulnerabilidade no "senso-de-*self*". Há, frequentemente, fatores do neurodesenvolvimento que exacerbam a percepção de que contato e separação constituem um insulto aos sentidos. Isso pode levar a um contexto de intensa vergonha, frustração e retraimento, tanto para a criança quanto para a família.

Tustin (1986) descreve o "senso-de-*self*" em agonia por meio de uma paciente chamada Jean:

> *Jean disse que . . . se sentia como se, "no fundo", ela fosse uma "cachoeira"; "caindo e caindo descontroladamente" em um abismo sem fim, em um espaço sem contornos, em um nada. Ela enfatizou que era a sensação de estar fora de controle, tanto quanto o cair, que eram tão assustadores. Significativamente, ela acrescentou: "Tenho medo de perder a mim mesma". (p. 217)*

A importância da imagem de uma cachoeira está em veicular uma intensidade concreta dominada pela sensação característica da experiência de um "senso-de-*self*" primitivo. A paciente, Jean, está tentando transmitir algo que se encontra aquém, além ou sem palavras. Suas imagens e linguagem são poéticas. Mas há aqui um paradoxo: suas palavras devem ser consideradas literalmente para que se possa apreciar a intensidade da experiência que elas buscam representar.

Uma experiência de "senso-de-*self*" pode ser representada apenas gradualmente por meio da mediação pela *reverie* e atenção cuidadosas de um outro. A imagem da cachoeira, mencionada por Jean, aponta para uma profunda concretude. Sua experiência não é como uma cachoeira. Sua experiência é uma cachoeira. A realidade psíquica não é uma categoria percebida automaticamente como real. Ela é progressivamente descoberta à medida que experiências cruas no nível do "senso-de-*self*" passam a ser registradas, toleradas, exploradas, elaboradas e expressas por um relacionamento. Para que isso ocorra, é necessário que as defesas autísticas se reduzam e amenizem, tornando possível o contato emocional.

O "destino sensorial"[3] patológico tem muitas trajetórias possíveis. Nos casos que envolvem um sentimento crônico de insulto aos sentidos, se não há uma intervenção hábil e cuidadosa, as consequências parecem incluir uma alienação progressiva. Essa sequência se desdobra como (1) medo da conexão continuada com outros; (2) medo de qualquer contato com outros; (3) afastamento deliberado de outros; (4) apagamento de qualquer apreensão de vínculos com outros; e (5) apagamento de qualquer apreensão de vínculos com a própria experiência, por meio da retirada para a autossensorialidade.

A experiência crônica de insulto aos sentidos pode levar a uma dependência excessiva de atividades autossensoriais como organizadoras de barreiras sensoriais, muros e outras manobras onipotentes

3 No original em inglês, "*fate of sensation*".

de isolamento. Um resultado é que a criança não apenas cria uma barreira ao contato com os outros, mas, de forma ainda mais profunda, perde gradualmente o contato com a sua própria experiência corporal, ficando, em vez disso, imersa em objetos ou formas sensoriais unidimensionais rígidos e repetitivos.

Quero fundamentar as ideias de Tustin e meu uso delas no trabalho clínico, bem como oferecer uma amostra da experiência analítica com uma criança diagnosticada no espectro autista. Para ilustrar o tema de um "senso-de-*self*" e suas transformações, compartilharei algumas vinhetas do tratamento de um menino que chamarei de Martin.

Experiência de Martin

Conheci Martin quando ele tinha 9 anos. Martin é um menino bonito, sensível e inteligente que, aos 6 anos, fora diagnosticado com autismo no Centro de Autismo da Universidade de Washington. Aos 9 anos, foi descrito como egocentrado, obsessivo, intolerante a frustrações e sujeito a acessos violentos de raiva. O uso da linguagem envolvia muitas repetições sobre seus assuntos favoritos, especialmente desenhos animados e videogames. Após receber esse diagnóstico, aos 7 anos, iniciou terapia da fala e da linguagem. Seus pais procuraram psicoterapia, porque Martin dissera abruptamente que desejava morrer e que era mau.

De acordo com seus professores, Martin vagava pela sala, na escola, sem uma clara intenção. Não "ouvia" as instruções de seu professor. Cantava alto para si mesmo, sem se dar conta de como isso perturbava os colegas de classe. Necessitava ser repetidamente advertido a se concentrar, e com facilidade se frustrava, ficando inclusive violentamente agitado, em consequência do que percebia como "crítica".

Martin exibia movimentos repetitivos das mãos e gestos autossensoriais, como enrolar repetidamente seus longos cabelos encaracolados. Às vezes, quando muito excitado, agitava as mãos e os braços, ou batia no próprio rosto. Não tinha amigos e se mostrava incapaz de desenvolver relacionamentos com colegas. Observei muitos desses comportamentos em suas primeiras sessões.

Não é minha intenção fornecer uma história completa de seu desenvolvimento. A mãe de Martin tinha uma longa e significativa história de traumas e abusos. Ela e o pai de Martin eram muito dedicados aos cuidados com o filho. É importante notar, no entanto, que a gravidez não fora planejada. A mãe se mostrava angustiada quanto à possibilidade de engravidar e considerou todo o decorrer da gestação difícil, tanto física quanto emocionalmente. Martin nasceu prematuro e passou seis semanas em uma incubadora antes de ser levado para casa.

Três dos seus primeiros desenhos (Figuras 9.1 a 9.3) me parecem representar a experiência de um "senso-de-*self*" que se move da angústia não simbolizada para a organização primitiva. Quando Martin desenhava, geralmente era por minha sugestão. Eu pegava papel e canetas e lhe pedia para tentar desenhar algo. Martin permanecia sentado por um longo tempo, olhando para a página vazia. Ele era capaz de repetir as falas de um episódio de *Bob Esponja* ou de algum outro desenho animado. Podia ficar murmurando e olhando pela janela; retirar todas as tampas das canetas e recolocá-las; ou mesmo organizar as canetas de acordo com a paleta de cores. Eventualmente, ele dizia algo como: "Agora estou pronto". Era necessário que eu tivesse muita paciência, procurando não o pressionar ou interromper durante o tempo que necessitava para "se preparar".

Figura 9.1 Sem título.

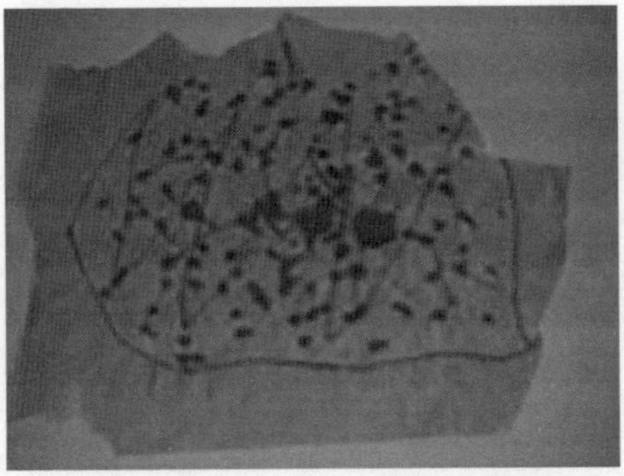

Figura 9.2 Sem título.

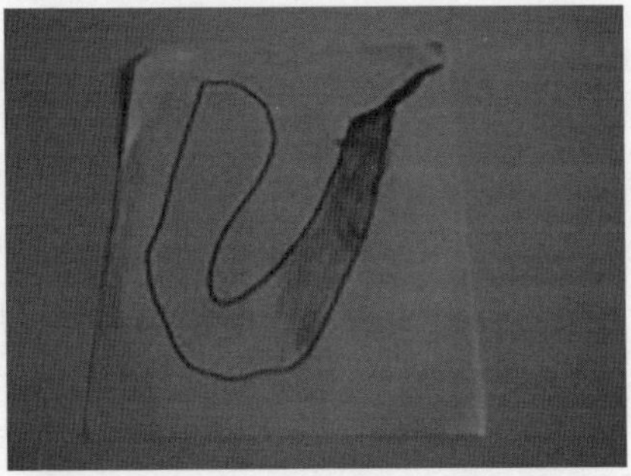

Figura 9.3 Animal com rabo.

Martin produziu essas imagens durante o primeiro ano, com duas sessões semanais. A primeira imagem (Figura 9.1) foi rapidamente abandonada após sua criação. A segunda (Figura 9.2) foi amassada e parcialmente rasgada, mas não destruída. Martin ficara perturbado ao produzir esse desenho. A terceira imagem (Figura 9.3) foi abandonada pela metade. Ele a chamou de "animal com rabo". Esse caracterizou um dos primeiros "personagens" a surgir em suas sessões. Esse personagem não possuía história.

Penso que esses desenhos mostram uma progressão na representação de uma imagem corporal primitiva, ou de um "senso-de-*self*". Uma coisa que percebi ao testemunhar a criação desses desenhos é a dificuldade não apenas de representar a experiência, mas de tolerar estar "tocando" a experiência no nível de um "senso-de-*self*".

Cada um desses primeiros desenhos demonstra a sensação de "excesso" da experiência. Pergunte a si mesmo como seria vivenciar os canais de seus sentidos trazendo à consciência experiências desorganizadas, desorientadoras e perturbadoras. Você provavelmente se afastaria de quase tudo, porque pareceria excessivamente novo, confuso, perigoso, imprevisível, ou mesmo bonito, emocionante ou enigmático demais. Em outras palavras, a apreensão da experiência cria uma situação crônica de "excesso". Então, seria imperativo tentar controlar a experiência de "excesso".

Uma maneira de a criança lidar com o excesso é comunicar o que sente, mas isso requer que confie no contato com o outro para organizar e modular a experiência. Quando não há confiança na possibilidade de transformar angústia em conforto, algumas crianças se aferram a métodos de controle idiossincráticos e onipotentes, baseados na manipulação das sensações. Com o passar do tempo, elas passam a confiar mais em seus próprios comportamentos onipotentes do que no contato com as pessoas.

Aos poucos, Martin começou a se comunicar mais comigo. Após três anos de tratamento, então com 12 anos, produziu um desenho capaz de *representar* sua experiência-de-*self* como um tipo especial de máquina (infelizmente não o impedi de destruir esse desenho no final de uma sessão).

Descreverei, em detalhes, o desenho e o que Martin me contou sobre ele. Essa descrição é condensada e não transmite o importante ritmo do desenvolvimento da exploração entre nós. Nossas conversas sobre esse desenho se estenderam por várias sessões até que Martin finalmente o destruiu. Minha compreensão é que o desenho representa a tentativa criativa inconsciente de Martin para lidar com o problema do "excesso" em sua experiência de um "senso-de-*self*" primitivo.

O desenho de Martin retrata uma máquina semelhante a um robô. Os principais detalhes da imagem enfatizam a função dos sentidos. Os olhos são representados como "poderosas luzes de busca". As orelhas são "receptores de rádio gigantes". O nariz é "um aspirador gigante de cheiros". Não há representação de pele ou toque. Falta a boca, mas há "um buraco com trituradores gigantes" para a comida e "uma válvula" para separar "a passagem de ar da passagem de comida".

Essas ideias dramatizam com precisão o "senso-de-*self*" inconsciente de Martin e sua relação com as sensações. Fica-se imediatamente impressionado com a intensidade. Cada sentido é um canal de intensidade.

De particular interesse é a ausência de uma boca. Se, como acreditava Tustin, o encaixe entre a boca do bebê e o mamilo da mãe é um modelo para a noção primordial de conexão,[4] a imagem de Martin mostra o enorme desafio que consiste em se relacionar com o outro por meio da fantasia inconsciente de um órgão mediador apresentando-se como "um buraco com trituradores gigantes".

---

4 No original em inglês, "*coupling*".

É importante imaginar que Martin experimenta inconscientemente dessa forma não apenas a si mesmo, mas, ao mesmo tempo, essa é também sua visão de outros. O contato emocional, então, levanta a questão implícita de quem vai triturar e quem vai ser triturado.

A complexidade e a criatividade da realidade psíquica de Martin são ainda mais elaboradas por suas descrições de seu desenho. As sensações fluem para o "Comando e Controle Central". Os pensamentos são armazenados na "Biblioteca de Pensamentos". Os sentimentos são "agitados" no "Misturador de Sentimentos". Existe uma "Caixa de Depósito de Sonhos" na qual os sonhos são entregues a partir da Biblioteca de Pensamentos e do Misturador de Sentimentos.

O impacto emocional desse intercâmbio onírico me deixou maravilhado com a criatividade inconsciente de Martin. Fiquei particularmente interessado na criação e no desenvolvimento de uma "caixa de depósito de sonhos", como um símbolo para a construção de uma relação continente-contido, que está ocorrendo via transferência.

O início da capacidade de compartilhar experiências foi crucial para liberar a atenção de Martin, tornando-a disponível para interagir. Por meio dessa interação compartilhada nas sessões, Martin começou a descobrir maneiras de tolerar e expressar suas ansiedades, emoções e a misteriosa capacidade de transformar experiências.

Voltando à minha conversa com Martin sobre seu desenho, vou resumir o que aprendi com ele: disse-me que conflito entre sentimentos e pensamentos, ou entre dois tipos de sentimentos, deve ser evitado a todo custo; deve haver apenas um sentimento de cada vez, ou "o sistema irá colapsar"; conflito entre sentimentos e pensamentos pode afetar negativamente o estômago, os pulmões e o coração; o estômago processa medo, os pulmões processam tristeza, e o coração processa alegria. Há também a representação de uma passagem anal para eliminar os resíduos, que podem incluir pensamentos, sentimentos e sonhos ruins, mas não sensações; as sensações permanecem "presas na máquina".

Com o tempo, tentei imaginar e observar algumas das consequências de as sensações ficarem "presas na máquina". Em *Learning from experience*, Bion (1962) teorizou que o que ele denomina "elementos beta" impacta a capacidade de apreensão. Os elementos beta, não transformados pela função alfa, não podem ser tornados inconscientes. Os elementos beta são experienciados como sensações cruas que não são significativas por si mesmas. O ponto-chave é, no entanto, que os elementos beta são experienciados. O analista deve reconhecer a diferença essencial entre estar ciente de uma experiência e dar sentido à experiência. Creio que Martin estava me mostrando que as sensações "presas na máquina" eram experiências dolorosas que invadiam sua capacidade de apreensão, mas ele não conseguia atribuir, por si mesmo, significado a elas.

Ser capaz de apreender uma sensação perturbadora cria uma situação de "excesso" que constantemente compromete o "senso-de-*self*". Existem muitos destinos possíveis para esse "excesso". Tustin (1981) descreveu atividades autossensoriais e a criação de formas, objetos e barreiras autísticas. Meltzer (1990), seguindo Klein, detalhou o papel da identificação projetiva intrusiva, amplificada pela manipulação das sensações, como ocorre na masturbação anal. Joan Symington (1985) descreveu funções onipotentes e primitivas de sobrevivência, e Mitrani (1996) teorizou sobre o que denominou de relações adesivas pseudo-objetais e sua relação com a experiência não mentalizada. Todas essas ideias podem ter um papel na descrição de como um "senso-de-*self*" primitivo lida com o problema do "excesso", registrado como experiência bruta antes de entrar em um espaço de significado ou simbolização.

É bem possível apreender uma experiência no nível das sensações sem ser capaz de refletir sobre ela. No entanto, algum significado se acumula inconscientemente ao nível dos sistemas primitivos de valores. A função alfa nunca está ausente de forma absoluta. A fantasia inconsciente parece operar como um processo de fundo que reúne uma parte da experiência dolorosa em um processo de simbolização, enquanto deixa um excesso não metabolizado.

Podemos descrever alguns dos valores primitivos que formam padrões rudimentares de como um "senso-de-*self*" se relaciona com o *self* e com os outros:

Evitar ←→Aproximar

Dor ←→ Prazer

Sozinho ←→ Juntos

Rasgado ←→ Costurado

Aqui ←→ Perdido

Duro ←→ Macio

Ao focar na apreensão, enfatizo que há, nos estados autísticos, uma experiência no nível do "senso-de-*self*" que deve ser observada de perto. Essa experiência é complexa. Muitas vezes, é profundamente dominada pelas sensações. Por essa razão, quero introduzir a pergunta: qual é o destino da sensação? À medida que conhecemos cada criança em um processo analítico, começamos a apreciar a complexidade dos estados mentais que ela está vivendo. Existem muitos pequenos momentos, na relação entre o contato com os outros e a experiência de um "senso-de-*self*", em que a transformação é possível se pudermos testemunhá-los e descrevê-los.

Imagino que sensações que não podem ser processadas e ficam "presas" geram dor e frustração. Quando a dor é muito forte, podem ocorrer ataques à própria capacidade de registrar a experiência. Isso amplifica sentimentos de desorientação e confusão. Frequentemente, a única maneira de lidar com isso é retirar-se para uma espécie de entorpecimento ou morte psíquica, ou retornar às atividades autossensoriais conhecidas.

Emergir de estados autísticos pode ser complicado pelo problema de um superego *sensorial* violento. Esse superego *sensorial* primitivo parece ser, pelo menos em algumas ocasiões, a personificação da dor que ficou "presa na máquina". Essa dor é amplificada pelo ódio, frustração e vergonha – devido ao desamparo e à vulnerabilidade – que saúdam um "senso de *self*" desprotegido quando este se arrisca a entrar em contato emocional com um outro.

A experiência clínica sugere haver uma ligação entre a presença de um objeto interno que provoca "mal-entendidos deliberados" destrutivos ao ego (o que Bion chama de Objeto Obstrutivo [Eaton, 2011]), e suas possíveis origens como um desdobramento de um superego sensorial primitivo. O Objeto Obstrutivo ameaça implacavelmente amplificar a dor se ela não for imediatamente extinta. Isso também se liga a um cenário de vergonha destrutiva para o ego (Eaton, 2021).

O imperativo de um superego sensorial, que demanda minimizar ou extinguir a dor, conduz a um sistema inconsciente de valores que pode variar desde a recusa a qualquer experiência, até a adesão a poder, perfeccionismo e controle. Há um ódio instantâneo à vulnerabilidade e à vergonha, que são sentidas como destrutivas para o ego. Essa tentativa violenta de organização busca substituir a realização ausente de *reverie* materna e paterna, e a ausência de uma relação continente-contido efetiva, por meio do domínio da experiência criando ordem, previsibilidade e equilíbrio sensorial.

Algumas formas linguísticas utilizadas por Martin demonstram sua necessidade de controlar as sensações e de se livrar da percepção das experiências de dor. Martin fazia uso de uma linguagem dominada por sensações concretas, que empregava quase de forma adesiva, repetindo indefinidamente suas narrativas favoritas.

Por exemplo, no início de nosso trabalho, Martin queria me contar um episódio de desenho animado que assistira. Ele não resumia o conteúdo. Em vez disso, ele recriava o episódio, linha por linha, de tal forma que a narração tomava cerca de vinte ou trinta minutos para ser executada. Se eu o interrompesse, ele ficava com raiva e recomeçava a narrativa desde o início.

Havia uma significativa comunicação de angústia que eu recebia em minha contratransferência, por meio de identificação projetiva. Entendi a sua narrativa repetida como uma tentativa de apagar a apreensão de minha presença como um predador em potencial. Apenas depois de ter erguido uma parede de palavras e imagens dominadas por sensações, é que Martin conseguiu se permitir uma curiosidade fugaz sobre mim.

Gradualmente, vim a entender que precisaria tolerar por um longo tempo esse modo de estarmos juntos, sem tentar modificá-lo, até que Martin fosse capaz de buscar minhas contribuições. O uso de palavras e imagens dominadas por sensações parecia protegê-lo, organizá-lo e, inclusive, gratificá-lo. Isso fornecia uma barreira sensorial à antecipação de intrusões por outras pessoas ou pelo mundo externo. À medida que Martin desenvolvia confiança em mim, esse uso da linguagem pôde diminuir, mas sempre era passível de retorno em momentos de estresse.

Além de usar a linguagem para criar barreiras autísticas, em algumas ocasiões Martin usava a linguagem como uma forma de escapar ou se meter para dentro de imagens concretas dominadas pelos sentidos. Esse tipo de fuga ou intromissão envolvia identificações projetivas intrusivas, mas ainda era altamente dominado pelo sensorial. Martin também tinha uma maneira competente e adequada de usar a linguagem quando decidia cooperar em casa, na escola ou comigo. Todos esses diferentes usos da linguagem podiam ser detectados constantemente, em diferentes momentos de uma mesma sessão, de acordo com o nível inconsciente de ameaça que ele parecia detectar.

À medida que Martin permitia maior interação comigo, seu conjunto de imagens e palavras concretas, dominadas pelo sensorial, gradualmente começou a se transformar e a se desenvolver. Em uma sessão, comentei sobre seu uso da linguagem. Falei: "Há momentos, Martin, em que você fala comigo e eu me sinto uma pessoa. Sinto que deseja que eu saiba e entenda algo sobre você. Nesses momentos, sinto que você está usando palavras para construir uma ponte entre nós. Outras vezes, sinto que você está usando palavras para construir um muro entre nós, para me manter de fora. E, às vezes, sinto que nem existo, que você está usando palavras para criar uma sensação aconchegante que o faz esquecer que qualquer um de nós é realmente uma pessoa".

Martin ficou quieto. Ele olhou diretamente nos meus olhos e manteve seu olhar por um longo tempo. Mais adiante na semana, a mãe de Martin deixou-me a seguinte mensagem de voz: "O que quer que você tenha lhe dito realmente o impactou. Ele tem falado para o pai e para mim sobre as palavras, sobre a forma que elas podem ser usadas como muros ou pontes. Ele realmente sente que descobriu algo. É algo emocionante de ver. Ele não para de falar sobre isso".

Com a expansão de seu uso da linguagem, Martin começou lentamente a descobrir a capacidade de sentir mais profundamente seus próprios sentimentos e de comunicá-los para mim e para seus pais. As duas próximas imagens (quinto ano de terapia) mostram, primeiramente a explosão de seus sentimentos, e, depois, a complexidade de sua experiência. O primeiro desenho (Figura 9.4) chama-se "Alguém engoliu uma bomba!" e o segundo (Figura 9.5) não tem título.

Figura 9.4 Alguém engoliu uma bomba!

À medida que Martin começou a entrar em contato com suas emoções, passou, durante alguns meses, por colapsos violentos tanto em suas sessões quanto em casa. Recebi vários telefonemas urgentes de seus pais, referindo que ele só admitia falar comigo. Ele gritava ao telefone, "Jeff, me ajude, por favor, estou morrendo". Esses foram intercâmbios terrivelmente difíceis. As emoções de Martin eram literalmente gritos brutos de dor. Embora não tivesse certeza, pensei que esse movimento fazia parte de um avanço, e não de um colapso. Martin agora estava *sentindo* seu "senso-de-*self*", aquilo que estivera antes, abaixo ou além da linguagem. Acredito que Martin estava se tornando corporificado e sentindo suas emoções e ansiedades de maneiras completamente novas. Esses eram elementos emergentes do nível do "senso-de-*self*" que precisavam ser reconhecidos, tolerados, acolhidos, moldados, imaginados, sentidos e descritos em conjunto.

Os pais de Martin foram heroicos na capacidade de tolerar e trabalhar com ele durante esse período. Sua mãe reconheceu que algo importante estava ocorrendo e que ele estava emocionalmente ganhando vida. Ela teve a ideia de colar pedaços gigantes de papel em branco nas paredes do quarto de Martin para que ele pudesse desenhar a enxurrada de sentimentos que emergiam de seu interior.

Martin ocupou muitas horas desenhando murais nas paredes de seu quarto. Às vezes, sua mãe me telefonava ou enviava um e-mail, por ficar perturbada com as imagens violentas que o filho estava criando. Minha atitude foi a de receber essa informação com o objetivo de "segurar"[5] a ansiedade da mãe, para que ela pudesse permanecer interessada e solidária em relação ao que estava emergindo dele. Martin sabia que eu estava informado sobre algumas dessas imagens e se sentiu à vontade para me contar o que estava desenhando. Eventualmente, realizamos algumas sessões familiares com o intuito de auxiliar a processar, como grupo, a violência das imagens.

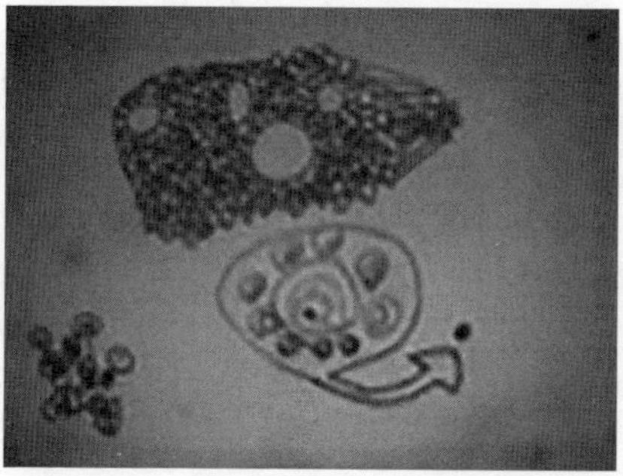

Figura 9.5 Sem título.

Embora esse desenho não tenha título, poderia ser chamado de "desde um ponto até o universo". Martin explicou que o ponto representava a si mesmo. Descrevo a seguir como se desenrolou sua narrativa sobre o desenho. Martin explicou que é sugado para um portal e é levado por vários universos, não sabendo quando ou como sairá. Também disse que não sabe onde terá ido parar quando sair. Isso dá uma ideia da profunda desorientação que pode ser experimentada ao emergir em um campo relacional compartilhado.

---

5 No original em inglês, "*hold*".

No canto esquerdo do desenho, pode-se ver a imagem de uma pessoa que está conectada a vários objetos. Martin disse que isso representava suas novas percepções de si mesmo após emergir do portal. Em suas próprias palavras, a estrutura no topo representava sua descoberta das conexões entre seus pensamentos, memórias, sentimentos, aspirações e desejos. Ele denomina "meu despertar" essa longa fase em que foi emergindo. Certamente, um dos temas mais importantes é que adentrar em um campo no qual há pessoas, emoções e vínculos constitui uma jornada de enorme complexidade.

Depois de ter compreendido emocionalmente algo sobre a comunicação de Martin, eu pude buscar descrever, de dentro para fora, um pouco de minha própria experiência sobre o sentido ou significado do desenho e seu impacto. Então, por exemplo, em relação ao desenho anterior, eu disse a Martin coisas como: "É tão imenso. É como descobrir um universo após o outro. Eles são todos tão cheios de sentimentos e emoções. É quase mais do que uma pessoa pode suportar. É uma jornada extraordinária". Essa forma de falar enfatizava uma experiência compartilhada e um processo em desenvolvimento.

No sexto ano de terapia (15 anos), Martin começou a relatar sonhos. Eis um dos sonhos que ele trouxe: "Há uma lagarta gigante dentro de um motor, tentando encontrar uma saída. Encolho até ficar do seu tamanho para poder ajudá-la. Há muito sangue seco na calçada, então fico como um detetive tentando descobrir o que aconteceu". Ao acordar, "tive uma sensação esquisita, era um formigamento e durou o dia todo".

Perguntei a Martin o que ele pensava do sonho. Ele respondeu: "Foi interessante". Eu lhe disse pensar que ele era como a lagarta buscando uma saída, e que ele apreciava a forma como posso encolher para ficar do tamanho que me permite ter pensamentos de lagarta[6] para ajudá-lo. Sugeri que ele parecia ter medo de que algo terrível acontecera, para deixar todo aquele sangue no chão. E que, no lugar de ficar com medo do sangue no chão, poderíamos descobrir juntos o que isso significava.

Martin estava com lágrimas nos olhos. Esperei um pouco, e finalmente falei: "Estou vendo que você está muito emocionado. Eu me pergunto o que será que você está sentindo?".

Martin respondeu: "Estou pensando em Sininho".

"De Peter Pan?", perguntei.

Ele confirmou. Agora suas lágrimas escorriam pelo rosto. Eu esperei.

Finalmente, ele disse: "Quando Sininho está ferida, você precisa *acreditar* para que ela consiga ajuda". Martin permaneceu então em um longo silêncio. Aprendi a dar às crianças muito tempo para reunir, processar e expressar sua experiência. Muitas vezes, embora não digam nada, estão usando o tempo e o espaço para "tentar pensar". Finalmente, Martin referiu: "Eu não sabia como acreditar". Depois de alguns instantes, eu disse: "Agora você está encontrando sua saída e descobrindo um novo tipo de mundo. É doloroso, mas aqui você pode se sentir conectado e aprender com os outros, como está fazendo comigo".

"Isso mesmo", ele respondeu.

Nas sessões subsequentes, emergiu um novo tema, sobre confusão e conexão. Em uma das sessões, Martin ficou fazendo palhaçadas, sorrindo e tremendo. Perguntei-lhe o que estava acontecendo, e ele passou a cantar uma música sem sentido sobre uma vaca chamada Lula Bell. Mencionei que sua brincadeira mostrava o quanto estava

---

6 Em inglês no original, "*caterpillar thoughts*". Aqui o autor parece estar aludindo ao provérbio inglês "*Just when the caterpillar thought the world was over, it became a butterfly*", que pode ser livremente traduzido como "Quando a lagarta pensou que o mundo ia acabar, ela se viu transformada em borboleta".

animado com algo, mas também criava uma forte distração com o objetivo de não comunicar seus sentimentos. Disse imaginar que ele, às vezes, usava brincadeiras como uma rota de fuga dos sentimentos, principalmente quando estava na presença de outra pessoa.

Martin me disse que alguns desenhos animados são criados para hipnotizar o espectador. Respondi que já havíamos conversado muito sobre como ele podia se perder nesses desenhos bobos. Mas também lhe disse ter outra ideia agora. Questionava-me se Martin estaria preocupado em relação a mim e pensando se eu estaria tentando hipnotizá-lo. Falei que, quando ele se sentia entendido por mim, imaginava que eu pudesse, de alguma forma, enxergar diretamente dentro de sua mente, o que – se fosse verdade – me conferiria um poder assustador sobre si.

Martin rapidamente admitiu desejar ter a capacidade de controlar outras pessoas, especialmente suas mentes. "Eu sei que não é real" – falou –, "mas ainda acho que deveria ser. Desde pequeno, eu sempre quis fazer as coisas do meu jeito, como se fosse um rei que pudesse fazer qualquer coisa com qualquer pessoa". Respondi que ele provavelmente desejava ter um poder ilimitado e que, sempre que se aproximava de um limite, ficava enormemente frustrado. Mencionei ser esse um importante motivo pelo qual ele costumava referir que as coisas pareciam tão injustas consigo.

Martin explicou haver no céu um satélite que enviava sinais para uma máquina, visando controlar a todos em uma cidade (Figura 9.6). É preciso muita energia para operar essa máquina, explicou, ela possui muitas engrenagens e fios. Eu disse pensar que a máquina era como uma parte de sua mente, e que as ações que controlam as coisas seriam seus pensamentos. Prossegui, mencionando que ele se preocupava com quem estaria controlando a quem, e que estar em um relacionamento parecia ser uma batalha pelo controle.

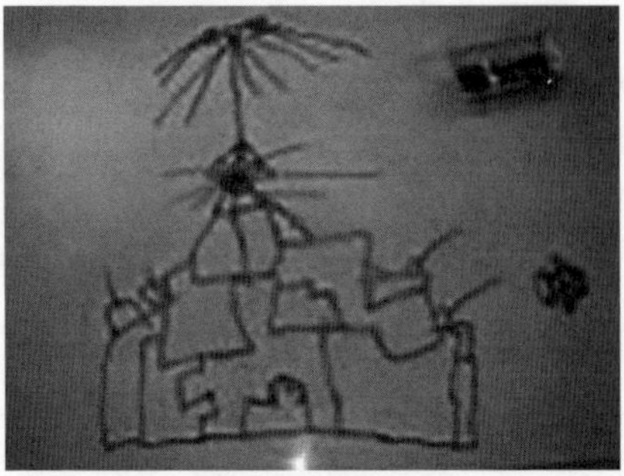

Figura 9.6 Sem título.

O que se seguiu foi uma série de sessões produtivas nas quais Martin conseguiu falar de forma muito mais realista sobre suas preocupações em casa e na escola. Foi capaz de fazer ligações entre viver demasiadamente em sua imaginação ou enfrentar suas ansiedades sobre o dever de casa, sobre sua mãe e seu pai, e sobre os "sentimentos influentes" deles; sobre como suas preocupações podiam tornar as coisas difíceis para si.

Juntos elaboramos uma lista de suas preocupações:

1. A dor de não poder fazer as coisas sempre do seu jeito.
2. A sensação de que a frustração vai fazer você se despedaçar.
3. A tentação constante de se distrair.
4. O medo da competição.
5. Vergonha de sentir falta de confiança.
6. Inveja de outras crianças que sabem "socializar" facilmente.
7. O problema de se perder em sua imaginação.
8. Sentir-se fora de controle quando seu corpo enlouquece.
9. Medo e culpa por querer machucar os outros e fazê-los sofrer.
10. Sentir-se preso em pensamentos obsessivos.

11. Vergonha quando não consegue pensar em nada para dizer.
12. Vergonha de estar focado apenas em coisas que gosta.
13. Vergonha de não estar verdadeiramente interessado no que outras pessoas pensam.
14. Irritação por ter tão pouca paciência.
15. Tristeza e medo por ter que crescer e deixar o passado para trás.
16. Preocupação com o fato de o mundo ser inseguro, e de não estar preparado para viver nele.
17. Terror e repulsa pela sexualidade emergente.

Atualmente, Martin começou a simbolizar seriamente uma catástrofe de *background* que me parece ter origem em um "senso-de-*self*" infantil primitivo. A questão de formar e manter relacionamentos foi documentada em um desenho que ele denominou "Os 100 obstáculos" (Figura 9.7).

Esse desenho surgiu após algumas sessões emocionadas, nas quais Martin refletiu conscientemente sobre a dor de se sentir rejeitado por seus colegas. Ele se mostrava frustrado e triste por não se sentir capaz de falar com os outros de forma natural. Percebia que ele e os demais adolescentes não estavam interessados nas mesmas coisas. Tomei seu relato como informação sobre a transferência, mas também como testemunho da dor real relativa a seus desejos e desafios interpessoais.

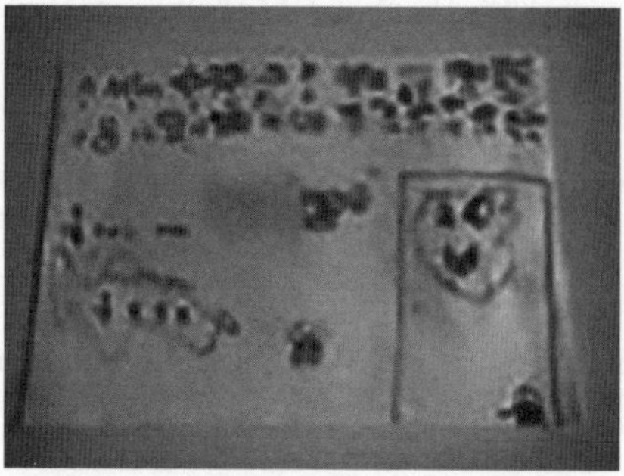

Figura 9.7 Os 100 obstáculos: 1. espinho; 2. fosso de espinhos; 3. blocos de espinhos; 4. nuvens trovejantes de desgraça; 5. onda gigante; 6. olhos malignos que disparam *lasers*; 7. martelos de destruição; 8. multidão de mosquitos; 9. tarântula gigante; 10. porta das perguntas; 11. pé gigante; 12. mão gigante; 13. tanque do exército; 14. pedra rolante; 15. boca que quer te comer; 16. bomba atômica; 17. bomba de hidrogênio; 18. avião de combate; 19. gás venenoso; 20. lagarto venenoso + 79 homens maus + seu pior pesadelo.

"Qual é o seu pior pesadelo?" perguntei a Martin. Ele respondeu: "Uma nuvem maligna de poeira. Você deve enfrentar seu pior medo. Uma porta se abre e você não pode fugir. A porta leva você… para casa". Sinto que a nuvem maligna de poeira representa a sensação corporal de "insulto aos sentidos".

Há uma porta aberta para a experiência, mas ela envolve o risco de ter de tolerar um "insulto aos sentidos", ao nível de um "senso-de-*self*" inconsciente. A questão do que significa lar é complicada por um *self* corporal frágil.

Martin: "Eu gostaria de não ter autismo". Respondi: "Imagino que você está passando por uma porta agora e enfrentando seu pior medo. Você tem medo de que um desastre aconteça se falarmos sobre isso". Depois de silenciar por algum tempo, Martin disse estar pensando em um mapa de cores e na forma como você pode alterá-las, conforme as misture.

Observe a variedade de "Os 100 obstáculos" que Martin retratou. Todos envolvem sensações no nível do "senso-de-*self*". Todas as modalidades sensoriais estão representadas: pele e corpo (espinhos e mosquitos); audição (nuvens trovejantes de desgraça); visão (*lasers*); intensidades afetivas (bombas); cheiro (gás venenoso). Aqui está uma notável tentativa inconsciente de simbolizar um piso sensorial para a experiência no nível de um "senso-de-*self*" inconsciente que está sempre ativo no *background* da experiência.

Considerações finais

O uso inconsciente das sensações por uma criança pode ser uma forma de evitar o desafio atemorizante de aprender a pensar, sentir e se comunicar com os outros. Mas, adicionalmente, parece importante considerar como, para algumas crianças, a sensação pode ser desorganizadora e parte de um *background* de catástrofe emocional não processada no nível de um "senso-de-*self*".

Tentei oferecer um vislumbre do progresso de um menino, bem como apresentar um modelo evolutivo que ajuda a organizar alguns dados da experiência no nível do que Tustin denominou "senso-de-*self*". Ao tentar compreender o insulto aos sentidos ao nível de um "senso-de-*self*", sugiro que investiguemos a experiência de uma apreensão primitiva, em vez de falar em consciência. Os elementos beta são experiências registradas pela apreensão. Eles não são sentidos como tendo qualidades ou significados psíquicos e não podem ser reprimidos. São experiências de "excesso" ao nível da apreensão, que requerem acesso à atenção continente e à *reverie* do outro.

Ao focar na apreensão, estou enfatizando que, mesmo em estados autísticos, há uma experiência ao nível do "senso-de-*self*" que deve ser observada de perto. Essa experiência é complexa. Muitas vezes, é profundamente dominada pelas sensações. É por isso que pretendo introduzir a questão: qual é o destino da sensação? À medida que conhecemos cada criança no processo analítico, começamos a apreciar a complexidade dos estados mentais que cada uma está vivenciando. Existem muitos pequenos momentos em que a transformação pode acontecer, se formos capazes de testemunhá-los e descrevê-los.

Referências

Bion, W. R. (1962). *Learning from experience*. London: Heinemann.

Eaton, J. L. (2011). The obstructive object. In: *A fruitful harvest: essays after Bion*. Seattle: The Alliance Press.

Eaton, J. L. (2014). Building a floor for experience: a model for thinking about children's experience. In: N. Tracey (Ed.). *Transgenerational trauma and the aboriginal preschool child: healing through intervention*. New York: Rowan & Littlefield.

Eaton, J. L. (2021). On caesura, temporality, and ego destructive shame: ominous transitions in everyday life. In: L. Hinton, & H. Willemsen (Eds.). *Temporality, shame, and social crisis: ominous transitions*. London: Routledge.

Meltzer, D. (1990). *The claustrum: an investigation of claustrophobic phenomena*. London: Karnac.

Mitrani, J. (1996). *A framework for the imaginary: clinical explorations in primitive states of being*. Northvale: Jason Aronson.

Symington, J. (1985). The survival function of primitive omnipotence. *International Journal of Psychoanalysis*, *66*, 481-487.

Tustin, F. (1981). *Autistic states in children*. London: Routledge.

Tustin, F. (1986). *Autistic barriers in neurotic patients*. New Haven: Yale University Press.

10. A voz muda: enclaves autísticos e transmissão transgeracional

Suzanne Maiello

A autora austríaca Ingeborg Bachmann finaliza seu romance, *Malina* (1971), com uma descrição lúcida da atração irresistível que o isolamento autista provoca, e que é acompanhada pelo colapso dos sentidos, um após o outro, e, por fim, pela perda da própria base do relacionamento, a pré-concepção das ligações:

> *Olho fixamente para Malina, mas ele não olha para cima. . . . Me movi em direção à parede,*[1] *entro na parede, prendo a respiração . . . A parede se abre. Estou dentro da parede, e Malina não verá nada além de uma rachadura, a rachadura que vemos há muito tempo. Ele pensará que saí da sala . . . Alguma coisa está na parede, não pode mais gritar, mas ainda assim grita. Malina olha ao redor com atenção, vê*

1 A língua alemã usa duas palavras diferentes para "*wall*": "*Mauer*" designa principalmente a parede externa de um edifício; "*Wand*" refere-se a uma parede interna que separa duas salas. O texto original em alemão refere-se a uma "*Wand*". É provável que o final do romance de Bachmann tenha sido inspirado por outra escritora austríaca, Marlen Haushofer, cujo romance *Die Wand* descreve a experiência de uma mulher que é inesperadamente aprisionada atrás de uma parede de vidro e, ao mesmo tempo, protegida por ela.

> *tudo, mas não mais ouve . . . Passos, passos incessantes de Malina, desvanecendo, desaparecendo. Imobilidade. Não há alarme, não há sirenes. Ninguém vindo para resgatar . . . É uma parede muito antiga, uma parede muito sólida, da qual ninguém pode cair, e que ninguém pode arrombar. Nunca mais sairá algum som dela. (Bachmann, 1971)*

No início dessa última cena, o "eu", uma mulher, tenta desesperadamente manter os olhos fixos no homem, Malina. Ele não olha. A conexão visual é perdida. A mulher parece recuar em direção à parede, numa última tentativa de ver, de ser vista e ser chamada de volta. Malina não a impede. Ela desaparece na parede e para de respirar: foi-se o ritmo fundamental da vida, a inspiração e a expiração. Essa é a morte psíquica. Malina não percebe nenhuma mudança. Ele verifica os objetos inanimados na sala. Ela, a outra viva, desapareceu, e permanece despercebida. O anteriormente carente "eu", o *alguém* com desesperada necessidade de se agarrar a um relacionamento, de ser vista e ouvida, se transforma em *alguma coisa* inanimada. Ela e a rachadura se tornaram um. Malina não ouve os gritos mudos de dentro da parede. Ele está surdo. Tanto as conexões visuais quanto as auditivas estão perdidas. Finalmente, os passos de Malina tornam-se cada vez mais fracos até desaparecerem completamente. Como se um coração parasse de bater. Foi-se a última testemunha da vida pulsante.

Introdução: uma fenomenologia dos estados autísticos

Os estados autísticos são caracterizados pela ausência ou perda da capacidade inata de todos os seres vivos de criar ligações, tanto no nível interpessoal quanto intrapsíquico. Algumas crianças parecem ser autistas desde o seu nascimento. Elas não buscam ativamente novas conexões com o mundo externo desconhecido, para o qual acabaram de ser lançadas. O nascimento é a cesura mais radical de nossas vidas. Envolve a transição do continente primário intrauterino, com suas características de continuidade de nutrição e temperatura, com o fundo rítmico dos batimentos cardíacos da mãe, para um mundo potencialmente ilimitado e desconhecido de luz, ruídos e rupturas imprevisíveis. Os seios da mãe, seus braços que sustentam,[NT1] seus olhos e sua voz representam os primeiros objetos de que o bebê recém-nascido necessita para sua sobrevivência psicofísica. Quando o bebê normal pega o mamilo e suga, ele contribui ativamente para o primeiro ato cooperativo de reconexão, após ser jogado no espaço pós-natal. O próprio ato de sugar traz uma experiência rítmica de *concentração*, que neutraliza o pânico potencial de dispersão na vastidão do novo ambiente. A sucção implica não apenas uma firme organização circular dos lábios, língua e palato do bebê ao redor do mamilo, mas é um ato intrinsecamente tridimensional, um puxar *para dentro*, seguido por engolir e, finalmente, soltar no final da mamada. A incorporação constitui o plano básico de uma conexão dinâmica entre continente e contido, com sua contrapartida mental de internalização e introjeção.

O encontro entre a boca e o mamilo pode ser visto como a primeira realização pós-natal da pré-concepção de vinculação. Isso significa que experimentar e tolerar a dualidade, mesmo que por breves momentos, representa uma poderosa motivação para a reconstituição da experiência primária de continência. Boca e mamilo, continente e contido, unidos em uma relação de cooperação, reforçam a experiência da restauração externa/interna da unidade primordial em um nível interpessoal dinâmico. Por definição, continente e contido precisam de espaço tridimensional para existir. Isso é verdade não apenas no nível concreto da realidade corporal, mas tornou-se uma metáfora criativa para o funcionamento psíquico e a atividade mental.

[NT1] No original em inglês, "*her holding arms*".

Ser sustentado[NT2] nos braços da mãe e sugar o seio reconstitui temporariamente não apenas o estado de continência ao nível da experiência tátil de contiguidade. Ao mesmo tempo, os sentidos distais do bebê de visão e audição captam as expressões faciais móveis da mãe, a luz de seus olhos e sua voz, a qual era a companheira intermitente do bebê pré-natal, e a principal mensageira da alteridade muito antes do nascimento (Maiello, 1995). No desenvolvimento normal, conexões e reconexões, repetições e variações ocorrem em todos os níveis sensoriais, e representam o alimento indispensável para o desenvolvimento de um continente mental que possa criar, combinar e tecer vínculos emocionais, construindo assim a capacidade de pensar pensamentos em combinações cada vez mais complexas de memória e antecipação.

Uma criança autista desde o nascimento pode ter mostrado sinais de retraimento já durante a vida pré-natal (Maiello, 2001). Nos estados autísticos, todos os canais de comunicação entre o mundo externo e o interno são cortados. Os sentidos da visão e da audição são neutralizados, porque, ao superar uma distância física inegável, evocam inevitavelmente o fosso entre o eu e o não eu. As crianças autistas, assim como os adultos, evitam o contato visual, e muitas vezes as crianças pequenas são consideradas surdas, porque não respondem ao chamado de outra pessoa. O sentido do olfato é comparado aos sentidos proximais do tato e do paladar, que requerem contato direto, contornando assim qualquer percepção de descontinuidade, bem como qualquer necessidade de transpor uma distância. No autismo, a distância é vivida como um abismo insondável, no qual o frágil *self* cairia. Haverá perigo se a continência não for contínua. O continente pode não ser confiável e pode ter aberturas, orifícios, portas, janelas, através das quais o *self* frágil pode cair infinitamente e morrer. As

[NT2] No original em inglês, "*Being held*".

ansiedades de aniquilação são insuportáveis, são a versão catastrófica das ansiedades de separação normais.

A maneira mais radical de escapar ao perigo de precipitar-se no nada é achatar o espaço da vida psíquica, eliminando completamente a terceira dimensão do funcionamento e da experiência psicofísica. Num mundo bidimensional, não há espaço para ansiedades, mas paga-se um preço alto por isso: os processos projetivos e introjetivos precisam de uma realidade psíquica tridimensional para operar. Se esses processos forem eliminados, todas as experiências emocionais e cognitivas ficam congeladas. Com a eliminação de tudo o que é *não eu*, ou seja, de todas as manifestações de alteridade, a percepção de um eu existente, de uma "eu"-dade, também é eliminada. É por isso que pensar no funcionamento autístico em termos da tentativa de assimilar qualquer objeto "não eu" a um objeto "eu" não alcança totalmente o abismo insondável dos estados autistas. Na verdade, ao eliminar a alteridade do outro, minha própria "eu"-dade potencial também é automaticamente apagada.

Em *Malina*, aquele *alguém* que desapareceu na parede torna-se *alguma coisa*, um objeto inanimado e, finalmente, uma *não coisa*.[NT3] Malina pensou que a mulher havia saído da sala, dando a entender que ela havia ido para *outra* sala. As salas são, por definição, tridimensionais, e Ingeborg Bachmann ainda se refere ao espaço tridimensional quando escreve que *alguém* está *dentro* da parede. Mas quando o *alguém* se torna *alguma coisa* e coincide com a própria rachadura, o leitor percebe que não há *outra* sala, nenhum continente *para* o qual o antigo "eu" poderia ter escapado. Um movimento semelhante ocorre na dimensão temporal. No início da vida psicofísica, a experiência básica do tempo é estruturada por eventos rítmicos, que, se introjetados com segurança, tornarão a exploração das variações e do tempo linear não apenas possível, mas agradável. Em *Malina*, o

[NT3] No original em inglês, "*no-thing*".

"eu" prévio prende a respiração, enquanto os passos de Malina vão ficando cada vez mais fracos até desaparecerem completamente. A base rítmica de tudo o que é vivo, o ato de respirar e as batidas do coração, se foram. Não há espaço, nem tempo. O que resta é *o nada* e um grito emudecido.

Meltzer (1975) introduziu a noção do que ele descreveu como funcionamento mental bidimensional e unidimensional em estados autísticos. Tustin (1990) avançou na exploração das consequências do colapso de qualquer relação dinâmica entre *continente* e *contido*, o que, nos termos de Bion (1962), representa o pré-requisito para o desenvolvimento da capacidade de pensar pensamentos e experimentar ligações emocionais entre elementos pensáveis. Como a teoria psicanalítica pode aprofundar nossa compreensão dos estados mentais que colapsaram no achatamento bidimensional, que exclui, por definição, qualquer experiência de movimento dinâmico no espaço e no tempo? Como os dois sistemas podem se comunicar? "O potencial de funcionamento tridimensional . . . é a condição *sine qua non* – tanto para a experiência da separação, com sua enorme gama de emoções, quanto para o desenvolvimento do pensamento simbólico" (Maiello, 2017). Precisamos do funcionamento mental tridimensional para a exploração do mundo bidimensional e unidimensional do autismo. Esse é o desafio de trabalhar com pacientes autistas.

A *rachadura* que resulta do colapso da relação é incapaz de produzir e comunicar qualquer experiência ou pensamento. O resultado da mulher *de Malina*, que foi *para dentro* da parede e desapareceu *na* parede é que, em última análise, ela, a parede e a rachadura se tornaram uma e a mesma forma bidimensional inanimada e sem sentido. Sem as fantasias dos pacientes, suas identificações projetivas e introjetivas, o corolário das ansiedades persecutórias, os analistas ficam privados de uma das principais fontes para compreender os estados mentais dos pacientes e para alimentar sua resposta contratransferencial. Isso é verdadeiro não apenas para pacientes em estados autísticos profundos, mas também para partes autísticas na personalidade de pacientes não autistas. Na literatura psicanalítica, essas partes inacessíveis são descritas como barreiras autísticas, núcleos autísticos, encapsulamentos autísticos, enclaves autísticos ou conchas autísticas (Tustin, 1986; 1990). Todas essas noções evocam formas tridimensionais: a barreira delimita duas áreas distintas no espaço; os outros conceitos descrevem objetos tridimensionais que contêm conteúdos excluídos da apreensão do paciente. Parece que precisamos de metáforas tridimensionais para pensar e transmitir imagens e pensamentos. Uma mente bidimensional não pode pensar, nem sentir, nem se comunicar. Esse é o desafio ao tratar e trocar experiências clínicas com colegas sobre o trabalho com pacientes autistas ou com enclaves autísticos.

Prisioneiro em um enclave autista:[2] *Joe*

Uma voz muda

Joe tinha 37 anos quando buscou análise, pouco depois de deixar a esposa e a filha de 4 anos. Homem magro, alto e aparentemente inteligente, ele era incapaz de fornecer um motivo preciso do que o levara a abandonar sua família. Quando abri a porta para que entrasse pela primeira vez, olhei para ele, mas nossos olhos não se encontraram quando ele passou por mim rapidamente, seguindo minhas indicações para adentrar a sala de análise. Seus olhos pareciam os faróis de um carro veloz. Durante as entrevistas iniciais, ele evitou qualquer encontro entre nossos olhares. Não parecia haver evitação ativa de contato visual, nem um olhar "através de mim". Ele era alto

---

2 O título da história da análise desse paciente adulto mais uma vez testemunha a impossibilidade de pensar, falar e escrever em um estado mental bidimensional: um prisioneiro está dentro de uma prisão, e um enclave está colocado dentro de um determinado território.

o suficiente para olhar diretamente para a parede acima da minha cabeça, enquanto falava rapidamente.

Impressionei-me pelo contraste entre suas informações biográficas precisas, formuladas em sequências articuladas, e o tom de sua voz. A voz é a portadora da comunicação oral de uma pessoa que fala, mas seu tom, sua variação de volume, timbre e ritmo, comunicam mais sobre o estado emocional do locutor do que o conteúdo semântico da própria comunicação verbal. A linguagem de Joe era articulada, mas era como se suas palavras não fossem transmitidas por sua voz, que não era vazia, nem vinha de longe. Se tivesse transmitido uma sensação de distância, poderia pelo menos ter comunicado o medo do paciente de proximidade emocional. Mas sua voz parecia estar por conta própria, sem ninguém para produzi-la: sem tom, sem forma, sem corpo. Fiquei assombrada por minha associação com a descrição de Spitz (1945) de bebês institucionalizados que paravam de chorar em seu estado de depressão anaclítica primária, por terem perdido qualquer esperança de serem ouvidos e resgatados. Alguns desses bebês acabavam morrendo por fome emocional.

Durante os treze anos de análise de Joe, muitas vezes tive que me inclinar para a frente para captar suas palavras, pois elas pareciam se dissolver no ar no exato momento em que eram pronunciadas. Joe considerava que, como a maioria das pessoas, eu tinha dificuldades de audição. Malina não ouve mais a não voz da mulher que não pode mais gritar. Parecia que a *não voz* de Joe não cancelava ativamente suas palavras no momento em que eram pronunciadas – no momento em que eram proferidas, elas simplesmente eram deixadas cair e desapareciam. Nada parecia restar ao final, e suas sofisticadas formulações verbais acabavam se tornando *não coisas*, que provinham de um *não lugar*.

Joe estava convencido de que havia nascido prematuro e passara a primeira parte de sua vida em uma incubadora. Sua mãe, no entanto, negou que isso ocorrera, relatando que ele havia nascido apenas três semanas antes do previsto, por parto natural, embora difícil, a fórceps. Porém, ela confirmou que, quando ele tinha dois meses de idade, ela tivera que retornar ao trabalho, deixando o bebê aos cuidados de sua mãe até seus 2 anos. Quaisquer que fossem os fatos biográficos do início da vida de Joe, pensei na solidão abissal dos bebês prematuros em suas incubadoras. A observação de bebês em unidades de terapia intensiva mostrou como eles movem seus bracinhos e perninhas, como se buscassem um limite continente. Há momentos em que suas bocas estão bem abertas, como se estivessem chorando, mas nenhuma voz chega ao observador. Será que as paredes de vidro impedem que seus choros fracos cheguem ao ser humano que se encontra distante, do outro lado da divisa, ou esses bebês quase sem pele ainda não têm forças para expressar sua angústia? O estado mental de isolamento e não pertencimento de Joe parecia estar conectado com uma experiência de "nascimento mental prematuro" (Tustin, 1986) e com a consequente impossibilidade de preencher a lacuna da cesura do nascimento. Ocorreu algo na história da família de Joe que precisa ser mencionado aqui, embora tenha aparecido muito mais tarde em sua análise: a mãe de Joe passara os primeiros nove anos de sua vida em um orfanato. A mãe da mãe contava apenas 16 anos quando sua bebê nascera. O vergonhoso acontecimento teve de ser ocultado e silenciado, assim como a identidade do pai da bebê, avô biológico de Joe, que permaneceu como um fantasma persecutório durante toda a análise do paciente.

Anos mais tarde, quando Joe se tornou capaz de projetar seu desespero mudo na relação transferencial, ocasionalmente eu sentia um impulso quase irresistível de exortá-lo a gritar ou berrar, porque, além de sua desesperança em relação à possibilidade de ser ouvido e de transpor a distância na relação transferencial, eu sentia que ele também mantinha afastado qualquer risco de trair o segredo familiar traumático silenciado.

Linguagem circulatória e perda do ritmo básico de vida

Em aparente oposição à sua voz muda, a estrutura da linguagem verbal de Joe era elaborada e sofisticada, e muitas vezes havia nela uma qualidade complacente e sedutora. Ele gozava de muito sucesso em sua profissão de escritor. No entanto, não tendo concluído os estudos universitários – para sua própria surpresa, já que havia se destacado como ótimo aluno nos ensinos fundamental e médio –, ele não pôde evoluir em sua carreira profissional. Com o tempo, ficou claro que a interrupção de seus estudos acadêmicos estava ligada ao conflito não resolvido com seu pai, que vinha de uma família modesta e tivera que trabalhar desde muito jovem para se sustentar.

Joe sentia que, ao longo de sua vida, havia corrido em alta velocidade, mas não tinha ideia de nenhum objetivo que desejasse alcançar, nem de qualquer experiência terrível da qual precisasse escapar. Nem desejo nem ansiedades persecutórias pareciam ser as forças motrizes de sua atividade frenética. Sua qualidade ruminatória expressava-se pelo uso circular da linguagem verbal. Ele costumava colocar em sequência vários substantivos ou adjetivos quase sinônimos para descrever uma e a mesma coisa. Sua aparente intenção era chegar o mais próximo possível do significado central de algum pensamento que estivesse aparentemente tentando formular, mas seu propósito inconsciente não era a comunicação, e sim o controle sobre os seus pensamentos e palavras, e os de sua analista. O objetivo de seu invólucro verbal era o próprio invólucro, o que levava ao risco de "pseudo-*insight*, pseudocomunicação, pseudo-análise" (Tustin, 1990, p. 210). Não havia *casca*.[NT4] Se parecia haver alguma, estava vazia. Meltzer (1965) conecta esse uso da linguagem com uma atividade masturbatória enigmática, na qual a excitação substitui as emoções e controla a ansiedade. No nível de funcionamento autístico, a linguagem circulatória de Joe era o resultado do que

[NT4] No original em inglês, "*nutshell*".

Resnik (2004; 2006) descreve em termos de "pensamento rotatório, que preserva a circularidade autista" (p. 7).

Com o tempo, ficou claro que o objetivo final do uso defensivo da linguagem por Joe provinha da necessidade de esconder o abismo do *nada*[NT5] referente à sua noção de si e dos outros. Tustin (1990) descreve as dificuldades dos analistas ao tentarem alcançar partes ocultas e encapsuladas da personalidade de pacientes adultos: "Parece que uma parte congelada e aterrorizada dos mesmos foi deixada para trás e encoberta, em sua luta para crescer e enfrentar a vida" (p. 146). Ela se referia à afirmação de Winnicott (1974) de que "o medo clínico do colapso é o medo de um colapso que já foi experienciado. Ele é um medo da agonia original que provocou a organização defensiva" (p. 176). "O colapso", acrescenta Tustin (1990), "é experimentado por uma criança que toma consciência de sua separação corporal em um estado de desenvolvimento neuropsíquico imaturo" (p. 146). Aí está a origem da crença de Joe de que ele era um bebê prematuro.

Muito mais tarde em sua análise, Joe iria me dizer que, desde a infância, precisava monitorar se seu coração continuava batendo, porque, se esquecesse de verificar, o coração pararia e ele morreria. Seu objeto materno interno parecia ser muito fraco para zelar e garantir a continuidade dos ritmos básicos da vida de seu bebê. A experiência auditiva e vibratória dos batimentos cardíacos da mãe forma a parte arcaica do *objeto sonoro* pré-natal do bebê; o precursor do objeto materno interno pós-natal dele (Maiello, 1995). Nos estados autísticos, esse fundamento da confiança básica em poder viver a vida parece ter se quebrado. Tustin descreve seus pacientes "com o coração partido", referindo que

> *seu "coração quebrado" vai além do que normalmente queremos dizer com o termo. A sensação de quebra entra no próprio tecido de seu ser . . . Para esses pacientes, a*

[NT5] No original em inglês, "*nothingness*".

> *noção corporal de sua separação foi experimentada como uma interrupção no ritmo pulsante de sua "continuidade de ser". (Tustin, 1990, p. 156)*

Os passos de Malina foram ficando cada vez mais fracos até desaparecerem completamente, como se um coração tivesse parado de bater. A última testemunha da vida pulsante se fora.

Na análise de Joe, senti-me "capturada e impedida de trabalhar pelas manobras de encapsulamento do paciente" (Tustin, 1990, p. 210), que buscavam evitar a quebra dos ritmos básicos da vida. Minhas sensações contratransferenciais eram de saturação e sufocamento, acompanhadas pela ideia paralisante de que não havia nenhuma presa no centro da teia de aranha do paciente da qual ele pudesse ao menos se alimentar, mas apenas o *nada*, o vazio autista. A combinação da voz muda de Joe com suas intermináveis ruminações circulares provocava uma sonolência quase irresistível. No entanto, embora suas palavras tentassem cobrir e esconder em vez de comunicar, a alta precisão descritiva de sua linguagem verbal permitiu-nos gradualmente vislumbrar seu estado mental de desespero não expresso. Os ouvidos do analista devem tentar captar as harmonias acima e abaixo das formulações protetoras dos pacientes autistas. Com Joe, tive que atentar tanto para a monotonia de sua voz quanto para os artifícios sedutores de sua linguagem verbal, no esforço de me aproximar do âmago de seu desespero silenciado.

Ausência de vida onírica

Durante os primeiros cinco anos de sua análise, Joe não apenas nunca trouxera um sonho para suas sessões, mas também parecia realmente não sonhar, ou não ter acesso ao domínio do "trabalho onírico" inconsciente (Bion, 1992). Tustin (1986) escreve: "Nesses pacientes, o desenvolvimento cognitivo e afetivo parece ter ocorrido contornando um 'ponto cego' de desenvolvimento interrompido, que, então, se torna uma cápsula de autismo nas profundezas de sua personalidade" (p. 216). Tustin também usa o termo "enclave autista"[3] para descrever a radicalidade com que os conteúdos emocionais são selados, trancados e tornados inacessíveis para si e para os outros.

Nos termos de Meltzer (1975), estados psíquicos autísticos bidimensionais ou mesmo unidimensionais resultam da quebra de um espaço mental continente, no qual memórias conscientes e inconscientes, incluindo sonhos, são armazenadas no desenvolvimento mental normal. Como Malina imaginava, não havia mais nenhuma *outra* sala *para dentro* da qual a mulher que desapareceu poderia ter ido. Ela e a parede coincidiam em um estado psíquico bidimensional, resultante de um colapso emocional existencial.

No entanto, no decorrer de nossa longa jornada analítica, chegou o dia em que Joe começou a se perguntar por que nunca sonhava, como o faziam as outras pessoas. A princípio, seu interesse por seu próprio potencial para produzir sonhos pareceu ter sido provocado mais por uma curiosidade invejosa do que por uma curiosidade genuína acerca de sua atividade mental noturna. Numa ocasião, relatou ter comprado um caderninho que colocara, junto com uma caneta, na mesa de cabeceira ao lado da cama, para o caso de acordar de um sonho. De fato, ele começara a sonhar e escrevia, no meio da noite, o que sua memória permitia reter antes de adormecer novamente. Percebeu, com surpresa, que sonhava apenas quando sua filha passava a noite com ele, ou quando uma de suas várias amantes ocasionais compartilhava sua cama. Parecia que, até para sonhar, ele precisava se alimentar da vida psíquica inconsciente de outros seres humanos. De qualquer forma, começava a se interessar por si mesmo, e a se motivar para observar suas atividades mentais.

---

3 O termo francês *enclave* descreve um território totalmente fechado, literalmente trancado com uma chave.

Quando vinha para as sessões naquele período, sua mão procurava o caderno no bolso, ainda a caminho do divã analítico. Costumava deitar-se, procurar a página certa e, imediatamente, buscava decifrar seus rabiscos noturnos, soletrando o texto manuscrito sílaba por sílaba, com sua voz monótona, na tentativa de encontrar algum sentido nos signos gráficos. Ele nunca revisitava os sonhos em seu caderno antes da sessão e, na maioria das vezes, eram inúteis seus esforços para decifrar a própria caligrafia. Joe conseguia reconhecer algumas palavras, mas estas raramente despertavam qualquer memória ou associação, e ele era incapaz de conectá-las de maneira a dar ou recuperar algum significado. Esforçava-se para juntar algumas peças do quebra-cabeças que poderia levar a uma narrativa de sonho, mas os sinais em seu caderno permaneciam estranhos para si, parecendo uma enorme junção de absurdos penosamente disformes, em vez de constituírem o resultado de pensamentos oníricos noturnos significativos (Bion, 1959; 1992). Seus esforços extenuantes, mas inúteis, muitas vezes me deixavam em um estado de desesperança, mas, ao mesmo tempo, de admiração por sua persistência.

Quando as crianças pequenas aprendem a ler, elas pronunciam com orgulho uma palavra ou frase que faz sentido após o esforço de unir as letras. Elas descobrirão, em níveis inconscientes profundos, que estão aprendendo a completar o prodigioso ciclo do qual a mente humana é capaz: sonhar, ver, ouvir, armazenar imagens e sons, combiná-los, pensar pensamentos, aprender os sinais do alfabeto para transformá-los em palavras e em texto escrito, e, finalmente, o reconhecimento e leitura inicial dos sonhos, enriquecidos por sua criatividade mental, num ciclo contínuo de descobertas de novos mundos e enriquecimento de experiências anteriores.

Joe, por fim, abandonou seus esforços para decifrar as anotações de seus sonhos, porque elas não trouxeram nenhum eco ou memória de volta. Seus rabiscos permaneceram como tal, inclusive para si mesmo, e jaziam em seu caderno como objetos inanimados que não voltariam à vida. Era imensamente doloroso testemunhar a alienação de si mesmo desse paciente altamente instruído, mas ele insistia em rabiscar e ler, sessão após sessão. Naquele momento, pode ter se abatido sobre ele a sensação de que poderia trazer os detritos sem vida de seus sonhos para o "seio toalete" analítico (Meltzer, 1965), deixando-os comigo, embora – e talvez até *porque* – ele os considerasse lixo. Do ponto de vista do funcionamento psíquico, significava que a tridimensionalidade estava em curso, e que os processos projetivos e introjetivos haviam começado. Para Joe, ocorria agora que o espaço analítico podia ser usado de maneiras até então inimagináveis.

Correndo em círculos – A busca desesperada por continência

No quinto ano de análise, Joe começou a trazer sonhos para suas sessões sem necessariamente consultar mais seu caderno, embora o tirasse do bolso antes de deitar no divã, segurando-o com força e só o recolhendo ao final da sessão. Tornou-se uma espécie de objeto transicional, a garantia de sua capacidade de lembrar. Este é um dos primeiros sonhos de que recordou:

> Ele estava em uma academia e corria em círculos, no sentido anti-horário, segurando a mão de um garotinho. Tratava-se de uma competição de corrida com muitos participantes. Ele e o menino corriam rapidamente, ultrapassando habilmente os outros corredores. No meio do ginásio esportivo, havia um grande buraco no chão. Do lado externo da pista de corrida, havia duas barracas, uma enfermaria e uma banca de comes e bebes. Suas duas tias paternas estavam encarregadas delas. No entanto, ele não podia parar, porque precisava vencer a corrida. Mas, de passagem, perguntou às tias se sabiam o nome da criança. Elas responderam: "Ângelo", mas numa passagem posterior se corrigiram e disseram: "Ângela".

O sonho foi um importante ponto de virada na análise de Joe. Na dimensão do espaço, tempo e movimento, o sonhador não estava mais totalmente isolado de seu *self* infantil cindido, mas segurava a mão de um garotinho. Ele ainda estava correndo e muito competitivo, mas, pela primeira vez, via o buraco no meio do chão, o núcleo vazio de sua vida mental. O pequeno paciente autista de Tustin, *John's terror or the black hole* (1972), apareceu no sonho, e lembrei-me da tremenda energia de atração dos buracos negros astronômicos, que sugam para o nada qualquer corpo celeste que se aproxime demais de sua órbita. Correr em círculos permitira que Joe continuasse defensivamente competindo com seus rivais e confirmando sua superioridade narcísica. Mas agora que o buraco central se tornara visível, correr também significava neutralizar o terror de se precipitar no abismo do espaço mental tridimensional. O outro lado da moeda era que a necessidade de seguir correndo não lhe permitia ser alimentado e cuidado pelas duas figuras maternas que o esperavam do lado de fora da pista de corrida circular.

No sonho, Joe não apenas criara uma conexão com outro ser humano ao segurar a mão de um menino, mas perguntava às tias o nome da criança, que ele mesmo desconhecia. A onisciência, que havia sido uma parte importante de sua organização defensiva, estava começando a falhar. A curiosidade em torno da identidade de alguém estava despertando, e suas tias oníricas lhe davam não apenas uma, mas duas pistas: duas chaves, que lhe permitiam acessar um território desconhecido, a sua própria história primeva e a de sua mãe. Na verdade, Ângela era o nome de sua mãe. Naqueles tempos, os recém-nascidos abandonados em um orfanato recebiam o nome de Ângelo ou Ângela, anjinhos que teriam caído do céu e recebiam os cuidados das freiras. Ele sabia do abandono que sua mãe sofrera ao nascer, mas as tias pareciam ter reconhecido que ele próprio havia sido uma criança "Ângelo", abandonado em uma incubadora – como ele mesmo continuava acreditando – sendo posteriormente deixado aos cuidados de sua avó nos primeiros dois anos de vida.

A parte infantil não contida de Joe, seu Ângelo interno, começava a buscar experiências de continência que não fossem produzidas por si mesmo, como sua exaustiva corrida circular autística.

Numa ocasião, ele veio para a sessão intrigado com o que ocorrera no dia anterior. Havia visitado uma exposição de arte com obras de Henri Matisse e ficara fascinado por uma de suas pinturas: *La danse*. Referiu ter experimentado algo além de fascinação. Ele sentira uma atração física, e fora sugado para dentro daquela famosa obra de arte. Descreveu detalhadamente sua sensação de êxtase absoluto por estar *dentro* não apenas de uma, mas de duas molduras – a sólida moldura retangular externa da pintura e o círculo móvel das figuras dançantes que se moviam em liberdade, e ainda seguravam as mãos umas das outras. Em seu êxtase, perdera a noção do tempo. Ao tomar ciência de seu estado, sentiu-se incapaz de sair do quadro. Estava preso, totalmente indefeso e invadido por uma ansiedade crescente. O alarme tocou para anunciar o fechamento da galeria. O som, aliado aos olhos preocupados da jovem guarda uniformizada à sua frente, acabaram por retirá-lo de seu aprisionamento na pintura.

Joe buscava desesperadamente algum tipo diferente de continência, que fosse, ao mesmo tempo, forte e sólido, bem como ritmicamente vivo. Essa dupla necessidade existencial primária é descrita por Houzel (2005; 2007) com a noção da bissexualidade do continente original, com sua firme força paterna e sua suave receptividade materna. Pela primeira vez, o paciente havia escolhido um objeto externo para contê-lo, embora ainda não fosse uma pessoa, mas uma pintura confiável. Ele parecia ter sido guiado pelo despertar, em níveis inconscientes profundos, da pré-concepção de um continente em busca de uma realização positiva (Bion, 1962). A poderosa atração inconsciente que o sugara para o círculo das dançarinas parece estar relacionada à sua traumática privação precoce, e não a uma intrusão em seu objeto interno materno. De fato, sua profunda experiência estética (Meltzer, 1988) foi permeada por uma intensidade emocional desconhecida.

No entanto, por fim, o feliz sentimento de continência dentro do círculo de dançarinas vivas, que pode muito bem ter evocado traços de memória inconscientes da vida pré-natal, transformou-se na ansiedade de permanecer encerrado no que se tornara uma prisão circular. Ele precisou da ajuda de outra pessoa, a guarda, que realizou uma espécie de trabalho de parteira, acompanhando-o e sustentando seu processo de separação do corpo da mãe. A experiência inesperada de Joe, de ir *para dentro* de um espaço e de poder *sair* dele com a ajuda de outro ser humano, mostrou que, em termos de seu funcionamento mental, a identificação projetiva havia começado. Isso se refletiu no surgimento de emoções desconhecidas avassaladoras, relacionadas tanto à continência primária quanto à perda desta, acompanhadas por ansiedades relacionadas ao aprisionamento e abandono, separação e solidão.

Malina não tinha visto nem ouvido a mulher que desaparecera na parede. Nenhum vestígio dela fora deixado, exceto pela rachadura que sempre estivera lá. Na história de Joe, uma *guardiã* ouvira seu grito mudo, vira seu desamparo, libertara-o de sua prisão e o trouxera de volta a um mundo de seres humanos emocionalmente receptivos e compreensivos.

Emergindo do enclave autístico: solidão desesperadora e desorientação

Um sonho do mesmo período revelou a capacidade crescente de Joe para enfrentar estados emocionais de solidão devastadora, que agora ele era capaz de encarar por breves momentos:

> Estava em um ginásio esportivo, uma enorme arena cercada por assentos para milhares de pessoas. Deveria ter ocorrido uma partida de

> basquete, mas seu time havia se retirado, assim como o público. Ele estava parado no meio da arena sob uma cúpula de vidro, sozinho. Todas as paredes de concreto ao redor eram de cor cinza. Parecia não haver entradas nem saídas, exceto por uma pequena porta lateral que estava entreaberta. Ele saiu. A paisagem era estéril.

Joe estava agora no local em que o buraco negro estivera em seu sonho anterior. Não havia mais corridas defensivas em círculo. Ele agora conhecia e enfrentava a solidão desoladora de sua vida na prisão de seu enclave autístico. Sem time, sem família, sem torcida, sem competição, sem vitória, sem derrota. Apenas a realidade desalentadora da depressão primária. Estaria a imagem do sonho ligada a um nascimento prematuro? O ginásio vazio com a cúpula de vidro e as paredes de concreto evocam a imagem de uma incubadora com um bebê minúsculo isolado em um continente inanimado. Sua própria infância solitária pode ter ressoado, assim como outros elementos de sua história familiar pregressa. Havia agora uma saída, mas o mundo lá fora era tão desolador quanto o espaço interno do ginásio vazio. O movimento linear tornou-se pensável, mas envolvia enfrentar a distância e a ausência, sentimentos de desespero existencial, lacunas intransponíveis entre eu e não eu, e a descoberta da fragilidade de seu senso de identidade, como mostrado em outro sonho:

> Estava viajando de trem, mas havia esquecido o nome da estação ferroviária na qual sua mãe e sua filha o aguardavam. Era esperado que fornecesse a elas instruções sobre seu itinerário, mas não tinha ideia do local em que se encontrava, e seu mapa não correspondia ao local em que parecia estar. Acordou angustiado.

Naqueles meses, Joe frequentemente chegava atrasado às sessões, porque não se lembrava onde havia estacionado o carro e vagava sem rumo pelas ruas de seu bairro para procurá-lo.

No entanto, ambos os sonhos representavam outro ponto de virada na análise de Joe. Seu retraimento autístico, que envolvia o colapso do funcionamento mental tridimensional, não era mais indispensável para sua sobrevivência. Ao contrário do prisioneiro *Malina*, Joe não se encontrava mais achatado e fundido[NT6] a uma parede bidimensional, sem qualquer espaço interno, mas, de fato, havia se movido para outra sala; não apenas sobrevivera, mas tivera a coragem de enfrentar seu árido estado emocional. Esse foi o momento em que a relação transferencial realmente começou a ganhar vida, e em que Joe foi capaz de aceitar nutrição e cuidados não mais produzidos por sua própria grandiosidade ou por seu narcisismo parasitário. Ele havia abandonado sua anterior vida sexual agitada e promíscua, que agora lhe parecia repetitiva e vazia. Sua busca por experiências de continência tornou-se central, e ele ousou procurá-las na relação transferencial. No início de sua análise, ele comparecia às sessões com meticulosa pontualidade, mas agora, após o período de desorientação em que chegava atrasado, costumava chegar antes do horário, e tinha que esperar na entrada do consultório, com sentimentos de hostilidade e intensos ciúmes em relação à jovem que o precedia no espaço analítico.

Segredos de família: conluio com a conspiração do silêncio

Joe se sentira isolado e sem pertencer a ninguém durante toda a sua infância. Na escola, sua mente ficava vazia quando precisava escrever uma redação. A brancura vazia da folha de papel à sua frente dava-lhe uma sensação de inexplicável angústia. Nos anos da puberdade, sendo já muito alto, havia se tornado um jogador de basquete de sucesso, mas lembrava-se do sofrimento durante as intermináveis viagens de ônibus a distantes campos de jogo. Enquanto os outros meninos conversavam e brincavam, ele ficava sozinho. Durante a adolescência,

[NT6] No original em inglês, "*at-one*".

passava todo o tempo em seu quarto, lendo e ouvindo música, isolado por fones de ouvido. Praticamente nunca mencionava seu irmão dois anos mais novo, ou seu pai.

Ele contava 20 anos quando sua mãe despejou sobre si – seu filho primogênito – parte dos segredos de família que nunca havia compartilhado com ninguém, nem mesmo com o próprio marido, porque temia que, se ele soubesse a verdade sobre sua infância e passagem por um orfanato, ter-se-ia recusado a casar com ela. Quando a avó de Joe se casou, seu marido adotou sua filha ilegítima, que foi então liberada do orfanato, teve o sobrenome modificado e passou a viver com a mãe e o padrasto. A família estendida de Joe foi levada a pensar que o marido da avó era o pai biológico de sua mãe. Ninguém jamais havia questionado o intervalo de nove anos entre o nascimento de sua mãe e o casamento de sua avó, nem o motivo pelo qual a criança teria ficado escondida por tantos anos. O ponto cego da identidade do avô biológico de Joe permanecera oculto, e era esperado que ele mantivesse o conluio com a *omertà* de sua família: a lei da máfia que impõe silêncio e segredo sobre os empreendimentos criminosos de seus membros. Ele a cumpriu.

Com o tempo, ficou claro que parte de sua complexa organização patológica defensiva (Steiner, 1988; 1993) tinha conexão com o segredo de família. Seu pensamento e linguagem circulares não apenas o protegiam de seu vazio interior autístico, mas também eram utilizados para prevenir, a si mesmo e aos demais, da tentação de penetrar nos fantasmas inomináveis e impensáveis de sua história familiar. Joe lucidamente descreveu sua organização defensiva como seu "código de sobrevivência", que incluía a proibição implícita de explorar os motivos do silêncio transgeracional da família materna. Quando seu enclave autístico não parecia suficientemente seguro e ansiedades de aniquilação ameaçavam afogá-lo, ele costumava escapar para sua superioridade intelectual onipotente, ou para um estado abertamente autístico de leveza imaterial. Sentia-se, então, como um balão de gás hélio que pairava muito acima do solo, e admirava a capacidade de Virginia Woolf de "dessubstanciar a realidade".

No entanto, com o tempo, ele percebeu que a conspiração de silêncio o expunha ao risco de desaparecer através do que parecia ser sua válvula de segurança. Organizações patológicas, originalmente criadas para evitar uma catástrofe, acabam se tornando uma catástrofe crônica por si mesmas (Segal, 1972). As experiências precoces de abandono e privação emocionais de Joe, sem dúvida, contribuíram para sua retirada ao refúgio autista, que deveria protegê-lo dos terrores de colapso mais primitivos. Mas essa sua retirada autística também estava relacionada às páginas canceladas de sua história familiar, das quais havia sido vítima, assim como sua mãe e sua avó adolescente. Na idade adulta, ele havia escolhido não apenas cumprir a *omertà* da família, mas também ser conivente com seu segredo. Nesse ponto da análise, Joe representou sua posição ambígua em dois sonhos:

> Participava de uma festa em família. Era uma festa de aniversário ou um casamento. Estavam todos juntos, sentados para o almoço em uma grande mesa, em um lugar agradável no campo. Mas abaixo deles, em um porão, acontecia uma reunião conspiratória de homens negros. Eles pertenciam a uma gangue, talvez à *Máfia* e estavam montando uma empreitada criminosa. A família ainda se banqueteava no andar de cima, sem perceber a presença daqueles homens que, em algum momento, saíram despercebidos através de uma passagem secreta. Joe possivelmente se juntara a eles.
>
> * * *
>
> Ele estava na rua de sua casa da infância, caminhando atrás de sua mãe e de sua avó. Um homem de preto estava escondido atrás das persianas de uma janela em um andar superior do prédio atrás de si. Esse homem, que fazia parte de uma quadrilha de criminosos, apontou a arma

e atirou nas costas de sua mãe e de sua avó. As duas mulheres caíram no chão, mas se levantaram novamente e continuaram a caminhar. Elas eram agora como fantasmas, sem possuírem realmente um corpo. Joe se perguntava se deveria chamar a polícia, mas o sonho acabou antes que ele tivesse tomado uma decisão.

Ao longo de sua análise, o segredo de família em torno da identidade biológica de seu avô materno esteve presente em segundo plano, mas continuava sem ser abordado. Ele odiava sua família por esse complô silencioso, mas, ao mesmo tempo, era conivente com isso. Esse era o seu dilema: se ousasse buscar a verdade, seria visto como um criminoso que estragava as agradáveis comemorações familiares, ou atirava pelas costas na mãe e na avó. Se não o fizesse, continuaria a cumprir a lei mafiosa da *omertà* e seguiria fazendo parte das figuras fantasmas e sem corpos, cujo objetivo comum era o de suprimir e enterrar a verdade inominável em torno do autor da gravidez puberal de sua avó. Joe era carcereiro e prisioneiro do conluio de silêncio.

A morte da avó: emergindo do túmulo do segredo familiar

A avó de Joe morreu, com mais de 90 anos, durante umas férias analíticas. Ela se fora antes que ele tivesse tido a coragem para fazer a pergunta crucial sobre a identidade de seu avô. Retornou das férias, sentindo-se "congelado, como gelo, ou como cimento, e vazio". Havia, disse ele, um "buraco anônimo" dentro de si, que se sentia incapaz de descrever em detalhes. O conceito de terror sem nome de Bion está relacionado com a impossibilidade de pensar, falar e, portanto, de nomear. O segredo da avó não fora revelado, e o avô permanecia anônimo. No entanto, Joe "sabia" que a gravidez puberal da avó tinha sido mais do que apenas o resultado imprevisto do flerte com um menino da aldeia, e que outro segredo familiar mais embaraçoso havia sido enterrado, além daquele referente ao bebê que viria a se tornar sua mãe.

Desde a morte de sua avó, referiu o paciente, ele estava dormindo "como uma lápide", em sintonia com a fria morte dela e de sua verdade silenciada. Quando perguntei se ele realmente se sentia como *sendo* uma lápide, ele mudou sua formulação e disse que, em realidade, estava *sob* a lápide. Essa foi uma mudança significativa. Ele *fora* enterrado, mas vivo, e indiretamente pedia para ser visto, ouvido e resgatado do peso frio de seu aprisionamento. No romance de Bachmann, o prisioneiro de Malina passara de ser *alguém* para ser *algo*. Joe agora podia ousar reverter o processo, e ganhar vida, olhar, observar e ver, escutar, ouvir e usar sua voz, esperando ser ouvido e recebendo pistas emocionais de seus sentidos distais anteriormente enterrados.

Ele relatou que, desde a morte da avó, vinha observando a mãe de perto e notava que aquilo que chamava de "muro" estava desmoronando. Ela tinha ataques de pânico e sentia que sua própria morte se aproximava. Em certa ocasião, Joe decidiu pedir-lhe para contar mais sobre sua infância no orfanato, fato que ela lhe havia relatado vinte e cinco anos antes, mas o que ele realmente buscava era confrontá-la com a pergunta que não ousara dirigir à avó: "Quem era seu pai?". O rosto de sua mãe endureceu e ficou branco. De repente, ela lhe parecia muito envelhecida e se retirara, dizendo apenas que nunca havia perguntado à mãe, de nada sabia e, de qualquer maneira, tudo isso já era passado… e as freiras do orfanato tinham sido gentis consigo. A essa altura, Joe soube que precisava enterrar a esperança de que algum dia fosse preenchido o vazio na história familiar. O que fez então foi pedir à mãe que lhe devolvesse as chaves do apartamento, ao qual, até aquele dia, ela tinha livre acesso sempre que desejasse, com o pretexto de limpar a cozinha ou passar as camisas. Esse foi um ato consciente de emancipação; a recusa em seguir conspirando com as verdades silenciadas de sua história familiar.

Apenas gradualmente o profundo significado metafórico da propriedade dessas chaves veio à tona. O enclave autístico com o seu vazio central – no qual ele estivera encerrado desde o início da vida, mas do qual ao mesmo tempo era guardião por se manter conivente com o segredo de família – tinha agora uma porta, a qual ele era livre para abrir e fechar, e que conectava e separava dois espaços, o mundo externo e o interno. No nível intrapsíquico, o confronto com a mãe revelou que ele havia se tornado capaz de observá-la e vê-la de fora, por assim dizer, e de descrever sua reação ao questionamento com grande precisão emocional. Ele havia sido tanto um participante quanto uma testemunha desse encontro. A observação requer espaço mental tridimensional para se tornar operativa.

> *Uma* terceira posição *passa, então, a existir, a partir da qual as relações de objeto podem ser observadas. Isso nos propicia uma capacidade de nos vermos em interação com os outros e de levarmos em consideração um outro ponto de vista, ao mesmo tempo que observamos o nosso próprio – para refletirmos sobre nós mesmos, enquanto somos nós mesmos.*[NT7] *(Britton, 1998, p. 42, grifo do original)*

Em busca da voz perdida

Do lado de fora da lápide de seu enclave autístico, Joe tornou-se capaz de ver e dar significado aos estados mentais de outros seres humanos, bem como empatizar com suas realidades emocionais psicofísicas. A descrição do estado mental de sua mãe após a morte da avó, bem como as reações dela durante a conversa, testemunhavam sua nova capacidade de observar e receber pistas emocionais, que lhe permitiam perceber o mundo interno de outras pessoas. Ele podia agora também observar a si mesmo, referindo-se espontaneamente ao seu

[NT7] Retirado de Britton, R. (1992). O elo perdido: a sexualidade parental no complexo de Édipo. In: J. Steiner (Org.). *O complexo de Édipo hoje* (p. 73). Porto Alegre: Artes Médicas.

antigo estado de aprisionamento psicofísico, que agora descrevia com grande precisão em termos corporais. Sua parede,[4] disse-me ele, coincidia com o tronco de seu corpo, desde os órgãos genitais até os ombros. Joe acrescentou que "a parede era feita de concreto armado branco até o centro. Era um bloco sólido sem espaço para órgãos internos". É o que ocorre em *Malina*, quando a prisão e o aprisionado se tornam uma parede sólida e indiferenciada. Ambas as cenas, a parede de *Malina* e o bloco de concreto de Joe, mostram o efeito desumanizador do rompimento da relação entre continente e contido, e o colapso do funcionamento mental tridimensional (Maiello, 2017).

Joe construiu várias hipóteses sobre o que poderia acontecer se sua parede desabasse: toda sua pele poderia desmoronar no chão, e ele precisaria de outro molde de gesso para mantê-lo em pé, ou ele começaria a girar em círculos, como costumava fazer, perguntando insistentemente aquilo que já sabia, e obrigando as pessoas a lhe fornecerem as respostas apenas porque necessitava escutá-las novamente. Ele repassou o inventário completo de suas manobras protetoras anteriores, destinadas a manter sob controle o medo de morrer de um bebê incontido e emocionalmente prematuro. Ansiedades antes inenarráveis agora podiam vir à tona, em busca de um continente para recebê-las.

No início de uma sessão, predominou novamente sua tentação de escapar para a leveza imaterial. (Embora o conteúdo manifesto dessa imagem de leveza possa parecer diferente, a partir da perspectiva do processo dos objetos autísticos e seus usos, ela serve à mesma função de retirada para a parede de concreto.) Ambas são tentativas de escapar de uma dor insuportável: Joe entregou-se mais uma vez à ideia de ser um balão, e sair voando e se dispersando no ar. Depois do que pareceu um silêncio longo, mas não mortífero, ele acrescentou

4 Foi a descrição de Joe de seu corpo como uma "parede" que trouxe minha associação com a *Malina* de Ingeborg Bachmann.

que deveria haver um teto. Ele mesmo introduzira um limite à tentação de se dissolver no espaço ilimitado e expressou a necessidade de um continente para mantê-lo em nossas limitadas, mas verdadeiras, realidades externa e interna tridimensionais.

Nesse momento, aparentemente do nada, Joe revelou um pensamento que o perseguia há algum tempo: estava obcecado pela ideia de que poderia ter um derrame e não seria mais capaz de pedir ajuda. Sua filha o ouviria, embora ele estivesse sem voz, mas ela tinha apenas 14 anos, e ele não podia atribuir a ela esse fardo. Seu irmão tinha capacidade para perceber suas aflições, mas morava no exterior. Sua mãe o ajudava dia e noite, mas não era capaz de ouvir. Se alguém falasse consigo, não teria voz para responder, e morreria. Em um estado de profunda angústia existencial, referiu: "Vazio, o medo do nada. Não há nada. Eu não sou nada".

O objeto materno interno de Joe era semelhante a Malina, "que não é mais capaz de ouvir", mas agora ele sentia profundamente que morreria se ninguém percebesse sua necessidade de ser vitalizado. Por breves momentos, entrou em contato com seu desespero a respeito de seu objeto interno materno surdo. Ele necessitava desesperadamente de algo que lhe faltava quando falou: "*Alguém* deve interpretar o que eu sinto". Acrescentou que, quando criança, nunca chorava ou tinha acessos de raiva. Apenas choramingava e era demandado a calar a boca. Será que sua voz sem corpo estava enraizada nessas experiências? Nesse ponto de sua análise, a ligação inconsciente com a pré-concepção da conexão primária estava despertando dolorosamente. A ausência podia ser nomeada sem o terror de cair no buraco negro ou sufocar na prisão autística. O significado de seu isolamento adolescente, trancado em seu quarto com os fones de ouvido, passou a fazer sentido em níveis profundos de experiência. A música reproduzida tinha que preencher o vazio do silêncio emocional da mãe. Joe emocionou-se no dia em que mencionou: "Nunca ouvi uma canção de mãe, *il canto della mamma*, pela qual o ar ao redor da criança se torna fluido e vibrante". Ele, agora, era não apenas capaz de sentir o que havia estado dramaticamente ausente em suas primeiras experiências de vida, mas também de traduzi-lo em uma linguagem poética sensível.

Os pacientes que, ao emergirem de um funcionamento autístico, conseguem testemunhar o vazio de seu anterior estado de *não ser*, são preciosos para nossa compreensão mais profunda da desolação absoluta, do "lugar nenhum"[NT8] (Durban, 2017) desses estados. Tendo aceitado sua necessidade de um limite e podendo enfrentar o terror de ficar preso em um enclave autístico, Joe pôde descrever a angústia existencial ligada a não conseguir chamar, gritar e ser ouvido, bem como foi capaz de pedir ajuda no aqui e agora da relação transferencial. Podia agora perceber que a comunicação é um processo de mão dupla. Uma voz precisava ser escutada por ouvidos receptivos, e outra voz precisava responder. Joe começava a confiar que seu chamado seria recebido, e podia não apenas *sentir* o terror de estar enterrado em um enclave autístico, mas também encontrar palavras para aqueles estados de angústia sem nome, criando uma narrativa em torno de estados emocionais anteriormente indizíveis, relacionados ao colapso de todos os canais de comunicação.

Durante os treze anos de sua análise, a voz de Joe foi adquirindo mais tonalidade e modulação, mas essa mudança foi tão gradual que só a percebi quando ela ganhou vida, e o paciente tornou-se capaz de usá-la como um veículo para as primeiras faíscas emocionais, que então passaram a permear suas comunicações verbais. Em determinado momento, ele mesmo chamou minha atenção para aspectos vocais da comunicação precoce entre mães e bebês, ao recordar como detestava a voz de sua mãe quando ela o acordava pela manhã, para que ele levantasse e fosse para a escola. Sua voz, disse-me ele, era metálica. Certa ocasião, referiu, não mais com amargura, mas com profundo

[NT8] "*Nowhere-ness*", no original em inglês.

pesar, que nunca ouvira de sua mãe canções de ninar ou cantigas de roda, coisas que as mães costumam fazer para seus bebês, disse-me ele. Em silêncio, eu me perguntava se a ausência de musicalidade em sua voz e na de sua mãe estaria enraizada na vivência dela enquanto bebê e criança, tendo sido criada no orfanato, por freiras cujos ventres nunca haviam gerado um bebê, nunca haviam dado à luz, criado e amado a um filho próprio.

De quem é o sonho que estou sonhando?

Durante as férias de inverno do último ano de nossa jornada analítica, Joe teve um sonho que relatou de memória em seu retorno:

> Estava no terraço de sua casa de infância com sua mãe e seu irmão. A mãe debruçou-se sobre a grade e ele ficou aterrorizado que ela se jogasse dali. Seu irmão também subiu na grade. Joe estava indefeso, paralisado. Mas, então, percebeu que havia uma plataforma do outro lado da grade, e seu irmão conseguiu escalar de volta para o terraço.

Nesse ponto, Joe consultou seu caderno de sonhos para verificar se não havia esquecido algum detalhe. Descobriu que uma sequência realmente escapara de sua memória: "Sua mãe estava debruçada sobre a grade, porque uma garotinha havia caído de uma janela do prédio em frente, e as pessoas gritavam desesperadas lá embaixo na rua".

A ansiedade de despencar[NT9] de Joe tornara-se imaginável e onírica. Em parte, dizia respeito a si mesmo, a seu próprio terror de cair como um bebê sem continência, abandonado (nascido prematuramente?) e, na transferência, a antecipação do final de sua análise, com o inevitável retorno e reelaboração das primitivas ansiedades de abandono. Mas, ao mesmo tempo, ao esquecer *aquela* parte do sonho, ele parecia devolver à mãe o trauma *de ela própria* ter sido

[NT9] No original em inglês, "*precipitation anxiety*".

abandonada em um orfanato ao nascer, do qual ele, seu primogênito, havia sido o receptáculo por meio da identificação projetiva materna ao revés. A própria mãe teria que lidar com o desespero da menininha que, no sonho, havia caído de *outro* prédio. O evento traumático da parte esquecida do sonho não parecia mais ser uma parte cindida e impensável de seu próprio trauma inicial, mas, sim, estar relacionado à biografia de sua mãe, com a qual ela agora teria que lidar. O fato de Joe ter esquecido a porção de seu pesadelo referente a ela pode ser visto como parte de seu processo de emancipação da relação de mútuo controle com seu objeto interno materno.

No sonho, seu irmão, que apareceu tardiamente no processo analítico, veio para representar o crescente senso de agência de Joe: uma plataforma protetora impediu sua queda no abismo, e ele retornou são e salvo.

Seguindo em frente e vindo à vida

Durante a última etapa de sua análise, Joe voltou para a universidade e retomou seus estudos interrompidos. Escreveu sua dissertação com genuíno interesse e empenho, apoiado pelo professor que abandonara anos antes, e que agora se tornara seu mentor não apenas no âmbito intelectual. Sua formatura ocorreu alguns meses antes do final de nossa jornada analítica, gerando novas perspectivas para o seu percurso profissional. E propiciou que fosse nomeado como coordenador de um grupo de colegas, o que implicava capacidade de mediação e de relacionamento interpessoal.

Um breve resumo da evolução dos relacionamentos de Joe com as mulheres faz-se ainda necessário. Inicialmente, sua vida sexual havia sido promíscua e hiperativa. Sentindo que sua vida era insuportavelmente cinza, buscava se "alimentar" com as cores do que chamava de "mundo feminino", por pura necessidade de sobrevivência. Suas sofisticadas estratégias de sedução permitiam-lhe conquistar um harém de mulheres em constante mudança. Suas amantes costumavam contar-lhe seus sonhos, e ele se deliciava ao se ver transformado no que chamava de um "grande ouvido", um guru narcisista que interpretava suas vidas inconscientes, penetrando em seus espaços internos mais secretos, tanto sexuais quanto mentais, pronto para abandoná-las como conchas vazias, assim que houvesse absorvido suas cores vitalizadoras.

Ao longo dos anos, os *insights* de Joe sobre as forças motrizes da qualidade de seus relacionamentos iniciais produziram mudanças significativas. Nos últimos anos de sua análise, ele mantinha apenas um relacionamento de cada vez, e houve uma inversão em termos de quem era o parceiro carente. Antes, suas muitas namoradas precisavam *dele*. Agora, era ele que precisava *delas*, mas essa necessidade era tão intensa que tendia a sufocá-las possessivamente, o que as levava a romper o relacionamento, deixando-o novamente em um estado de devastadora solidão. No entanto, ele havia se tornado capaz de se observar, e estava cada vez mais ciente dos motivos pelos quais não conseguia afrouxar o controle: ficava apavorado de que a mulher lhe virasse as costas. Dizia: "Seus olhos desapareceriam, e eu deixaria de existir". Frances Tustin (1990) refere-se exatamente a essa experiência quando escreve: "O encapsulamento . . . é chamado a lidar com um corpo que se sente tão vulnerável que está ameaçado de extinção" (p. 153). Núcleos de funcionamento autístico ainda apareciam ocasionalmente, embora Joe já estivesse ciente da necessidade vital do bebê de ser visto, ouvido, segurado e iluminado pela luz do olhar da mãe. Seus novos relacionamentos despertaram essas emoções primárias avassaladoras e se tornaram o cenário no qual ressurgiram suas ansiedades de aniquilação. Mas sua parte mais amadurecida da personalidade deu-se conta de que a ânsia por manter o controle sobre seus objetos levava à perda deles. Os últimos anos de sua análise acompanharam sua crescente confiança em ousar se expor e gradualmente tolerar a intensidade das ansiedades e dos estados emocionais primitivos, dos quais buscara proteção desde a infância, fechando-se em seu enclave autístico.

Dois anos antes do final da análise, Joe conheceu a mulher que se tornaria sua esposa. Ela era uma musicista, uma cantora. A relação entre eles apenas gradualmente foi se tornando mais íntima, sendo tratada com grande cautela por ambos. Um ano após a conclusão de nossa jornada analítica, recebi um cartão anunciando o nascimento de uma filha. Nas entrelinhas das poucas e sóbrias palavras de Joe, percebi sua felicidade com o casamento e com a segunda experiência de paternidade.

Conclusão

Estados autísticos, incluindo enclaves autísticos em pacientes que aparentam funcionar de maneira normal, parecem ter leis e critérios próprios, os quais nem sempre podem ser captados em toda a sua extensão em um enquadre psicanalítico tradicional. Talvez por isso Frances Tustin frequentemente recorria à poesia em seus livros sobre autismo. Ela sentia que as intuições criativas dos poetas eram mais profundas e próximas do mundo insondável do autismo do que a linguagem psicanalítica habitual. As ansiedades ligadas à ausência podem ser descritas em prosa, desde que a presença permaneça em nossas mentes como o outro lado da moeda. O *vazio* autístico não é apenas difícil, mas impossível de traduzir em linguagem verbal simples e compartilhável. Essa pode ter sido a razão profunda para evocar o romance de um poeta como companhia no deserto da não vida, durante os primeiros anos da análise de Joe.

No que diz respeito à transmissão transgeracional, sabemos que os eventos traumáticos silenciados se tornam cada vez mais impensáveis e assumem uma existência autônoma e mortífera. Isso é verdade não apenas para o trauma coletivo ligado à perseguição e ao genocídio (Gampel, 1986; 1997), mas igualmente ocorre, como mostra o material de Joe, na escala íntima da transmissão transgeracional de histórias familiares silenciadas.

Em relação ao autismo, passamos a usar expressões como ninguém e nada,[NT10] para nos aproximarmos o máximo possível desses estados insondáveis de não existência. Este foi o não lugar,[NT11] de onde se originou a voz muda de Joe. Ela não chamara nem pedira para ser resgatada por alguma companhia viva (Alvarez, 1992). Parecia não haver no paciente qualquer ideia ou esperança de salvamento, nenhuma experiência de vínculos, que poderiam ter sido atacados e destruídos (Bion, 1959), mas sim a quebra passiva da própria pré-concepção de ligação, como resultado, em seu caso, da ausência de realizações positivas primárias (Maiello, 2000). Está congelada a própria pré-concepção de continente-contido, com a contínua e emocionalmente intensa negociação em torno da unicidade[NT12] e separação. Como Joe descrevera, seu corpo não tinha espaço para órgãos internos. Continente e contido eram apenas um bloco maciço de concreto, sem espaço intermediário para o desenvolvimento de processos inconscientes básicos de identificação projetiva e introjetiva, e sem nutrição para o trabalho onírico primitivo (Bion, 1959; 1992).

Quando pacientes anteriormente autísticos começam a sonhar, desenvolve-se uma relação dialética entre continente e contido, e há espaço para o surgimento de fantasias e ansiedades persecutórias, como nos sonhos de Joe com a Máfia. A dinâmica emocional da posição esquizoparanoide é colocada em marcha. Esse é um desenvolvimento crucial na história terapêutica de pacientes autísticos. A partir desse momento, eles deixam de ser um fantasma sem corpo em um não lugar autístico. Seu potencial aprisionamento em um objeto

---

[NT10] No original em inglês, "*no-body and no-thingness*".

[NT11] No original em inglês, "*no-where*".

[NT12] No original em inglês, "*one-ness*".

interno pode levar a ansiedades claustrofóbicas (Meltzer, 1992), que irão irromper na cena do funcionamento mental tridimensional, acompanhadas por fantasias persecutórias intensas. Mas, nesse estágio, prisioneiro e carcereiro não mais constituem duas partes separadas da mesma moeda, e a relação transferencial pode começar a se desenvolver e a exibir suas múltiplas facetas.

O que resta a ser explorado mais profundamente é o insondável *não lugar*[NT13] do autismo profundo.

Referências

Alvarez, A. (1992). *Live company.* London: Routledge.

Bachmann, I. (1971). *Malina.* Frankfurt a/Main: Verlag Suhrkamp.

Bion, W. R. (1959). Attacks on linking. *International Journal of Psychoanalysis, 40*, 5-6.

Bion, W. R. (1962). *Learning from experience.* London: Heinemann.

Bion, W. R. (1992). *Cogitations.* London: Karnac.

Britton, R. (1998). *Belief and imagination: explorations in psychoanalysis.* London: Routledge.

Durban, J. (2017). Home, homelessness and nowhere-ness in early infancy. *Journal of Child Psychotherapy, 43*(2), 175-191.

Gampel, Y. (1986). La vie, la mort et le prénom d'un enfant. In: P. Fédida, & J. Guyotat (Eds.). *Actualités transgénérationnelles en psychopathologie.* Paris: Éditions GREUPP.

Gampel, Y. (1997). Penser la mémoire impensable de l'extermination. In: J. Gillibert, & P. Wilgowicz (Eds.). *L'ange exterminateur.* Cerisy: Revue de l'Université de Bruxelles.

[NT13] No original em inglês, "*no-whereness*".

Houzel, D. (2005). Splitting of psychic bisexuality in autistic children. In: D. Houzel, & M. Rhode (Eds.). *Invisible boundaries: psychosis and autism in children and adolescents*. London: Karnac.

Houzel, D. (2007). *Memories in feeling and autistic barriers in adult analysands*. Paper read at IPA Congress Berlin, 2007.

Maiello, S. (1995). The sound object – a hypothesis about prenatal auditory experience and memory. *Journal of Child Psychotherapy*, *21*(1), 23-41.

Maiello, S. (2000). Broken links – attack or breakdown? Notes on the origin of violence. *Journal of Child Psychotherapy*, *26*(1), 5-24.

Maiello, S. (2001). Prenatal trauma and autism. *Journal of Child Psychotherapy*, *27*(2), 107-124. (Reprinted In: J. Mitrani, & T. Mitrani (Eds.). *Frances Tustin Today*. London: Routledge, 2015.)

Maiello, S. (2017). Point–line–surface–space: on Donald Meltzer's concept of one and two-dimensional mental functioning in autistic states. In: M. Cohen, & A. Hahn (Eds.). *Doing things differently: the influence of Donald Meltzer on psychoanalytic theory and practice*. London: Karnac.

Meltzer, D. (1965). The relation of anal masturbation to projective identification. *International Journal of Psychoanalysis*, *47*, 2-3.

Meltzer, D. (1975). *Explorations in autism: a psycho-analytical study* (with J. Bremner, S. Hoxter, D. Weddell, & I. Wittenberg). London: The Roland Harris Educational Trust.

Meltzer, D. (1988). *The apprehension of beauty*. London: The Roland Harris Educational Trust.

Meltzer, D. (1992). *The claustrum: an investigation of claustrophobic phenomena*. London: The Roland Harris Educational Trust.

Resnik, S. (2004). Spazio-tempo nell'autismo e nella schizofrenia. In: S. Resnik, E. Levis, S. Nissim, & M. Pagliarani (Eds.). *Abitare l'assenza–scritti sullo spazio-tempo nelle psicosi e nell'autismo infantile*. Milano: Franco Angeli.

Resnik, S. (2006). *Riflessioni su autismo e psicosi – Omaggio a Frances Tustin*. Presented at the third International Frances Tustin Conference (Frances Tustin Memorial Trust). Venice, 2006.

Segal, H. (1972). A delusional system as a defence against the re-emergence of a catastrophic situation. *International Journal of Psychoanalysis*, 53, 393-401.

Spitz, R. A. (1945). Hospitalism: an enquiry into the genesis of psychiatric conditions in early childhood. *Psychoanalytic Study of the Child*, 1, 53-74.

Steiner, J. (1988). The interplay between pathological organisations and the paranoid-schizoid and depressive position. In: E. Bott Spillius (Ed.). *Melanie Klein today: developments in theory and practice* (vol. 1). London: Routledge.

Steiner, J. (1993). *Psychic retreats: pathological organisations in psychotic, neurotic and borderline patients*. London: Routledge.

Tustin, F. (1972). *Autism and childhood psychosis*. London: Hogarth.

Tustin, F. (1986). *Autistic barriers in neurotic patients*. London: Karnac.

Tustin, F. (1990). *The protective shell in children and adults*. London: Karnac.

Winnicott, D. W. (1974). Fear of breakdown. *International Review of Psychoanalysis*, 1, 103-107.

11. Do nada ao ser? Considerações técnicas para a abordagem de estados não representados

Bernd Nissen

O termo "não representado" agora se tornou estabelecido como um conceito guarda-chuva que abrange uma variedade de manifestações, incluindo fenômenos autísticos/autistoides, estados inomináveis e estados traumáticos precoces, bem como os de colapso. Esse subconjunto de estados não representados/ainda-não-psíquicos se caracteriza por duas condições fundamentais: não foi transformado em psíquico, e a esperança de encontrar um objeto continente foi abandonada. Essas duas características, junto com uma falha na identificação projetiva, são encontradas, a meu ver, nas dinâmicas autística e autistoide, que concebo como um transtorno das relações objetais (Nissen, 2008; 2014; Rhode, 2018), ao contrário de outras teorias da mente nas pesquisas sobre o autismo.

Com essa identificação rudimentar do subconjunto de estados não representados, uma variedade de questões surge imediatamente: como é possível tratar o "não representado"? Ele pode, de alguma forma, ser interpretado? Como o que ainda não é psíquico pode se tornar psíquico e se qualificar por meio de uma interpretação? Como pode o analista emergir como objeto psíquico? E inclusive se tornar o objeto continente? O não representado se torna representado? Ou criamos algo que possibilita uma relação com o não representado? Prefiro interromper meus questionamentos por aqui...

A seguir, gostaria de examinar em detalhes[1] alguns aspectos relativos ao tratamento/técnica, limitando-me à dinâmica em que o não representado se manifesta sensorialmente, pode ser suprassumido[NT1] ao psíquico e, finalmente, se tornar disponível estruturalmente para o aparelho psíquico.

Marcando o não representado: a revelação do pré-psíquico

Como podemos descobrir o não representado, como podemos lidar tecnicamente com ele? Gostaria de ilustrar essas questões com um pequeno exemplo.

Ao entrar na sala de tratamento, uma paciente notou num *flash* que um livro com uma capa laranja brilhante estava faltando na estante. No divã, continuou dirigindo seu olhar fixamente a esse ponto.

---

1 Em minha experiência – apesar de toda a simplificação áspera da escrita – algumas características típicas do processo de tratamento de estados não representados podem ser descritas: começa com uma longa fase de *holding* (Winnicott), na qual os estados não representados emergem vagamente e surge uma esperança de que o analista possa vir a se tornar um objeto psíquico. Então, emerge o não representado (momento da presença), muitas vezes seguido por uma fase esquizoparanoide de grande incerteza, que pode ser acompanhada por fenômenos suicidas, psicóticos reativos ou psicossomáticos. Nessa fase, a concepção surgida no momento da presença torna-se um pensamento. A subsequente elaboração protege esse pensamento e diferencia dimensões objetais mais complexas, de modo que aparecem estruturas psíquicas sustentáveis (ver estudos de casos clínicos de tais progressões, por exemplo, Nissen, 2008; 2013).

NT1 Em inglês no original, "*sublated into the psychic*". Segundo o *Academic Dictionaries and Encyclopedias* (https://en-academic.com/dic.nsf/enwiki/3181944), *sublate/sublation* corresponde à tradução do verbo *aufheben* e do substantivo *Aufhebung*, de Hegel. Adotamos aqui e em todo o texto a tradução para o português de Paulo Menezes desse termo polissêmico – "suprassumir" – que contém os sentidos de supressão, conservação e colocação em um patamar mais alto.

Essa observação do psicanalista tem certa objetividade empírica, mas já é uma interpretação (por exemplo, qualificando a apreensão como tão veloz quanto a luz) fundamentada em uma espécie de atmosfera contratransferencial sensorial, somatoforme. Mas o que isso diz sobre a psique da paciente, sobre o interpsíquico, sobre a transferência? Muito pouco, na melhor das hipóteses. O objeto da psicanálise não pode ser apreendido pelos sentidos (Freud, 1900, p. 613; Bion, 1970, p. 6f), apesar de ficarmos cegos se não tivermos sensações e impressões sensoriais. Mas as "comunicações de nossos órgãos dos sentidos" ("*Angaben unserer Sinnesorgane*") (Freud, 1900, pp. 613, 618) não nos fornecem qualidades psíquicas. Ao mesmo tempo, não podemos organizar a interação de nossas sensações e impressões sensoriais sem uma pré-compreensão conceitual/teórica, que, no entanto, não deve predominar e precisa ser suspensa na situação de tratamento.

Gostaria de esboçar brevemente o seguinte modelo metapsicológico: uma pulsão, por exemplo, a fome, passa do somático ao psíquico e se expressa como sensações sensoriais. Não concebo essa experiência como uma fantasia, da forma como Isaacs o faz, mas acompanho Freud e Bion, que a consideram material bruto, pré-psíquico, que emerge do somático. Paralelamente, a pré-concepção é ativada, a expectativa do seio. Essa expectativa permeia a experiência sensorial. O choro, que um observador pode descrever como uma tentativa de expulsão, torna-se um chamado para a mãe, que, por sua vez, também tem uma pré-concepção do seio[2] (a expectativa de seu filho) e uma função alfa, ou seja, a aptidão para qualificar dados brutos. Com a orientação inconsciente e pré-consciente para seu filho e a capacidade

2 Grotstein (2007) assinala que Bion fala em pré-concepção (com hífen) nos casos em que uma pré-concepção ainda não encontrou sua realização, e se refere à preconcepção (sem hífen) quando uma concepção volta a ser uma preconcepção. Apesar de não encontrar essa distinção consistentemente em Bion, ela faz sentido em casos individuais.

de função alfa, ela consegue ordenar a experiência sensorial dele, ou seja, reconhecê-la como fome com uma qualidade específica (por exemplo, fome irritante, ansiosa, ávida). Será que isso cria elementos psíquicos? Acredito que não. E retornarei a essa questão.

Voltemos à observação. Muitas vezes, estamos em situação semelhante à da mãe. Percebemos o material sensorial (percepção do livro faltante num *flash*; voltando depois a olhar), e talvez tenhamos alguma noção do mundo interior do paciente e de sua situação relacional, de modo que a circularidade entre o sensorial e a pré-concepção possa ser quebrada e colocada em movimento. Suponhamos, por exemplo, que o analista comece a sentir[3] que o paciente experimenta o mundo de maneira autistoide, tendo transformado concretamente as paredes da sala de tratamento – com seu papel de parede, parquet, cortinas, quadro e estante – em sua segunda pele (Bick; Tustin; Anzieu). Isso constela[4] as várias impressões sensoriais (o olhar, o espaço vazio etc.) e sensações sobre a atmosfera reinante (captar num *flash*, voltar a olhar). Com a ideia da segunda pele (correspondente à hipótese da mãe sobre a fome), as sensações sensoriais recebem uma pré-coloração qualitativa; no que se refere ao livro perdido, isso poderia ser experienciado como uma ruptura na segunda pele, e tal corte sendo vivenciado como uma ameaça existencial. Estados específicos seriam então acionados, os quais um observador treinado poderia qualificar como medo, ameaça etc.

Parece-me importante entender a dimensão mais profunda: a segunda pele é uma última tentativa para tentar resgatar um *self* rudimentar e pouco viável que se sente existencialmente ameaçado por

---

3 Temos que confiar em nossa atenção flutuante, em nossa intuição (Bion) aqui. Então nós intuímos, no material, uma qualidade específica que ainda terá que se tornar psíquica, mas deve permanecer aberta a outras perspectivas, às vezes inesperadas. Por exemplo, o espaço vazio na estante pareceria bem diferente em uma dinâmica anal de controle e dominação, ou numa dinâmica edípica primitiva.

4 Sobre o conceito de constelação, ver Bion (1970, p. 33).

estados "sem nome" *e* (sic!) que perdeu a esperança de encontrar um objeto continente (pré-concepção do "seio"). A sobrevivência é possível em uma segunda pele; uma ruptura pode levar a um estado de difícil apreensão verbal, o qual poderíamos parafrasear como "vazamento", "espalhamento de nada", ou algo semelhante. Portanto, estamos lidando com (a) uma ameaça existencial, na qual (b) não mais pode ser pensado nenhum objeto que assegure a existência.

O problema nessas fases do tratamento é que não é possível *compreender psiquicamente* essa dimensão profunda. Se a hipótese da segunda-pele estiver correta, o analista não está presente na sala como um objeto psíquico. Ele se torna um objeto autístico/autistoide e deveria ser indistinguível de uma peça de mobília, como observou M. Klein ainda em 1930. Com a rachadura nessa segunda pele, o *self* existencial ameaça vazar – e então o psicanalista, objeto autístico/autistoide, não é mais capaz de qualquer sustentação. Bion (1970) escreveu que existem pessoas que "sentem a dor, mas não a sofrem e, portanto, não se pode dizer que a descobriram" (p. 9; um aspecto ao qual Freud se referiu em inúmeras ocasiões, por exemplo, 1912; 1914; 1915; 1926). O que o paciente não sofre não pode ser descoberto, nem pode entrar na comunicação de inconsciente para inconsciente. Talvez possa ser inferido empaticamente, mas não descoberto interpsiquicamente e compreendido diretamente.

Uma interpretação aqui só pode preparar para uma futura psiquização. A meu ver, partindo de um nível sensorial, ela deveria dirigir-se, cautelosamente, para a formação da segunda pele como defesa contra um estado em que o *self* está ameaçado de dissolução. Interpretando essa constelação de estados defensivos, nós nos apresentamos como um ser capaz de perceber o paciente e sua experiência. Interpretamos uma constelação (seu olhar – o espaço vazio – sua inquietação), e potencialmente podemos nos tornar *sensorialmente* perceptíveis como um objeto por meio da interpretação – um núcleo a partir do qual um objeto psíquico e uma esperança continente podem se desenvolver. Essa dimensão de transferência, formada a partir do sensorial, provavelmente será tolerável para pacientes em uma situação de ameaça autística.

Por exemplo, pode-se dizer: "Você está olhando para o espaço vazio que parece o estar incomodando". A rachadura na segunda pele (espaço vazio), assim como uma qualidade sensorial não fixa (o incômodo), são nomeadas por um ser que é capaz de perceber essas dimensões, ou seja, que provavelmente não é um móvel da sala.

Isso significa que a interpretação se mantém muito próxima da experiência sensorial como o observador/analista pode percebê-la. Considero importante essa atitude que se aproxima do que é clinicamente observável e leva em conta a própria atmosfera sensorial e física vivenciada pelo analista. Somente assim pode ocorrer uma abordagem da experiência, e o objeto se transformar cuidadosamente de inanimado em um ser que percebe sensorialmente. Deve ser possibilitado o desenvolvimento daquilo que ainda não existe – e isso precisa acontecer na relação. É necessário permitir que o não representado se desenvolva gradualmente, bem como que o objeto emerja lentamente; caso contrário, o paciente rapidamente se sentirá sobrecarregado, rechaçando proposições prematuras. Nesse caso, suas partes remanescentes que mantêm a esperança por um objeto tenderão a se retrair.

Sendo infectado pelo não representado: precursores do indizível

No exemplo citado, o analista não se vê muito afetado diretamente – a ideia de uma organização autistoide emerge lentamente. Em minha experiência, surgem então situações em que haverá maior envolvimento. O material a seguir mostra como o analista é arrastado para uma dissolução psíquica. Entendo que a paciente desenvolveu uma defesa autistoide com a qual tenta manter afastado esse perigo de dissolução. Trata-se de uma apreensão de estados internos em si mesma e em outros. Essa apreensão é de uma clareza inacreditável. Mencionei, em outra ocasião (Nissen, 2021), como a paciente possui olhos de raio X para o mundo interior dos outros, é capaz de ver dentro dos outros, como os raios X permitem ver o interior do corpo. Por exemplo, quando estava hospedada como visitante em um apartamento comunitário, entrou em sérias discussões com um morador que sofria de doença mental, cuja situação foi de imediato reconhecida por ela ("Eu sabia exatamente como ele era por dentro"). Ela foi capaz não apenas de acalmar a situação, como de reduzir a tensão do jovem por um longo período. Essa habilidade, provavelmente resultado de sua própria luta pela sobrevivência, também se torna um fardo: embora o material psíquico seja reconhecido por ela, permanece como algo pré-psíquico que ameaça inundá-la repetidamente.

Essa capacidade fica ainda mais clara quando ela descreve seu transtorno alimentar: "Quando recebo inesperadamente uma notícia frustrante ou ameaçadora, imediatamente tenho que comer alguma coisa qualquer, seja casca de pão, lanche, não importa. Eu como, engulo. Então algo morto está em meu estômago, e eu vomito violentamente. Alívio, alívio flui através de mim. Então estou viva de novo, completamente!".

O que me chamou a atenção em algum momento é que tais relatos são de uma precisão incrível, como se ela pudesse descrever o inconsciente sem qualquer refração. Logo me lembrei de outro paciente do sexo masculino (Nissen, 2008), que tinha uma habilidade semelhante, mas que não era direcionada para dentro, e sim para fora. Esse paciente contava histórias (observações de eventos cotidianos, bem como de situações que ele havia experienciado) de uma forma em que a narrativa era dominada por um brilho linguístico e uma complexidade visual tão surpreendentes que o falante e o ouvinte quase desapareciam. Eram descrições hiper-realistas e hipersensoriais. Por exemplo, ele descrevia mulheres idosas no metrô com tanta precisão que era possível ver sua forma, ouvir seus ruídos e sentir seu cheiro. No entanto, era impressionante que, de uma maneira realmente não narcisista, ele não esperava a reação do objeto. Contar histórias não era interação, não era uma troca interpessoal. Havia apenas o tema da história; não existia objeto, falante, ouvinte; não existia relação. Ele também contava a si mesmo essas histórias, ou vivia nelas. Contar histórias era como uma segunda pele!

A paciente mencionada anteriormente experimentou traumas severos e continuados. Suspeito que desenvolveu uma habilidade dissociativa em eventos traumáticos – como se observasse de uma forma cindida e não envolvida – para perceber processos nos outros e aplicar essa habilidade a si mesma em situações "frustrantes ou ameaçadoras", com a finalidade de se proteger e de se salvar. Com essa compreensão, tornou-se mais claro para mim o clima que se criava quando ela narrava tais cenas: se retirarmos o processamento retrospectivo em que ela se apresentava como consciente (no sentido sistêmico!), reflexiva, experienciando e escolhendo a narrativa em primeira pessoa ("eu"), repentinamente surgia um material traumático que não era consciente nem inconsciente, mas real. Daí a precisão e a sensação de que ela podia olhar para o inconsciente. A observação dissociativa da experiência traumática é capaz, assim, de ser transformada de maneira que o medo da dissolução pode ser repelido.

Mas o que estava sendo evitado? A própria paciente o descrevia como "estados de dissolução". Ela se sentia extremamente ameaçada quando eles apareciam: "Eu só os suporto na esperança de sobreviver – quero dizer, sobreviver, sobreviver fisicamente".

Em uma sessão, tive que experimentar esse estado de dissolução em que todo ordenamento natural desaparece: nenhuma orientação em categorias temporais, atemporalidade e ausência de noções de espaço, nenhuma distinção entre objetos parciais ou totais, espaços infinitos, ausência de estrutura lógica, dispersão da vida e das coisas etc. Essa experiência poderia ser concebida como um desinvestimento do processo primário por meio de todas as profundas esferas do inconsciente, mas, ao que parecia, quase não restava processo secundário.

Tento reproduzir alguns momentos dessa dissolução (ver também Nissen, 2021). São fragmentos, que reduzo agora a umas poucas frases, mas que pareceram – no decorrer da situação – muito mais confusos e prolongados.

> "Eu estava com o Max, de repente ele estava na sala, estávamos vestidos, a criança tinha, eu tive alguma coisa com ele uma vez, sexo, foi sexo? Quinze anos atrás, tudo cheio de lixo. Como Ludwig entrou na sala? Louco, hein? Sarah nunca veio, nem mesmo à noite. Foi uma festa, muito barulhenta. Não havia nada acontecendo com Sarah, mas ela quer me dar sua jaqueta. Está estragada, no lixo. W. [primeiro nome de um artista conhecido internacionalmente] estava bêbado, eu o conheço desde sempre, com garrafa. Sarah está na cama, na festa dela, você pode imaginar? Provavelmente com Keith..."

Enquanto a paciente falava, de forma ainda mais confusa e desorientada, ela parecia estar em estado de choque, com um leve tremor da cabeça, enquanto fazia movimentos defensivos com uma das mãos.

Primeiro, relatarei o que era, naquele momento, de meu conhecimento sobre esse material.

Max é um homem mais velho por quem ela se sentiu um tanto apaixonada. Ludwig provavelmente estava no quarto no qual ela estava deitada com Max, ainda vestido. Ludwig tinha uma criança nos braços? Ludwig tem 75 anos. Ela fez sexo com ele há quinze anos? Então, ela não tinha nem 10 anos! Sarah, conhecida sua, que é depressiva e tem a idade de sua mãe, provavelmente deu uma festa, estava deitada na cama (ou ainda está deitada na cama?). Certa vez, Sarah deu à paciente uma jaqueta que ela, no entanto, jogou fora, tendo ficado com receio de ser descoberta. O pai da paciente trabalhara com W. em algumas ocasiões. Keith morreu há cinco anos.

Mas eu não mais dispunha desse conhecimento, porque fora infectado pela dissolução do pensamento. Senti pânico, pensando que ficaria louco, psicótico, se continuasse a ouvir. Não se trata da paráfrase de um sentimento ou de uma contratransferência, mas de um medo real, um pânico, do qual eu desejava fugir internamente. Eu gostaria de sair do meu corpo, sentia-me impotente, à mercê, em pânico por não poder fazê-lo. Conheço todos os tipos de reações a materiais semelhantes (por exemplo: despersonalização, distanciamento, refúgio na racionalização etc.). Mas, nessa cena, a ameaça era diferente: um pânico ameaçador, estar à mercê de algo que aconteceria real e inevitavelmente.

Considero muito importante compreender que esse "infectar-se" (em outro lugar, eu o descrevi como um processo indutivo – Nissen, 2014) não constitui uma identificação projetiva. *É um tornar-se envolvido*, não uma identificação, nem uma simbiose, nem uma ilusão – como aponta Moser (2021). Benedetti (1983) fala de osmose entre paciente e terapeuta; Moser (2021) menciona permeabilidade.

Para o paciente, também não constitui uma mensagem dirigida ao analista, não é uma comunicação, *a fortiori* não é uma comunicação psíquica – e, no entanto, esse evento tem extraordinária importância. E sendo infectado, eu passo a saber da dissolução, eu me sinto sendo puxado para o turbilhão da dissolução no meu próprio corpo, sinto o horror sem esperança. Terá isso criado qualidade psíquica?

Não. Um elemento psíquico, ou o psíquico, deve ser qualificado em uma relação objetal. Se existe uma lei fundamental sobre o psiquismo, é que ele apenas pode surgir em um relacionamento, e não por conta própria. Na situação descrita, fui infectado por sua experiência traumática; desamparo e medo traumáticos apareceram (e permanecem de forma branda até hoje). A experiência traumática é uma experiência sem objeto! Permanece no real. Há um colapso na continuidade do ser, mas não há um objeto ali. Essa transmissão traumática (por exemplo, transgeracional) não se alivia, não se elimina, apenas se perpetua.

No entanto, o evento foi de fundamental importância. Se eu futuramente falasse em dissolução, ela consideraria que eu "sabia de algo". Isto é duplamente importante, especialmente para a qualificação e para a relação. Uma primeira relação cautelosa com o real torna-se possível, o termo "dissolução" caminha na direção do "nome". Se a paciente dispõe apenas de cisão e proximidade retraumatizante para lidar com esse estado, um contexto relacional (um relacionar-se?)[NT2] agora se torna possível, já que um objeto conhece o estado e pode abordá-lo no relacionamento. O objeto se transforma de um ser sensorial para um objeto de sustentação que pode reter estados dentro de si. Emerge a pré-concepção de um objeto continente, surge a esperança de um objeto.

Incidentalmente, na situação em que os estados de dissolução se alastraram dentro de mim, fui incapaz de oferecer qualquer interpretação; esse pensamento, a capacidade psicanalítica me haviam sido arrancados. Fui salvo por uma pitada de realidade. Falei: "Keith está morto, afinal, morreu pelo uso de drogas". Ela estava em silêncio, mas, de alguma forma, mais centrada. Então, eu disse: "Algo está pressionando você, ameaçando você, fazendo você se perder de si". Longa pausa, e então ela referiu: "Tem sido assim aqui, por algum tempo".

Escapei do vórtice da dissolução com uma referência à realidade, uma forma de me distanciar do que estava acontecendo. A paciente parece ter usado observação dissociativa distanciada para sobreviver.

O estar-ali[NT3] do não representado: presença na relação

Ser infectado abre caminho para a compreensão psíquica, que só será possível na relação (ver o conceito de resistência à transferência, de Freud; a concepção de Klein de transferência como situação total; T → O, de Bion; o colapso na transferência, de Winnicott; o momento

---

NT2 No original em inglês, "*a relationing?*".

NT3 No original em inglês, "*being-there*".

presente de Stern; meu conceito do momento da presença etc.). Se a dissolução descrita tivesse ocorrido na relação, se o par analítico estivesse pronto para essa realização, então uma descoberta conjunta poderia ter acontecido. Mas este *Kairós*[5] ainda não havia ocorrido.

Com outro paciente, esse *Kairós* se deu inesperadamente. O paciente (nascido na República Democrática Alemã – RDA) fora um bebê prematuro, que permanecera por muito tempo na incubadora, apenas com atendimento médico como era de praxe na época. A mãe solo, muito jovem, encontrava-se sobrecarregada.

Consta que ele passou chorando os primeiros dois a três meses em casa, o que causava um enorme estresse para a mãe: ela não sabia "o que a criança tinha", sentia medo dos vizinhos, das autoridades estatais – receio não infundado na RDA (!), na qual as crianças eram por vezes enviadas à força para uma creche semanal, ou mesmo afastadas de seus pais. Ela logo se sentiu completamente exausta. Então, a criança ficou "subitamente quieta, totalmente sem demandas".

O tratamento ocorreu sem complicações. Logo "esqueci" o fato de que o paciente tinha estado na incubadora por várias semanas. Ele era esperto, engraçado, um pouco maluco, o que me agrada, e engajava-me em conversas inteligentes. Por muito tempo não percebi, embora me tenha sido apontado em supervisão, que a análise havia se tornado um espaço completamente livre de conflitos, sem "bordas ásperas".

Então o choro se tornou um assunto. Ele havia internalizado fortemente as narrativas da mãe, sempre voltava a esse tema; a atmosfera opressiva de exaustão tornou-se muito palpável. Embora permanecesse calmo e polido, senti "algo" dentro dele gritando, inclusive no tratamento. Então, ele mencionou, *en passant*, a incubadora. Fiquei impressionado, com sentimento de culpa e vergonha por ter "esquecido". Diante dessa consternação, eu disse: "Foram os gritos de choro não chorados

5 O termo *Kairós* refere-se ao momento oportuno, mais favorável. Contrasta com *chronos*, que é o tempo que passa de forma contínua.

na incubadora...". O paciente imediatamente entendeu a interpretação incompleta; nunca tal conexão havia sido feita.

A meu ver, essa situação é um momento de presença em que o choro não escutado e o terror silencioso da incubadora se tornaram psíquicos para o par analítico. Na relação transferencial, em que a situação precoce se repetiu de forma diferente, as "não representações" receberam uma qualificação psíquica. No momento de presença (T → O), algo foi descoberto; ao mesmo tempo, isso surgiu de forma alheia à soberania dos participantes. No momento de presença, uma realidade se mostra de forma tão inegável e clara que revela sua própria eficácia e subjuga os atores. No momento de presença, a consciência reflexiva está ausente, é uma pura consciência de percepção (ver Freud, e, especialmente, o desenvolvimento posterior de Bion, 1962b). Dessa forma, a realidade que ocorreu pôde ser experimentada, nomeada e descoberta na transformação para o presentacional (ver o conceito de Langer (1942) sobre o presentacional). Uma concepção psiquicamente qualificada (O → K), surgiu na observação do analista, que precisou então se tornar pensada em uma elaboração posterior (ver a teoria do pensamento de Bion, 1962a; 1962b; 1963; 1965).

O que aqui, de forma altamente condensada, se tornou real tanto para o analisando quanto para o analista? Na relação, a facticidade da incubadora e do choro de horror e ameaça tornaram-se reais, com qualidades adicionais de negação, sentimentos de culpa e vergonha. O analista tornou-se o objeto que compreende, embora o objeto que estava ausente e não compreendia ainda estivesse presente como sombra (lembre como me choquei com o meu "esquecimento"). Esse complexo ocorreu no momento de presença e experimentou sua suprassunção no presentacional. Os termos presentacionais, como a sobrevivência silenciosa na incubadora, o choro não escutado na relação, "contêm" o conteúdo do momento de presença, mesmo que sejam subjetivamente ponderados de forma diferente. Por meio disso, foi constituída uma relação singular com qualidades psíquicas específicas. A relação está ali, o paciente está ali, o analista está ali, unidos na descoberta que, ao mesmo tempo que é sua criação, os subjuga enquanto atores. A concepção contém os elementos psíquicos, os elementos estabilizam a concepção.

A suprassunção do não representado: o não representado no representado

Nessa descrição, torna-se visível a singularidade de uma concepção. Principalmente no que diz respeito ao paciente, essa concepção só estará garantida se o objeto a preservar. As opressões causadas pelo traumático são intensas demais para que o paciente proteja a concepção contra a dinâmica da dissolução. Dizemos que a concepção precisa tornar-se pensamento, ou seja, "sobreviver" à ausência do objeto. Podemos parafrasear Bion: o não seio é o primeiro pensamento. Mas o que isso significa? Freud trabalha com o conceito de traço mnêmico, que pode ser catexizado alucinatoriamente, que então falha devido às exigências da vida. Será que, como pensa Winnicott (1971), a experiência de que o seio sobrevive aos ataques e retorna é suficiente para que ele seja pensado "algum dia"?

Gostaria de aprofundar um pouco essas considerações por meio de experiências clínicas. No psiquismo, a realidade (verdade) é um complexo de opostos.[6] No momento de presença referida anteriormente, o analista aparece ostensivamente como um objeto compreensivo que estabelece uma conexão e um sentido com a interpretação. Ao mesmo tempo, o analista era também o objeto que esquecera a experiência de incubadora e não percebera suficientemente o choro que se escondia nas brincadeiras – assim como a mãe, que, por qualquer

6 Em particular, as proposições centrais da lógica (ver também Matte Blanco, 1998), ou seja, aquelas da identidade, da contradição e do terceiro excluído (ver também Heinrich, 1987) não se aplicam ao psíquico.

que tenha sido a razão, não compreendera a ligação do choro com a incubadora, o que provavelmente contribuiu para vivenciá-lo como estresse.

Mesmo esses pouco detalhes deixam claro que o paciente, sentindo-se ainda oprimido pelo não representado, não é capaz de conter[NT4] e pensar por conta própria o presentacional. Como pode ele supor que o analista seja um objeto que compreende, se ele é o mesmo objeto que também o traumatiza? O presentacional, enquanto concepção, constitui um perigo não só por consistir numa singularidade, mas também por ser impensável – será que o seio agora está oferecendo leite (amor) ou veneno (decomposição)?

Considero que a solução para esse impasse só pode residir em maior diferenciação. Ambas as concepções existentes devem se diferenciar mais profundamente, e outras concepções devem ser criadas para que surja uma estrutura tão estável que os necessários mecanismos-PS não sejam destrutivos, mas propiciem desenvolvimento.

Em minha experiência, esses processos ocorrem regularmente em uma relação transferencial de *holding*. Nesse tratamento, logo após a ocorrência citada, o paciente começou a reagir de forma irritada a pequenos desvios de minha parte. Uma palavra que fosse, talvez pouco apropriada, era sentida como um ultraje; se eu ficasse um pouco mais silencioso, ele tinha certeza de que eu havia adormecido etc. Passou a não mais me olhar nem cumprimentar quando eu o fazia. Continuei sempre recebendo-o com as palavras: "Boa tarde, por favor, entre". Numa ocasião, apenas referi de forma amigável: "Por favor, entre". Vinte minutos de silêncio tenso. Suspeitei do motivo do silêncio, mas ainda assim perguntei o que havia de errado. Ele explodiu: eu não o tinha acolhido, estava cansado dele, não me interessava mais, deveria confessar que gostaria de usar meu tempo de outra forma etc.

[NT4] Em inglês, no original "*hold*".

Respondi que ele me experienciava como a sua mãe, que nunca estava verdadeiramente consigo durante os estresses, sempre preocupada com os vizinhos, com o escritório do governo. O paciente confirmou, dizendo que houvera muitas situações em que não suportava quando as pessoas estavam "em outro lugar". Falei que seu choro também era um grito por atenção materna primária, não apenas resultado da incubadora. Mais uma vez, um pequeno momento de presença.

Como resultado, foi possível aprofundarmos a compreensão de que o choro era um desespero e que, por motivos aparentemente inexplicáveis, a pré-concepção do choro, que havia "de alguma forma" sobrevivido à incubadora, não encontrara a realização desejada, na qual a tão ansiada unidade-a-dois com a mãe teria sido estabelecida. Essa realização errônea também foi vivida de forma traumática, mas diferentemente da incubadora. Nessa, ao que parece, não havia objeto, apenas sobrevivência.[7] No choro, havia um objeto, mas ele parecia inatingível – uma diferença que seria importante para trabalharmos no não representado.

Mas voltemos à cena em que havíamos entendido que o grito era um desejo pela realização da pré-concepção; a falta desta era por ele vivenciada como um corte agoniante. Naquela mesma sessão, confrontei-o com o fato de que eu não poderia imaginar que ele não se sentiria bem-vindo, mesmo se faltasse o meu "bom dia". Ele ficou emocionado, respondendo de forma comovente: "Eu sei disso e, de alguma forma, também sei que minha mãe me amava. Ela era tão jovem, e uma vez me falou que estava tão sobrecarregada, que senti que aquilo era verdade".

---

7 Um fenômeno interessante! A psique às vezes parece ser capaz de "desligar" completamente, deixando a ameaça passar por ela. Mächtlinger (2012) descreve crianças que sobreviveram a campos de concentração quando bebês, e desenvolveram habilidades incríveis como grupo, mas também em sua própria resiliência.

Vou agora interromper a ilustração clínica, pois estou interessado no desenvolvimento dos pensamentos. Bion (1963) escreve sobre o pensar e os pensamentos: "No entanto, há motivos para supor que um 'pensamento' primitivo, ativo no desenvolvimento da capacidade de pensar, deve ser distinguido do pensamento que é necessário para usar os pensamentos" (p. 35). "Propus que os pensamentos fossem considerados anteriores ao aparelho para pensar os pensamentos" (p. 44). No material clínico apresentado, podemos rastrear o surgimento de quatro concepções que se relacionam entre si: o choro tardio e não escutado na incubadora; o choro pela realização da pré-concepção do seio,[8] ou seja, uma relação mãe-filho suficientemente boa; incubadora como trauma em que a pré-concepção poderia remanescer e perdurar (por quaisquer motivos); o amor e a sinceridade louvável da mãe. São quatro concepções, três delas criadas por meio de eventos de presença diretamente na relação, e uma (incubadora como trauma) com evidência relativa. Agora me parece importante a seguinte consideração: as concepções emergentes propiciam evoluir na diferenciação daquelas que já existem – o choro que sucedeu à incubadora, por exemplo, permanece como um fato psicológico, mesmo que deva ser considerado de uma nova forma diferenciada do choro pela realização. As concepções são assim submetidas ao "pensamento". Mas as quatro concepções, que com o "pensamento" se transformaram de presentacionais em representativas, isto é, em pensamentos, relacionam-se entre si. Elas dificilmente são "pensáveis" individualmente. Esse relacionar-se torna-se uma estrutura psíquica dentro da relação, ainda que se emancipe desta mais adiante. Penso, portanto, que não parece se tratar de um pensamento que sobrevive à ausência do objeto, mas de uma estrutura psíquica que está disponível ao aparelho psíquico e possibilita compreender, desculpar,

8 Sempre entendo a pré-concepção do seio como uma expectativa da relação mãe-filho, nunca como um objeto parcial ou algo semelhante.

perdoar, reparar, enfim, a posição depressiva conforme descrita pelos kleinianos.

Perspectiva

Pode agora o não representado ser representado, isto é, tornar-se o representado? Penso que não há uma resposta simples. No caso do meu paciente, a habilidade da mãe, aliada à compreensão na análise, talvez tenha possibilitado que a concepção errônea do seio perdesse algo do traumático e pudesse se tornar algo como um conflito psíquico. A incubadora permanece a incubadora, segue sendo um trauma, e não representada. No entanto, surgiram perspectivas sobre como isso poderia funcionar em relações; e tornou-se identificável um estresse específico do qual o paciente sofre.

Parece-me importante "escolher" pacientes que estão lutando com estados não representados em um mundo ainda sensorial e somatoforme, e nomear, com gentileza, as características e defesas que surgem. Com esse *holding*, ao lado das qualidades sensoriais, emerge a esperança de um objeto que compreende. Então mundos psíquicos podem ser criados.

Nesse processo, *descobrimos* assimetricamente no analisando estados, isto é, estruturas e dinâmicas, mas, ao mesmo tempo, o que se descobre é uma *criação* do par analítico (ver o conceito freudiano de "juízo"/"fato" ("*Tat*"), por exemplo, em 1926, e em *Construções*, 1937; o conceito de Bion (esp., 1970) de tornar-se, realização e verdade). O descoberto aparece no momento presente, mas ainda assim terá sido criado pelo par. Com a suprassunção no presentacional, o criado descoberto é então determinado; determinação essa que se encontra *para além da soberania* dos participantes, e os *subjuga*. Entretanto, o criado descoberto deve ser empiricamente válido, ou seja, deve ser conectável. Os participantes, por fim, acreditam que compartilham empiricamente da mesma coisa. O simbolismo presentacional, com sua imprecisão, torna aqui muitas coisas possíveis, mas, estritamente falando, continua sendo uma crença errônea – uma crença errônea reconfortante.

Há muito tempo trabalho com "tais" pacientes. Se, acima de tudo, o *holding* for bem-sucedido, podem surgir, muitas vezes, relações sustentáveis e momentos tocantes. Mesmo quando o desenrolar não ocorre de forma satisfatória (veja o caso que descrevi em 2008), esses pacientes se beneficiam. Processos transformadores são possíveis, por vezes, inclusive os mutativos.

Referências

Benedetti, G. (1983). *Todeslandschaften der Seele*. Göttingen, Vandenhoeck & Ruprecht.

Bion, W. R. (1962a). *Learning from experience*. London: William Heinemann. (Reprinted London: Karnac). Reprinted in Seven Servants (1977).

Bion, W. R. (1962b). The psycho-analytic study of thinking. *International Journal of Psycho-Analysis*, 43, 306-310.

Bion, W. R. (1963). *Elements of psychoanalysis*. London: William Heinemann. (Reprinted London: Karnac). Reprinted in Seven Servants (1977).

Bion, W. R. (1965). *Transformations*. London: William Heinemann. (Reprinted London: Karnac). Reprinted in Seven Servants (1977).

Bion, W. R. (1970). *Attention and interpretation*. London: Tavistock Publications. (Reprinted London: Karnac). Reprinted in Seven Servants (1977).

Freud, S. (1900). The interpretation of dreams. *S. E.* (vol. 4). London: Hogarth.

Freud, S. (1912). The dynamics of transference. *S. E.* (vol. 12). London: Hogarth.

Freud, S. (1914). Remembering, repeating and working-through. *S. E.* (vol. 12). London: Hogarth.

Freud, S. (1915). The unconscious. *S. E.* (vol. 14). London: Hogarth.

Freud, S. (1926). The question of lay analysis. *S. E.* (vol. 20). London: Hogarth.

Freud, S. (1937). Constructions in analysis. *S. E.* (vol. 23). London: Hogarth.

Grotstein, J. S. (2007). *A beam of intense darkness: Wilfred Bion's legacy to psychoanalysis*. London: Karnac.

Heinrich, K. (1987). *Tertium datur. Eine religionsphilosophische Einführung in die Logik*. Basel: Stroemfeld/Roter Stern.

Klein, M. (1930/1989). Die Bedeutung der Symbolbildung für die Ichentwicklung. In: *Das Seelenleben des Kleinkindes*. Stuttgart: Klett-Cotta.

Langer, S. K. (1942). *Philosophy in a new key*. Cambridge: Harvard University Press.

Mächtlinger, V. (2012). Resilienz. Psychoanalytische Überlegungen zur späteren Entwicklung der sechs Kinder, die als Kleinkinder Theresienstadt überlebt haben (Die Kinder von Bulldogs Bank). In: B. Nissen (Ed.). *Wendepunkte. Zur Theorie und Klinik psychoanalytischer Veränderungsprozesse* (pp. 25-52). Giessen: Psycho-Sozial-Verlag.

Matte Blanco, I. (1998). *Thinking, feeling and being: clinical reflections on the fundamental antinomy of human beings and world*. London: Routledge.

Moser, U. (2021). Kommentar zu Nissen: das Erleben von Auflösung. In *Jahrbuch der Psychoanalyse*, 84.

Nissen, B. (2008). On the determination of autistoid organisations in non autistic adults. *International Journal of Psycho-Analysis*, *89*, 261-277.

Nissen, B. (2013). On mental elements. Based on the example of an autistoid perversion. *International Journal of Psycho-Analysis*, *94*, 239-256.

Nissen, B. (2014). Autistoide Organisationen. *Jahrbuch der Psychoanalyse*, *68*.

Nissen, B. (2021). Das Erleben von Auflösung. *Jahrbuch der Psychoanalyse*, *84*.

Rhode, M. (2018). Object relations approaches to autism. *International Journal of Psycho-Analysis*, *99*(3), 702-724.

Winnicott, D. W. (1971). *Playing and reality*. London: Tavistock.